阅读推广人系列教材

图书馆
阅读推广基础工作

丛书主编：王余光　霍瑞娟
本册主编：邱冠华　金德政
本册副主编：邓咏秋

CIPG | 中国国际出版集团　朝华出版社
China International Publishing Group　BLOSSOM PRESS

图书在版编目(CIP)数据

图书馆阅读推广基础工作/邱冠华,金德政主编. —北京:朝华出版社,2015.9
阅读推广人系列教材/王余光,霍瑞娟主编
ISBN 978-7-5054-3796-8

Ⅰ.①图… Ⅱ.①邱…②金… Ⅲ.①图书馆—读书活动—教材 Ⅳ.①G252.17

中国版本图书馆 CIP 数据核字(2015)第 219911 号

图书馆阅读推广基础工作

主　　编	邱冠华　金德政
选题策划	张汉东
责任编辑	武　瑾
责任印制	张文东　陆竞赢
出版发行	朝华出版社
社　　址	北京市西城区百万庄大街24号　邮政编码　100037
订购电话	(010)68995593　68996050
传　　真	(010)88415258(发行部)
联系版权	j-yn@163.com
网　　址	http://zhcb.cipg.org.cn
印　　刷	河北省三河市鑫利来印装有限公司
经　　销	全国新华书店
开　　本	710mm×1000mm　1/16　　字　数　230千字
印　　张	15.5
版　　次	2015年12月第1版　2015年12月第1次印刷
装　　别	平
书　　号	ISBN 978-7-5054-3796-8
定　　价	39.80元

版权所有　翻印必究·印装有误　负责调换

阅读推广人系列教材编委会

主　编　王余光　霍瑞娟

编　委　（按姓氏音序排列）

邓咏秋　霍瑞娟　金德政　李东来

李俊国　李世娟　李西宁　邱冠华

汪　茜　王　波　王丽丽　王　玮

王余光　王　媛　吴　晞　许　欢

张　岩　张　章　仲　岩

总 序

全民阅读、阅读推广，是立足中国文化、提高中华民族素质与竞争力的重要举措，近年来受到政府与社会的广泛关注。党的十八大报告在关于"扎实推进社会主义文化强国建设"的论述中明确表示要"开展全民阅读活动"。2014年和2015年李克强总理两度在《政府工作报告》中提及要"倡导全民阅读，建设书香社会"。

开展全民阅读活动是一项社会文化系统工程，需要集合全社会的力量推行。图书馆承担着传承社会文明、传播知识信息的重要职责，尤其在推动全民阅读、提高人民群众思想道德素质和科学文化素质，推动社会进步中发挥着重要作用。其实，图书馆界开展阅读推广工作由来已久，甚至可以说，提供阅读场所和读本的图书馆自诞生之时就以阅读推广为自身的天然使命。2006年，作为我国图书馆界及相关业界最有影响力的社会组织，中国图书馆学会成立了科普与阅读指导委员会，这标志着中国图书馆学会在推动全民阅读上有了专门的组织机构。2009年，科普与阅读指导委员会更名为阅读推广委员会，下设15个专业委员会。近年来，中国图书馆学会依托图书馆行业自身优势，联合社会力量，积极倡导全民阅读，指导和推动全国图书馆界开展阅读推广活动，加强阅读文化和阅读服务的研究，集聚了一批从事全民阅读与阅读推广研究和教育培训等方面的专家，形成了开展阅读推广活动的长效机制。

图书馆员是图书馆阅读推广活动的策划者、组织者和实施者，其相关能力直接影响着图书馆阅读推广活动的成果与实效。图书馆阅读推广活动的开展离不开高素质的"阅读推广人"。为了更加规范有效地开展阅读推广活动，进而从根本上促进我国全民阅读事业的发展，中国图书馆学会于2014年底在江苏常熟举办的全民阅读推广峰会上，正式启动了"阅读推广人"培育行动，计划通过未来几年的努力培育一大批专业的"阅读推广人"。通过培育行动，将有更多职业的"阅读推广人"在图书馆、学校以及更广阔的空间里发挥更大的作用，为推进全民阅读工作和书香社会建设做出更大的贡献。

为了配合"阅读推广人"培育行动的开展，中国图书馆学会组织编写了"阅读推广人"培育行动系列教材，目前先期出版六种。希望这套教材的出版能对"阅读推广人"的培育和图书馆界及相关业界阅读推广工作的开展有所助益。由于编者水平有限及出版时间仓促，书中错误之处在所难免，敬请同行及读者指正。

中国图书馆学会理事长、国家图书馆馆长：韩永进

目 录

总 序

第一讲　阅读推广工作概述
　　第一节　什么是阅读推广工作／1
　　第二节　为什么要做阅读推广工作／6
　　第三节　中外阅读推广工作的现状／9
　　第四节　图书馆阅读推广工作／11
　　第五节　阅读推广人及其培育／13
　　第六节　阅读推广的保障体系／16

第二讲　阅读推广项目的策划
　　第一节　阅读推广项目概述／21
　　第二节　阅读推广项目内容策划／25
　　第三节　项目宣传／35
　　第四节　项目的组织实施／37
　　第五节　项目评估／39

第三讲　推荐书目的类型与编制
　　第一节　推荐书目概述／49
　　第二节　推荐书目的类型／56
　　第三节　推荐书目的编制／58
　　第四节　编制推荐书目能力的培养／65

第四讲　阅读节与书香城市建设
　　第一节　阅读节概述／69
　　第二节　国内外的阅读节／70
　　第三节　阅读节推进书香城市建设／91

第五讲　图书馆讲坛的设计
　　第一节　图书馆开设讲坛的意义／98

第二节　图书馆讲坛的品牌理念及其 CI 设计 / 100
第三节　图书馆讲坛的定位设计 / 102
第四节　图书馆讲坛的内容设计 / 103
第五节　图书馆讲坛的效果设计 / 108
第六节　图书馆讲坛的安全要求和风险控制 / 113
第七节　图书馆讲坛的衍生服务设计 / 116

第六讲　读书会的运营和培育

第一节　图书馆和读书会 / 125
第二节　图书馆运作读书会的策略 / 129
第三节　图书馆培育读书会的策略 / 134

第七讲　阅读推广类导刊导报的策划、编辑与传播

第一节　当代图书馆界阅读推广类导报导刊概述 / 148
第二节　如何策划一份阅读推广类杂志 / 157
第三节　阅读推广类导刊导报的基本文稿需求 / 171
第四节　图书馆界阅读推广类报刊的传播与交流 / 180

第八讲　阅读推广工作管理

第一节　阅读推广工作管理概述 / 187
第二节　阅读推广工作战略规划 / 189
第三节　阅读推广工作资源准备 / 196
第四节　阅读推广工作过程管理 / 202
第五节　阅读推广活动的安全管理 / 207

延伸阅读

国际阅读推广特点和趋势 / 209
国外部分阅读推广案例摘编 / 216
中外优秀推荐书目介绍 / 222
书香城市(县级)标准指标体系与书香社区标准指标体系 / 228
读书会讨论带领秘诀 / 235
图书馆举办大型阅读活动的安全管理预案 / 236
公共图书馆的非基本服务 / 238

第一讲
阅读推广工作概述

王 媛[*]

第一节 什么是阅读推广工作

一、阅读的含义

什么是阅读？我们如何理解人类的阅读行为呢？给阅读下一个简单且全面的定义，显得非常困难。我们不妨先看看文献中一些比较有代表性的定义：

"阅读乃是从文本中提取意义的过程。"[①]

"阅读是一种从书面语言中获得意义的心理过程。"[②]

"阅读是一种积极的过程，阅读是读者与文章（或作者）的交流过程，宛如两人面对面谈话，有问有答。……成功的阅读是一个创造过程，读者和阅读材料相互交流创造意义。"[③]

"阅读指个体从印刷文字、图画、图解、图表等书面材料，获取信息或意义的过程。个体在阅读时，通过把文字等符号的视觉信息与头脑中已有的知识经验不断进行比较、预测、判断、推理和整合，从而理解文字等符号所表

---

[*] 王媛，毕业于北京大学信息管理系图书馆学专业，管理学硕士，现任清华大学图书馆信息参考部副主任，兼任中国图书馆学会阅读推广委员会副秘书长及图书评论委员会委员。主持中国图书馆学会 2014 年专项资金项目《建立图书馆阅读推广人机制研究》。参与完成的《爱上图书馆》系列视频、"排架也疯狂"排架游戏项目荣获 2012 年国际图联（IFLA）国际营销奖第一名。

[①] Gibson, E. J., Shurcliff, A., Yonas, A. Utilization of spelling patterns by deaf and hearing subjects//Levin, H., Williams, J. P. eds. Basic Studies in Reading. New York：Basic Books, 1970. 本语段由作者翻译。

[②] 中国大百科全书编辑委员会. 中国大百科全书·教育卷. 北京：中国大百科全书出版社, 1985.

[③] Widdowson, H. G. Teaching Language as Communication. Oxford：Oxford University Press, 1978. 本语段由作者翻译。

达的意义。"①

"阅读指一种从书面语言和其他书面符号中获得意义的社会行为、实践活动和心理过程。阅读首先是作为一种特殊的交际方式而存在的社会现象，具有行为的社会性。它是以书面材料作为社会交际的中介的。'作者—文本—读者'是构成一个完整的书面交际过程的三个基本要素。"②

"阅读是从信息符号中获取意义的一种复杂的智力活动。"③

"阅读是读者从书面材料中提取意义并影响其非智力因素的过程。"④

综观以上定义，我们不难发现，不同学者对阅读的定义基本上是在吉布森的定义（见第1页标注①）基础上发展而成的。吉布森是20世纪著名的发展心理学家，主要从事婴儿的知觉发展、儿童阅读技巧发展和动物行为的研究。她对阅读的定义言简意赅，因具有综合性而被广为接受。人们普遍认为阅读是一个心理过程，通过这一过程，人们获得信息、知识。

不过吉布森的定义也有其局限性，随着时代进步、环境变迁，人类阅读的文本也发生了巨大的变化。当今社会已是知识经济时代，网络技术、通信技术广泛应用于社会各方面，社会变得更加丰富多彩，阅读的概念也变得更为宽泛。从这个角度来看，胡继武在《现代阅读学》中对阅读所下的定义（见第2页标注③）更接近当前的实际，即"阅读是从信息符号中获取意义的一种复杂的智力活动"。

二、 阅读推广的含义

与"阅读"类似，学术界对阅读推广也并未有明确的定义。但又与"阅读"不同，有关阅读推广的定义也并不多。从字面义来说，阅读推广就是对阅读进行推广或促进。王辛培在《阅读推广活动机制创新研究》中认为，阅读推广是图书馆、出版机构、媒体、网络、政府及相关部门等为培养读者阅读习惯、激发读者阅读兴趣、提升读者阅读水平、促进全民阅读所开展的有

---

① 杨治良. 简明心理学辞典. 上海：上海辞书出版社，2007.
② 王余光，徐雁. 中国读书大辞典. 南京：南京大学出版社，1999，337 – 338.
③ 胡继武. 现代阅读学. 广州：中山大学出版社，1991，20.
④ 沈小丁，郑辉. 论阅读. 图书馆，2007（6）：53 – 55.

关活动和工作。①

围绕阅读推广，我们可以从以下四个方面来认识它。

（一）"谁"来做阅读推广

这里的"谁"指的是阅读推广活动的发起者、组织者、实施者和管理者。全民阅读活动是一项社会文化系统工程，需要集合全社会的力量推行。提高国民的阅读率，形成人人热爱阅读、全民阅读的社会氛围，社会、政府、图书馆、出版机构和大众媒体等都负有不可推卸的责任。纵观全球的阅读推广工作，我们可以发现，国际组织、各国政府、媒体机构、图书馆界、非营利机构、教育机构、医疗机构、媒体，甚至是一些热衷于分享阅读的个人均参与其中，或成立阅读推广机构，或推出阅读推广项目，或组织阅读分享活动。

（二）对"谁"进行阅读推广

由于阅读推广的目标是"全民阅读"，阅读推广所服务的对象应该是社会中的每一个个体。但在进行阅读推广时，我们还是应该首先对阅读推广的目标人群进行研究。这是因为不同的对象在阅读兴趣、阅读能力、阅读动机和审美取向上各不相同，这都将影响阅读推广的内容及成效。

为了使阅读推广工作更具针对性、效果更显著，我们在进行阅读推广工作时要将推广对象进行细分。比如，按年龄层进行划分，可以将阅读推广对象分为低幼儿童、青少年读者、中青年读者、老年读者；按职业进行划分，可以将阅读推广对象分为工人、农民、大学生、打工者、白领等若干类别。针对不同的读者对象再设计不同的阅读推广内容。台湾大学陈书梅教授提出，公共图书馆的阅读指导服务应是"知书"与"知人"服务，即馆员针对读者个人特质与特殊需求主动建议适合的阅读素材。② 这其中讲的就是向"谁"推广及推广"什么"的问题。

---

① 王辛培. 阅读推广活动机制创新研究. 图书馆界，2013（1）：80-82.
② 陈书梅. 从台湾阅读推广活动之现况谈公共图书馆之阅读指导服务. 图书馆建设，2006（5）：78-81.

▲苏州市未成年人流动图书大篷车经常开到郊区学校等图书馆服务相对薄弱的基层，深受家长和孩子们喜欢。

（三）具体推广"什么"

阅读推广，顾名思义，当然是要推广阅读。这里不仅仅包括阅读的读物，还包括阅读能力的提升、阅读兴趣的培养、阅读习惯的养成、阅读品味的熏陶及阅读氛围的营造。阅读的读物不仅仅包括传统的纸质图书，还包括电子图书及音频、视频、游戏等多媒体信息。对于有阅读意愿但不知道如何阅读的人群，阅读推广工作就要帮助他们提升阅读能力——包括选择读物的能力、理解内容的能力、阐释能力、批判分析与创新能力。此外，阅读兴趣的培养和阅读氛围的营造也是阅读推广的重点。在经历了20世纪70年代末、80年代初的读书热之后，90年代中期以来又经历了由停滞、复苏到转型的一个周期，对当下营造阅读氛围来说，掀起新一轮的读书热显得十分必要。

教育心理学的研究表明，终身的阅读兴趣和习惯取决于有效的早期阅读。德国的一项研究表明，如果在15岁之前，一个人还没有培养出对书的感情，没有养成阅读的习惯，那么他将永远失去享受阅读乐趣的机会，他也将永远失去登入阅读殿堂的机会。[1] 因此，阅读应从婴幼儿童时期抓起，从小就要培养孩子对阅读的兴趣，并使其养成良好的阅读习惯。图书馆要以各种形式吸

---

[1] 李长喜等. 中国大学生百科全书. 沈阳：辽宁教育出版社，1996.

引青少年儿童走进图书馆，激发他们的阅读兴趣。经过分析研究和实践检验，图书馆的阅读推广活动的重点目标人群应放在儿童及青少年身上，在读物推荐上应是经典读物与数字读物并重，适当考虑阅读推广中的时尚元素。

（四）怎样进行阅读推广工作

阅读推广活动的发起者、组织者、实施者和管理者在向特定对象实施推广过程中应采用不同的方式或策略。国际组织，如国际图书馆协会联合会（IFLA）、国际儿童读物联盟（IBBY）、国际阅读学会（IRA）多采用宏观控制的方法，通过制定法规、设立国际奖项、组织国际活动等来推广阅读；各国政府则根据本国的文化传统，因地制宜，采用不同的阅读推广方法。比如美国是全民总动员，从总统到作家、从出版社到书店、从行业协会到NGO组织、从娱乐明星到体育明星、从传统媒体到社交媒体等，都广泛地参与其中。美国政府设立"读书年"，制定教育改革法案，资助非营利组织；美国图书馆协会组织了全美影响力最大的阅读推广活动——"读遍美国"。而德国则倾向于以家庭为单位进行阅读推广，全国约有200多个进行阅读推广的组织，主要的阅读推广机构——德国促进阅读基金会，其名誉主席由历届德国总统担任，其推出的特色活动——"爸爸给我读书"，面向有工作的父亲开展，鼓励父亲们利用晚上或者周末的时间给孩子们讲故事；图书馆所开展的阅读推广工作，主要方式有：书目推荐——通过借阅排行、新书推荐、编制主题书目、馆员推荐、读者推荐等方式进行推广。此外，还有面向儿童的"故事时间"，面向家长的讲座，针对青少年的读书俱乐部、主题读书活动、竞赛和挑战等，以及在重大节日或者世界读书日等时间举行的大型宣传活动；民间公益阅读推广机构，主要是通过建立各种图书馆、阅读室等方式来推广阅读，如为帮助偏远乡村建立乡村图书馆的"蒲公英乡村图书馆"等。

总之，阅读推广工作是一项复杂的系统工程，涉及政府、图书馆、出版社、媒体、家庭及其他相关社会组织。营造良好阅读氛围，激发、培养公众的阅读兴趣，传授阅读方法，提供阅读读物，养成阅读习惯，提升全民族素质，功在当今，利在后世。

第二节 为什么要做阅读推广工作

2015年3月15日，李克强总理在记者招待会上回答《人民日报》记者提问时专门谈到了"全民阅读"，仿佛一夜之间，人人都在谈"全民阅读"和阅读推广工作。事实上，这已经不是我国党和政府第一次谈及开展全民阅读工作。2011年10月18日，中国共产党第十七届中央委员会第六次全体会议通过的《中共中央关于深化文化体制改革，推动社会主义文化大发展大繁荣若干重大问题的决定》中已提及"全民阅读"；2012年11月，党的十八大报告历史性地写入"开展全民阅读活动"；2014年3月，李克强总理在国务院政府工作报告中提出"倡导全民阅读"。可以说，开展全民阅读活动，进行阅读推广工作，已上升为国家战略。

可是，我们为什么要做阅读推广工作呢？李克强总理为我们回答了这个问题。

我记得去年起草《政府工作报告》，我在听取各方意见的时候，不仅是文化界、出版界的人士，而且经济界和企业家都向我提出要支持全民阅读活动，报告要加上"全民阅读"的字样。而且还有人担忧，说现在我们国家民众每年的阅读量还不到有些国家人均的十分之一。这些建议让我深思，说明人们不仅在追求物质财富的增加，而且希望有更丰富的精神生活。

书籍和阅读可以说是人类文明传承的主要载体。就我个人的经历来说，用闲暇时间来阅读是一种享受，也是拥有财富，可以说终身受益。我希望全民阅读能够形成一种氛围，无处不在。我们国家全民的阅读量能够逐年增加，这也是我们社会进步、文明程度提高的十分重要的标志。而且把阅读作为一种生活方式，把它与工作方式相结合，不仅会增加发展的创新力量，而且会增强社会的道德力量。这也就是为什么我两次愿意把"全民阅读"这几个字写入《政府工作报告》的原因，明年还会继续。[①]

李克强总理的回答包括三个层面的含义：书籍是人类传承文明的主要载

---

① 2015年国务院总理李克强答中外媒体记者问（全文）[EB/OL]. [2015-05-07]. http：//www.china.com.cn/cppcc/2015-03/15/content_35058836.htm.

体，阅读对个人和社会都有十分重要的作用；推进全民阅读是社会发展的需要，是时代的使命；我国国民阅读率堪忧，亟须关注和改善。

一、阅读的作用

书籍和阅读对人类和社会的发展有着十分重要的作用。

通过阅读，人们可以获取知识、认识世界。俗话说："读万卷书，行万里路。"认识世界有两条途径：一是根据自身的感知和实践，获得直接的经验；二是通过读书和其他视听活动，获得间接的知识。书本知识是人们通过实践活动总结出来的，通过读书获得知识可以不受时间限制。阅读就是从人类几千年来所创造和积累起来的经验和智慧中，从一代又一代人所不断丰富和发展起来的极其宝贵的精神财富中，获取信息，占有知识，认识世界。通过阅读，人们可以在浩瀚的书刊文献的海洋里吸收需要的信息、知识和智慧，可以冲破时空的局限而看到世界的过去、现在和未来。

通过阅读，人们可以开发智力潜能。通过阅读，人们可以获得知识，而知识是发展智力的基础，知识又能激发智力的潜能。阅读还能通过训练思维而发展智力。阅读的过程本质上是一个思维的进程。一个人在认真阅读时实际上是在不停地思索、想象、判断和推理，既要领悟词义，理解语句的含义，又要批判地思考文本的内容观点，还要将新发现的知识与大脑里已有的知识、将文本知识和生活现实进行广泛联系和比较。读得越多，思维能力得到的锻炼也越多，对智力潜能的开发就越有效。

通过阅读，人们可以怡情养性、提高修养。阅读的心理过程伴有情感活动。阅读通过寓教于乐的形式对人的性情培养起到潜移默化的作用。正如歌德所说："读一本好书，就是和许多高尚的人谈话。"而叔本华也曾表达过阅读在修身养性中的作用，"没有别的事情能比读古人的名著给我更多的精神上的快乐。我们一拿起一本这样的古书来，即使只读半小时，也会觉得轻松、爽快、清净、超逸、刚强，仿佛汲饮清澈的泉水似的舒适。"[①]

通过阅读，人类社会的文明得以延续并发展。自从人类有了文字之后，便有记录留存了下来，并进一步发展为图书典籍。图书的诞生，一改人类以

---

① 林丹环主编. 为乐趣而读书. 北京：蓝天出版社，2011：170.

往历史上知识传播和文化传承凭借口耳相传的脆弱体系，从此文化知识有了传播的载体。书与人、人与书，就构成了一个文明。而这对图书典籍的阅读，对文明的传承有着至关重要的意义。

二、推进全民阅读是社会发展的需要，是时代的使命

在衣食住行的基本生活需求得到满足之后，人们开始关注自我成长。锻炼使自己的身体更强壮，阅读使自己的心灵更丰盈，渐渐地，阅读的自觉性体现出来。这种自觉性主要靠后天的养成，而阅读推广正好迎合了这种培养阅读自觉性的需求。依托阅读者主观的自觉，以及客观的启发和引导，使阅读者由被动到主动、由引导到自觉、由无知到热爱，逐步养成良好的阅读习惯，使阅读同衣食住行一样，成为个人不可缺少的日常生活方式。

社会的发展和进步是开展全民阅读活动的前提。阅读是社会发展到一定阶段的产物。一个不能满足人民基本温饱生活需求的社会，谈不上开展全民阅读活动。全民阅读是社会走向成熟和发达的标志。但社会发展到一定阶段后，阅读就不应只是少数精英人士的特权，而应成为社会中大多数人的普遍行为和需求，这也是全民阅读行为的社会性表现。

三、我国国民阅读率堪忧，亟须关注和改善

自1999年以来，中国新闻出版研究院迄今已进行过12次国民阅读调查，陆续发布了有关国民阅读率抽样调查情况的年度报告。2015年4月20日，第十二次全国国民阅读调查成果在北京发布。2014年，我国成年国民图书阅读率为58.0%，较2013年上升0.2个百分点；报纸阅读率为55.1%，较2013年上升2.4个百分点；期刊阅读率为40.3%，较2013年上升2.0个百分点；受数字媒介迅猛发展的影响，数字化阅读方式（网络在线阅读、手机阅读、电子阅读器阅读、光盘阅读、Pad阅读等）的接触率为58.1%，较2013年上升8.0个百分点。2014年，我国成年国民人均纸质图书阅读量为4.56本，报纸和期刊阅读量分别为65.03期（份）和6.07期（份），电子书阅读量为3.22本。①

---

① 第十二次全国国民阅读调查数据在京发布［EB/OL］.［2015-07-30］. http://cips. chuban. cc/kybm/cbyjs/cgzs/201504/t20150420_165698. html.

虽然2014年国民阅读情况略有提升，但我们不得不正视的现实是，中国的国民阅读状况与许多发达国家相比仍存在明显差距。我国的年人均图书阅读量不及韩国的一半。《韩国国民阅读情况调查报告》显示，2010年，韩国成年国民人均图书阅读量（除漫画、杂志以外的一般图书阅读量）为10.8册。《国际出版蓝皮书2008》显示，2005年，法国成年国民平均每人每年读书8.4本；日本《每日新闻》第60次读者舆论调查情况资料显示，2006年日本人成年国民年均读书8.4册。[①] 更不要提以犹太人占多数的以色列了，他们人均拥有图书馆数量位居世界前列，年人均图书阅读量也遥遥领先，达到60多本。

国民阅读量堪忧，"中国人不爱读书"似乎成了定论。2013年，旅居上海的印度工程师孟莎美的文章——《令人忧虑，不阅读的中国人》发表在《光明日报》2013年7月26日13版上，之后在网络和社交媒体上疯传，引发了许多人的共鸣。作者讲述了他在法兰克福飞往上海的国际旅途中，看到中国旅客大多捧着电子阅读器、平板电脑在看电影、玩游戏，很少有人读书，许多德国旅客却在读书或在电脑上工作。网络的侵袭、阅读人口的稀少、经济快速发展带来的喧嚣，都是作者所忧虑的。

犹太民族的成功与阅读有着密切关系，阅读奠定了犹太人脱颖而出的基础。阅读是提升一个民族整体素质的最重要的手段；对于教育事业来说，阅读是成功培养人才的重要路径；阅读不只是课外兴趣的事情，阅读还是教育发展、人才培养不可或缺的基础。一个人如果不阅读就会缺乏智慧和判断力，一个民族如果不阅读，它的文化就会丧失创造力和批判性。

第三节　中外阅读推广工作的现状

综观全球的阅读推广工作，我们可以发现，国际组织、各国政府、出版机构、图书馆界、非营利机构、教育机构、医疗机构、媒体，甚至是一些热衷于分享阅读的个人均参与其中。

---

① 最新调查：国人年均读书4.77本，约为日本一半［EB/OL］.［2015-07-30］. http//book. sohu. com/20140422/n398611113. shtml.

一、 国际组织

在国际组织中,联合国教科文组织(UNESCO)、国际图书馆协会联合会(IFLA)、国际阅读协会(IRA)和国际儿童读物联盟(IBBY)都在全球范围内发起了一个又一个阅读推广活动,成为促进阅读推广开展的全球性机构。

二、 各国政府

许多国家的政府通过制定相关法律、开展全国范围的阅读推广活动,使阅读推广的理念在本国落地。各国政府实施阅读推广的主要方式有:①由政府部门发起并实施阅读计划(或运动);②通过立法来推动全民阅读或将阅读教育学纳入法制化轨道;③资助地方性阅读活动或民间机构(或组织)的阅读活动;④政治人物亲自参与阅读推广活动;⑤与非政府组织合作推动全民阅读。[1]

三、 出版与传媒机构

在阅读推广活动中,出版与传媒机构是一支积极而活跃的发起者和组织者。作为阅读产品的制造者、销售者,因其自身优势和利益驱动所致,出版机构(包括书店)和媒体是阅读推广的中坚力量。出版机构开展阅读推广活动的优势体现在:一方面是自身拥有充足的作品资源、作家资源、市场调研资源,以及在推广活动中所需要的人力资源、空间资源和营销资源;另一方面是与媒体、教育部门等都有着紧密联系,可以使推广活动的影响迅速扩大。出版和媒体机构开展阅读推广的主要形式有:发挥资源优势,开展阅读推广活动;开展新书发布会、作家现场签名售书、专题讲座等活动;发布各类图书销售排行榜、读者调查活动、读书交流活动等。

四、 图书馆

阅读推广的另一支中坚力量是图书馆。图书馆作为社会文化传播的重要

---

[1] 李超平. 公共图书馆宣传推广与阅读促进. 北京:北京师范大学出版社,2013:213.

机构，在推动全民阅读上具有绝对的优势。与出版机构推广阅读、促进读物销售的目的相比，图书馆的阅读推广工作更具中立性、公益性和客观性。有关图书馆阅读推广工作的详细内容，将在下一节阐述。

五、民间阅读组织

随着社会的进步，民间阅读组织日益成为阅读推广工作中一支不可忽视的力量，其中包括读书会、读书俱乐部、基金会、社团、网站、论坛等。这里面既有现实中的营利和非营利组织，也包括网络虚拟的组织和读书社群。

第四节 图书馆阅读推广工作

图书馆的阅读推广工作可以分两个层面来分析：行业协会的宏观布局与各图书馆的具体实施。前文已提及国际图书馆协会联合会积极推动全球范围内图书馆界的阅读推广工作。1994 年，他们发布了《公共图书馆宣言》，其中将"从小培养和加强儿童的阅读习惯"列为公共图书馆的首要使命。其素养和阅读委员会在 2007 年以前名为"阅读委员会"，该委员会将自身职能定位为"为全体公民将阅读研究和阅读开发活动整合进图书馆服务，目的是促进图书馆在这些问题的领导、研究、实践，以及信息交流方面发挥作用"[1]。

中国图书馆学会自 2003 年将全民阅读工作提上议事日程并列入年度计划，2004 年、2005 年又先后举办了世界读书日庆祝活动，并决定筹建科普与阅读指导委员会，以研究图书馆与阅读文化，研究图书馆在指导全民阅读活动中的作用，倡导"爱读书、读好书"，推动全民阅读活动的开展。

科普与阅读指导委员会于 2006 年 4 月 23 日在东莞市成立。为了便于开展工作，科普与阅读指导委员会下设 6 个分委员会，分别是专家委员会、阅读文化研究委员会、推荐书目委员会、家庭藏书读书委员会、图书馆与社会阅读委员会、媒体与社会阅读委员会。科普与阅读指导委员会的成立标志着中国图书馆学会在推动全民阅读上有了专门的组织机构和指导原则，对全国图

---

[1] 范并思. 阅读推广与图书馆学：基础理论问题分析. 中国图书馆学报，2014（5）：4-13.

书馆界广泛而深入地开展全民阅读产生了积极的影响。2009年,科普与阅读指导委员会在换届时进行了更名和扩充,更名为"中国图书馆学会阅读推广委员会",下设秘书处和15个专业委员会,分别是阅读文化研究委员会、推荐书目委员会、藏书文化研究委员会、图书馆与社会阅读委员会、媒体与阅读委员会、青少年阅读推广委员会、大学生阅读委员会、经典阅读推广委员会、网络与数字阅读委员会、阅读与心理健康委员会、图书评论委员会、图书馆讲坛推广委员会、社区与乡村阅读委员会、图书馆与科学普及阅读委员会、残疾人阅读委员会。

可以说,中国图书馆学会阅读推广委员会是一个动员图书馆系统内外力量,致力于阅读推广和研究的组织,通过加强阅读文化和阅读推广的理论研究,积极推进全国图书馆和社会各界阅读活动的开展。

阅读推广委员会每年召开年度工作会议,总结年度成绩,部署次年工作任务。每年均围绕组织建设、专业会议、组织活动、学术调研、编辑出版、网站建设等方面制订年度工作计划,具体工作包括组织"全民阅读论坛"和"全民阅读高峰论坛",组织中国图书馆年会阅读分会场,评选全民阅读的"优秀组织奖""先进单位奖"和"全民阅读示范基地奖",运营维护"全民阅读网",编印阅读推广委员会会刊《今日阅读》等。在阅读推广委员会的影响和示范下,国内各地、各系统也开始建立服务阅读推广的工作和研究机构,如河南省图书馆学会阅读推广委员会、上海市图书馆学会阅读推广委员会等。[1]

各图书馆对阅读推广的具体实施真正体现了图书馆作为阅读推广主力的作用。作为保存、收藏人类文明成果的社会机构,图书馆为阅读推广奠定了基础,凭借自身的优势,在引导阅读、满足不同层次的阅读需求、保障弱势群体阅读权利、促进阅读方面发挥独特的作用。各级图书馆举行丰富多彩的读书节、读书月、读书日活动,开展不同类型的阅读推广活动,如推荐书目、阅读空间布置、市民学堂或专家讲座、晒书大会、图书漂流、换书大集、诵读经典、送书下乡等,有些城市融合新媒体所举办的惠民读书节和读书活动模式已成为阅读创新的特色与品牌。

---

[1] 窦英杰. 播撒书香阅读种子,构建美好文化生态——中图学会阅读推广委员会"全民阅读"活动组织与发展思考. 图书馆杂志, 2014 (4): 37-41.

第五节　阅读推广人及其培育

在所有以上提到的阅读推广活动中，真正落实各项阅读推广工作的是具体的人——阅读推广人。阅读推广人可以来自国际组织、政府部门、出版机构、书店、图书馆、民间读书会等。阅读推广活动的开展离不开高素质的阅读推广人。

一、阅读推广人是什么

近年来，我们经常会听到"阅读推广人"这个词。"阅读推广人"是一个新的社会身份，他们均有不同的正式职业，但是都参与了阅读推广的工作，他们既有非图书馆界人士，比如阿甲、徐冬梅、王林、林文宝等，也有图书馆界人士，如中国图书馆学会阅读推广委员会的各位委员。简言之，不论你身为何种职业，只要是从事阅读推广工作，你就是阅读推广人。毫无疑问，图书馆员，特别是直接参与读者服务工作的馆员，应该是阅读推广人中重要的组成部分。当然，要成为合格的阅读推广人，光有一个面对读者的岗位，光有热情还不够，还需要具备足够的能力。

因此，阅读推广人是指能够开展阅读指导，提升人们阅读兴趣和阅读能力的具备一定资质的专职或兼职人员。

二、阅读推广人要做什么

阅读的三个重要问题是"为什么读""读什么""怎么读"。阅读推广人的工作也主要围绕这三个问题展开。

在"为什么读"方面，阅读推广人要宣传阅读的好处，使不爱阅读、不重视阅读的人也加入到阅读者的行列，从而成功地发展和争取潜在读者。

在"读什么"方面，阅读推广人要懂书、爱书，不仅自己爱书，还要了解不同年龄读者、不同类型读者适合读什么书，帮助他们选择好书，以便有针对性地进行推荐。如果你推荐得到位，原本不爱看书的人可能会逐渐爱上阅读。如果你推荐得不好、不合适，比如向一个阅读能力比较低的人推荐一些艰深的古典名著，可能就会打击他阅读的积极性，从此不再拿起书本。

在"怎么读"方面，阅读推广人既能在阅读方法上给予读者帮助和指导，还可以通过组织一些有趣的读书交流活动，让读者得到学习、交流、分享的机会。

阅读推广人要做的工作，可以简要地归纳为以下几个方面：

第一，发展潜在读者；

第二，帮助读者选择好书、给读者推荐合适的读物；

第三，策划、组织各类读书活动；

第四，为读者解决阅读中的各种问题，提供与阅读有关的各种帮助。

阅读推广人不等于爱书人，如果只是自己爱读书，而不服务、不推广到他人，阅读只是你个人的私事。真正的阅读推广人是能够在阅读方面影响、帮助到更多人的。因此，千千万万的阅读推广人，就是"星星之火，可以燎原"，能有效地促进家庭、社区、学校、企业等的阅读，使其凝为合力，从而形成全社会爱读书、读好书的风气。

三、阅读推广人需要具备哪些技能

（一）爱阅读、懂阅读

虽然仅仅爱阅读，不足以成为一个合格的阅读推广人，但是作为一个阅读推广人，自己不爱读书，给人推荐书是没有说服力、没有感染力的。除了爱阅读以外，还要懂阅读，能够宣传阅读的价值、激发读者的阅读欲望、推荐合适的读物、指导阅读的方法等。

（二）社交、沟通能力

阅读推广人要有很好的社交和沟通能力，这会让你所服务的对象及与你共同工作的社会人士，乐意参与到你所组织的活动中来。

（三）策划能力

阅读推广活动的创意、策划很重要。一项不好的阅读推广活动很容易陷入自娱自乐的尴尬境地，不能吸引很多人参与，事倍功半。相反，一项好的阅读推广活动，可能会有一个很好的切入点，很吸引人，有事半功倍之效。所以阅读推广人的策划能力很重要。怎样培养这种策划能力？一方面，我们可以向成功案例学习、借鉴，激发自己的灵感；另一方面，生活中要多观察思考，关注大众关心的热点，这样便不难找到好的点子。

（四）宣传、写作能力

阅读推广工作要想做得好，需要宣传，包括发布信息的渠道也要好好考虑。比如，你邀请专家做一个面向学生和家长的讲座，可以通过学校的"家校路路通"平台发布信息，这样参与的人可能会比较多。另外，还需要写作各种文案，比如向读者介绍活动规则的文案，要写得简洁明了，有吸引力，不要有歧义或过于啰嗦。活动后，我们往往要写工作总结，向上级做汇报，或作为案例在同行中交流。那么，既要总体介绍活动情况，也要把同行关心的具体问题展开讲述，如活动的目的、过程、花费、参与人员、效果、经验与教训等。写作风格要清楚明白。

（五）能够利用新技术为阅读推广工作服务

新技术在阅读推广工作中的应用主要体现在三个方面：数字内容的迅猛发展拓展了可供阅读的内容，针对数字阅读的推广工作应运而生；新技术的应用拓展了阅读推广的渠道；新媒体的普及使 O2O（Online to Offline）模式得以落实，更便于阅读社区的形成。本系列教材中的《数字阅读推广读本》在这方面会有充分的论述，感兴趣的读者可关注。

四、阅读推广人的培育——教育与培训

如何培育阅读推广人？

首先，我们当然会想到大学教育。图书馆学专业的常设课程中有图书馆学概论、读者服务、目录学等，这些课程都会或多或少地涉及阅读服务，而且其中有些基础知识和理念对阅读推广工作是非常有益的。但是从目前来说，大学图书馆学专业普遍都没有开设专门针对阅读推广工作的课程。从图书馆实际工作来看，大学相关课程显得比较基础、零碎，离阅读推广（特别是活动策划与组织等方面）的实践需要还相差较远。所以，即使是图书馆学专业毕业的学生，到图书馆从事阅读推广工作以后，还需要通过在职培训继续充电。

同时，在很多地方，特别是中小城市图书馆及基层图书馆，很多馆员并

没有接受过图书馆学专业的系统教育,而是来自其他学科专业。他们在从事阅读推广工作时,迫切地需要通过相关培训获得提升。

在深圳、苏州等一些阅读推广工作做得比较好的城市,由于实践工作需要,地方政府已经牵头开展阅读推广人的培训。

2012年6月,深圳市首期阅读推广人培训班正式开班,培训班由深圳读书月组委会、深圳市文体旅游局主办,深圳少年儿童图书馆承办。这是国内首个由政府牵头组织的阅读推广专业化培训班。

2015年4月22日,上海市阅读推广人计划暨首期阅读推广人培训班开班,首批学员为50名。

培训"阅读推广人"的需求在当前显得越来越迫切,正是在这种需求下,全国性的培训也开始了。

2015年起,中国图书馆学会将以图书馆界、教育界、出版界相关专家为基础,组建指导委员会,面向全国开展阅读推广人培训活动。培训教程分基础工作、基础理论、儿童阅读推广、经典阅读推广、时尚阅读推广、数字阅读推广等6大版块,每个版块包含8讲左右的内容,重视案例与实际操练技能。参加培训的学员经考核合格,由中国图书馆学会授予阅读推广人培训证书。我们希望通过这种培训,为全国的阅读推广事业发展培养出一批批优秀的播种者。

第六节　阅读推广的保障体系

阅读推广工作的顺利运行和开展,需建立相应的保障机制来支持。保障机制可以为阅读推广工作提供物质、精神和制度上的支持。

一、立法保障

这里我们首先要说的是全民阅读立法工作。全民阅读立法切实保障人民群众享受全民阅读的权益。一些发达国家在此方面先行先试,探索了一整套保障体系,如美国的《卓越阅读法》(1998年)、《不让一个孩子落后法案》(2002年)、日本的《关于推进儿童读书活动的法律》(2001年)、韩国的《读书振兴法》(1994年)、《读书文化振兴法》(2009年)等。

2006年11月，俄罗斯正式颁布了《国家支持与发展阅读纲要》（*National Program for Reading Promotion and Development in Russia*，直译为"阅读促进和发展的国家计划"，亦译为"民族阅读纲要"等），从国家立法的层面肯定了阅读对实现公民其他权利、保障公民融入多阶层多民族社会、促进俄罗斯实现全面现代化，以及增强国家综合竞争力等方面的积极作用。除"序言"外，《国家支持与发展阅读纲要》总共分为6章，从相关机构分工、确定发展方案、建立管理方法、筹备统一机构和构建评价指标体系等5个方面出发，不仅提出了俄罗斯发展阅读的基本原则，而且做出了具有现实针对性的规定。

我国出版界、文化界极力推动的《全民阅读促进条例》也有了实际的突破。《全民阅读促进条例》已经连续两年列入国务院立法工作计划，经过广泛调研后，国家新闻出版广电总局起草了征求意见稿。一些地方法规已先行出台。2015年1月1日起，我国首部全民阅读地方法规《江苏省人民代表大会常务委员会关于促进全民阅读的决定》已正式实施。

二、物质保障

（一）加强图书馆建设

物质支持是加强图书馆建设的着力点之一，使用图书馆是普通民众获得读物的最经济、最便捷的手段。但是，根据《中国统计年鉴》（2014）中提供的数据，截至2013年底，我国公共图书馆共有3112个。这一数字基本与日本全国图书馆数量持平，但我国在人均拥有图书馆方面与发达国家相比差距明显。据估计，在美国，平均不到2万人便拥有一个图书馆，日本平均3~4万人拥有一个图书馆，我国目前是46万人拥有一所图书馆。

幅员辽阔且人均拥有图书馆少造成了我国图书馆的服务半径过大。按照国际标准，一所图书馆的服务半径不超过4公里，这个距离以外的人群基本上是享受不到这个图书馆的服务的。早在1977年，日本颁布的"第三次全国综合开发计划"就提出居民徒步20分钟之内必须有一个图书馆。但在我国，平均一个图书馆的服务半径是32公里。加强对图书馆的建设和投入，支持社区图书馆、流动图书馆的发展，真正发挥农家书屋的作用，缩小图书馆服务半径，应是开展阅读推广工作的硬件保障之一。

（二）支持出版社、书店的发展

出版社是书籍的生产者。出版社历来是阅读推广活动积极的参与者。随着影视、网络等大众媒体及新媒体的兴盛，传统的出版社显得越来越小众，即使是很优秀的图书，其发行量也是很有限的，而且在市场竞争中也出现一些乱象，如低俗读物的大肆横行等。值得欣慰的是，国家目前出台了各种资金补贴项目，鼓励优秀读物的出版。2015年世界读书日，有百年历史的老牌出版社——中华书局举办首个"读者开放日"活动，中共中央政治局常委、中央书记处书记刘云山参加了该活动，对中华书局的出版工作予以鼓励，这也是对全国出版行业的一种勉励。

此外，书店的建设也是政府应给予特别支持的。网络书店的冲击，不断上涨的店铺租金，读书人口的减少，使实体书店的经营举步维艰。进入21世纪以来，各个城市都陆续传出实体书店歇业的消息。这种现象在全球都时有发生。书店不仅出售图书，提供读物，在塑造全民阅读氛围上也发挥着重要作用。2014年4月，北京三联韬奋书店推出了"24小时不打烊"服务模式，李克强总理在给书店的回信中充分肯定了这一模式。

北京三联韬奋书店全体员工：

来信收悉。获知你们于近日创建24小时不打烊书店，为读者提供"深夜书房"，这很有创意，是对"全民阅读"的生动践行，喻示在快速变革的时代仍需一种内在的定力和沉静的品格。阅读能使人常思常新。好读书，读好书，既可提升个人能力、眼界及综合素质，也会潜移默化影响一个人的文明素养，使人保持宁静致远的心境，砥砺奋发有为的情怀。

读书不仅事关个人修为，国民的整体阅读水准，也会持久影响到整个社会的道德水平。希望你们把24小时不打烊书店打造成为城市的精神地标，让不眠灯光陪护守夜读者潜心前行，引领手不释卷蔚然成风，让更多的人从知识中汲取力量。

李克强
2014年4月22日①

据了解，在2014年美术馆店24小时营业后，不少人找过三联韬奋书店

---

① 李克强复信三联书店：把24小时书店打造成城市精神地标［EB/OL］.［2015-05-08］. http://news.xinhuanet.com/zgjx/2014-04/23/c_126423752.htm.

洽谈合作。"西城区邀请我们开在金融街，给出了很大优惠，但核算成本之后可能会亏本，于是作罢……"① 三联韬奋书店总经理张作珍介绍，最终书店决定在高校密集且白领人群密集的五道口开店。2015 年 4 月，"北京三联韬奋 24 小时书店海淀分店"开始营业。

（三）鼓励社会各界开展阅读推广工作

如前所述，除图书馆界、出版社等机构以外，在阅读推广领域还活跃着大量的其他社会力量。学校、医院、读书会、基金会、网站等，都是开展阅读推广工作的组织。政府应该对他们的工作予以鼓励和帮助，比如在组织注册等方面为专门致力于阅读推广的民间组织提供方便。

三、人员保障

（一）阅读推广人

详见上一节。

（二）志愿者

阅读推广工作，仅仅依靠阅读推广人是不够的。一个图书馆即使设置专门的阅读推广、读者活动岗位，人员的配置也是有限的。要想长期开展有影响力的阅读推广工作，还离不开志愿者的参与。

怎样发动、组织、鼓励志愿者，这是阅读推广机构必须不断学习、总结的工作。比如，苏州图书馆通过与幼师学校联系，从在校学生中招募故事姐姐，到图书馆给小朋友讲故事；首都图书馆"撒播幸福的种子"项目则在全市招募志愿者，然后组织阿甲、松居直等国内外名家对他们进行培训，待培训完考核合格后，颁给其证书，鼓励他们学成后在图书馆或社区给孩子们讲故事。因志愿者可以得到高质量的培训，有助于志愿者自身水平的提高，所以该项目很受欢迎。公益小书房网站致力于儿童阅读推广，该网站主要是通

---

① 张知依. 三联新店：24 小时点亮"宇宙中心". 北京青年报，2015 - 04 - 24（B01）[2015 - 07 - 30]. http：//epaper. ynet. com/html/2015 - 04/24/content_ 129448. htm？div = - 1.

▲这位故事哥哥是苏州图书馆的志愿者,正在给孩子们讲《后悔鸟》故事。

过在网上发动热心阅读的爸爸妈妈作为志愿者(义工)开展工作,在条件成熟的城市设立小书房分站,开展丰富多彩的活动,如读书会等,总站在资源、方法上给予分站支持和指导。

参考文献

[1] 于良芝,于斌斌.图书馆阅读推广——循证图书馆学(EBL)的典型领域.国家图书馆学刊,2014,23(6):9-16.

[2] 范并思.阅读推广与图书馆学:基础理论问题分析.中国图书馆学报,2014(5):4-13.

[3] 赵俊玲,郭腊梅,杨绍志.阅读推广:理论·方法·案例.北京:国家图书馆出版社,2013.

思考题

1. 请思考图书馆开展阅读推广工作的必要性。
2. 请思考图书馆员成为合格的阅读推广人的优势和劣势。
3. 请思考互联网技术在阅读推广中的作用、阅读推广中应如何利用互联网技术。

小贴士:
更多内容请参考延伸阅读《国际阅读推广特点和趋势》。

第二讲 阅读推广项目的策划

赵俊玲[*]

第一节 阅读推广项目概述

一、什么是阅读推广项目

阅读推广项目即指利用一定的资源，在一定时间内进行的提升读者阅读素养的一次任务。英文为 Reading Programm。我国图书馆界又称之为阅读推广活动。

二、阅读推广项目分类

根据不同的标准，阅读推广项目可分为不同的类型。

（一）从目标群体的角度

可以分为儿童阅读推广项目、青少年阅读推广项目、成年人阅读推广项目、老年人阅读推广项目、农民工阅读推广项目、盲人阅读推广项目等。

（二）从项目举办情况的角度

可以分为常规阅读推广项目和专题阅读推广项目。

1. 常规阅读推广项目

指那些需要图书馆长期进行的阅读推广项目。阅读习惯的培养是一个长

---

[*] 赵俊玲，毕业于北京大学信息管理系图书馆学专业，管理学博士，现任河北大学管理学院图书馆学系教授、系主任，兼任中国图书馆学会推荐书目委员会委员。主编《阅读推广：理念·方法·案例》一书。主持国家社科基金项目"我国民间读书会研究"。

期的、持续的过程，图书馆必须要有常规的阅读推广项目，定期举行。至于多长时间举办一次，视图书馆人员等情况而定，可以一周举行一次，抑或半月一次、一月一次。不管周期是多长，一定要有规律地举行。一般来说，图书馆面向儿童的故事时间、书目推荐活动等都应看作是图书馆的常规阅读项目。

2. 主题阅读推广项目

和常规项目不同，此类项目的主要目的是扩大图书馆阅读推广的影响力。这类阅读推广项目包括在节假日、阅读活动周等进行的项目，也有一些专题性质的活动，比如天津市和平区图书馆推出的读书漫画大赛。该项目主要将漫画和读书结合起来，征集阅读主题的漫画作品，并进行评选、作品展览等。

三、阅读推广项目策划的原则

（一）目标群体明确原则

策划阅读推广项目时首先要明确读者群。国外阅读推广项目具有一个共同的特点，那就是目标群体明确。比如英超俱乐部"阅读之星"（Premier League Reading Stars）面向不爱阅读的小学高年级和初中低年级学生；"信箱俱乐部"（Letter Box）面向寄养家庭儿童，给他们发放适合寄养儿童年龄的阅读学习资料。挪威有专门面向16～19岁高中生的阅读推广项目，每年约有6万人参加该项目，该项目向高中生免费发放一本文学书籍，并附有面向教师的指南，告诉教师如何将该书和课堂教学结合起来。挪威还推出了面向运动员的阅读推广项目——运动和阅读，由图书馆员将图书带到各个运动俱乐部、比赛场地等，促进运动员的阅读。新加坡的"读吧，新加坡"（Read！Singapore）每年都有明确的推广对象，如出租车司机、美容师等。

任何一个阅读推广项目都必须要有明确的读者群，如果项目面向的读者群不明确，项目实施效果就会大打折扣。即使是很小的阅读推广项目也应该有明确的读者群。比如图书推荐，如果高校图书馆策划的是大学生推荐书目，这样的读者群定位就不够明确。因为大学生的特点不一样，导致推出的书目没有针对性。因此，可以进一步明确面向的读者群体——不能很好适应大学生活的大一学生，或需要求职的大四学生，或对哲学感兴趣的大学生等，这样的推荐书目就非常有针对性。

（二）图书馆角色多元化原则

图书馆在阅读推广中承担的角色是立体的、多元的，主要包括以下几个方面：

1. 资源提供者和推荐者

图书馆向用户提供和推荐阅读资源。

2. 阅读活动举办者

图书馆举办各种各样的阅读活动。

3. 资源组织者

图书馆是资源组织的平台，图书馆在进行阅读推广时同样也应该将自身定位为资源组织者。图书馆需要做的是将各种资源组织到图书馆这个平台中来，从而更好地进行阅读推广。比如，可以将读者资源进行充分组织，让读者在阅读推广中贡献自己的智慧。郑州大学的"读书达人秀"阅读推广项目就来自于读者的创意。

4. 指导者

图书馆是专业的阅读推广机构，应该承担起指导者的角色。比如某省或某地区的图书馆在阅读推广方面具备比较多的经验，需要及时将这些经验进行总结，制定出可操作性强的阅读推广指南，这样，其他机构如学校、工会、公司等就可以参考该指南举行符合本机构特点的阅读活动。

例如，美国教育协会（National Education Association，NEA）主办的"读遍美国"（Read Across America）项目组为学校开展阅读推广活动提供了详细的指导，其中包括精心设计的阅读主题日历。在日历中列出了每个月份应该做的事情供教师参考，如一月帮助学生建立一个读书角，二月动手装饰一个阅读寻访车，三月将阅读活动的照片等上传分享阅读体会，四月庆祝地球日，鼓励学生将环保理念带到街头巷尾和各种大众传媒等。同时提供了非常详细的班级活动指南，比如2012年的主题是环保，"读遍美国"项目组提供电子版小手册，指导教师如何将环保贯彻到教学中去，介绍如何利用可回收物品制作帽子，并提供制作帽子的方法、材料与剪裁尺寸等信息。①

（三）广泛的社会合作原则

图书馆在进行阅读推广时应注意和社会各界合作，包括与学校、媒体、出版社、医疗机构等合作。比如，美国的"触手可读（Reach out and Read）"项目②和NBA合作，通过篮球明星的阅读海报来推动阅读。澳大利亚国家阅读年活动中，和新光食品及企鹅图书出版公司合作，宣传健康阅读和健康零食的理念，在阅读推广期间，只要孩子购买3袋新光食品公司推出的零食产品就可以免费获得一本图书，目前已经免费送出超过1万本书。

四、阅读推广项目的构成要素

阅读推广项目主要包括两个方面：一是做什么，既阅读推广项目的内容和目的；二是如何做，即应该如何组织管理相关资源（人、财、物等）来完成相应任务。具体来说，阅读推广项目的策划应该明确以下内容。

（一）内容

包括项目面向的读者群、目标、推广方式。

（二）宣传

任何一个阅读推广项目都必须进行宣传，因此在项目方案中应该明确宣传品的组成及宣传渠道的构成。

---

① 赵俊玲，栾晓红．读遍美国（Read Across America）阅读推广项目考察分析．图书馆杂志，2012，31（12）：108 - 111.

② 欲了解该项目更多信息可参见：赵俊玲，周田田．"触手可读"——对于一个阅读推广项目的考察和推介．山东图书馆学刊，2013（3）：120 - 123.

（三）实施

在项目方案中应该包括如何确保项目的顺利实施而进行的相关管理工作，包括人员分工、经费构成、时间进度安排、应急方案等。

（四）评估

在项目结束后应该进行评估从而总结经验教训，但是如何评估在策划项目时就应该进行设计和考虑，主要包括评估的方法及评估数据如何获得等。

第二节 阅读推广项目内容策划

一、选择特定读者群

（一）读者类型的细分和选择

读者有那么多类型，图书馆不可能向所有读者进行阅读推广，如何在众多的读者群中进行选择呢？理想的解决思路是：图书馆首先进行读者需求分析，然后列出读者需求优先满足顺序，然后根据本馆的人力、馆藏等情况，确定可以提供哪些阅读推广项目。但是考虑到很多图书馆人员并不充足的现实，还应结合本馆的工作重点和服务人群的整体情况，确定阅读推广工作的重点读者。

公共图书馆的重点读者是儿童和老年人，高校图书馆的重点读者是学生，然后根据实际情况，按照年龄、兴趣等再进行细分。比如儿童，可以按年龄细分为0~1岁、1~3岁、3~5岁、6~9岁等，也可按照兴趣细分为喜欢科普的儿童、喜欢汽车绘本的儿童、喜欢动物小说的儿童等。比如老年人，可按照受教育情况分为高知老年读者、普通老年读者，也可以按照兴趣爱好细分为喜欢烹饪的老年读者、喜欢音乐的老年读者等。高校的读者群体相对简单，主要面向大学生。但是大学生这一读者群体也应该进一步细分，比如按照年级分类：大一学生、大二学生、大三学生、大四学生，或按照兴趣分类，喜欢鲁迅文学作品的学生、喜欢侦探小说的学生等。

读者类型细分确定后，根据图书馆的工作规划确定当前阅读推广工作的重点，进而选择相应的读者群。这里说的"选择"有两层意思：一是图书馆的资源是有限的，不可能面向所有读者提供阅读推广服务，图书馆需要进行选择。第二层意思是图书馆进行阅读推广时机的选择，比如高校新学期一开始，大一新生入学，图书馆阅读推广的重点可以围绕着大一新生进行，帮助大一新生更好地适应大学的学习和生活；再比如小朋友刚上幼儿园的阶段，很多小朋友会有分离焦虑等情况，可以面向这些小朋友和家长推出一些相应的绘本进行阅读，帮助小朋友克服此问题。

（二）分析读者特点

在明确一个阅读推广项目面向的读者群之后，需要对此读者群的特点进行分析，这样才能确定合适的主题和方式。比如英国的某个阅读推广项目面向的读者群是不爱阅读的男孩子，那么就需要对这些男孩子的特点进行分析，分析后发现这些男生有一个共同的特点，那就是喜欢足球，因此该项目就将阅读和足球结合起来，为男孩子们推荐足球方面的书籍，发放的小奖品也是与足球有关的徽章、签字笔等。再比如，选定的读者群是3～5岁的儿童，图书馆就需要对这个年龄段儿童的特点深入了解：此年龄段儿童已经有一定的合作性，初步形成自我意识等，然后根据此特点开展相应的活动。再比如，高校图书馆面向大一学生，了解到大一学生入学存在的主要问题是因为大学阶段的学习和高中有很多差异，很多学生不能很好地适应大学阶段的学习。这里需要强调的是，不管面向哪一个读者群体，图书馆必须了解该群体的特点。那么如何去了解该读者群的特点呢？一般有以下几种方法。

1. 文献法

图书馆馆员首先可以查找相关教材、专著、论文，获得关于某一个群体特点的知识和信息，比如面向的是3～5岁的儿童，可以去看儿童发展心理学方面的著作；面向的是老年人，可以看老年心理学等相关文献，从而对特定读者群的特点有一个整体的把握。

2. 调查法

通过文献获得的是一般性的了解，并不一定完全适用于所服务的读者群，因此还应该辅之以其他方法。图书馆可以采用问卷调查法进行抽样调查，了解读者的特点，也可以采用访谈的方法获得读者特点方面的信息，比如和到馆的老年人聊一聊他们的兴趣爱好等。这里需要强调一点，不管是用问卷还是访谈，不能只对到馆读者进行调研，同时还要考虑到没有使用过图书馆的读者，这批读者也有可能是我们的阅读推广对象，因此也需要对未到馆读者进行调查。

3. 流通数据分析法

流通数据记录了读者使用图书馆资源的情况，通过对流通数据的分析，可以获得读者兴趣等方面的信息。比如通过分析流通数据，可以了解本馆的大一学生主要看什么方面的书、大二学生主要看什么方面的书，文科生主要看什么书、理科生主要看什么书，老年人主要看什么书等。同时还可以了解哪些人具有相同的阅读兴趣，从而设计相应的活动，比如阅读分享活动等。

二、确定目标

在确定面向的读者群并了解该读者群的需求和特点后，就应该确定阅读推广项目的目标。阅读推广的目标应该是明确的、可评估的。阅读推广的目的从大的方面说主要包括两个：一是提升阅读兴趣，二是提升阅读能力。一个具体的阅读推广项目如果设定目标为"提升阅读能力或阅读兴趣"，这样的目标不可测量，没有实际的意义，因此在设定具体的阅读推广项目的目标时应该力求可评估、可测量。比如英国某个面向读写能力较弱的成年人的阅读推广项目设定的目标是：在3个月内让那些读写能力较弱的成年人（环保工人、服刑人员等）完成6本书的阅读。这样的目标就是可评估、可测量的。

三、确定方式

(一) 常规阅读推广方式

1. 馆藏推荐

书目推荐是阅读推广的基本推广方式，很多读者并不知道某个领域有哪些优秀的图书、期刊或者 DVD，这就需要图书馆做好推荐工作。图书馆在进行推荐的时候以馆藏推荐为主，但是并不完全限定于馆藏资源。另外，推荐的范围不限于图书，应该包括杂志、电影、游戏等多个方面。一般来说，图书馆的馆藏推荐包括以下几个方面。

（1）借阅排行

借阅排行是图书馆采用较多的一种方式。很多图书馆提供周期为一个月、一个季度或者一年的借阅排行榜。有的图书馆按类别提供借阅排行，比如文学类借阅排行榜、经济类借阅排行榜等。

（2）新书推荐

新书推荐也是图书馆采用较多的一种方式，有这样几个途径：设置专门的新书书架，对新书进行定期巡展，在网络上推荐。这里需要注意的是，新书推荐一定是经过选择的，不经选择的推荐没有任何意义。

（3）编制主题书目

编制主题书目指图书馆根据需要，将本馆关于某一个主题的资源进行揭示和宣传。虽然称之为主题书目，但是实际上涵盖的范围除了图书之外，还包括报纸、数字馆藏等。如首都图书馆曾经编制关于风筝的主题书目；浙江师范大学曾经举办主题书展，就毕业季、莫言等多个主题编制主题书目，并举办书展。

（4）馆员推荐

图书馆馆员对馆藏资源比较了解，让馆员推荐图书可以充分发挥馆员的作用，并激发馆员的热情。馆员推荐一般都要写简短的推荐语和书评，具体内容见本书第三讲。这里需要强调的是，馆员推荐语一定要符合目标用户群的特点，馆员写推荐的目的是引起大家对这本书的兴趣，不是炫耀自己的才学和文笔，因此一定要结合目标用户的特点。如果你是向小学生推荐，写一堆高深艰涩的推荐语没有任何意义。

（5）读者推荐

读者是图书馆非常重要的资源，图书馆一定要有意识地将读者资源组织起来，将其引导到阅读推广中，让读者进行阅读推荐。让读者进行推荐的方式多种多样，比如苏州独墅湖图书馆在阅览室放置图书推荐圣诞树，在树上挂满了小卡片，让读者把他认为值得推荐的书和推荐理由写到上面。这里要强调的一点是，推荐方式一定要适合读者群体的特点，比如面向儿童的推荐，由于儿童对卡通形象普遍感兴趣，可以设计卡通形象的荐书卡让儿童填写。推荐的方式也不局限于写推荐语，可以采用丰富多样的方式，如让读者制作视频、绘画、Flash 等。

澳大利亚 2012 年阅读年几家机构一起联合推出"读这本"（Read This）阅读推广项目，主要是希望孩子们能够将自己喜欢的书推荐给别人，孩子们可以以个人或者团体形式参赛，提交的作品形式不限，包括书评、视频短片、手工作品、音乐作品、绘画作品等，只要是根据自己喜欢的书创作出来的作品即可。每个州最后评选出三个个人获奖选手、三组团体获奖选手。从获奖选手的作品来看，形式非常丰富，包括海报、自己做的蛋糕、用毛线编织的书中的人物、卡通画、铅笔画、纸艺作品等。

（6）推荐后续活动的设计和开展

图书馆进行馆藏推荐的目的是让读者阅读，并不是说列出推荐书目，这一工作就算完成，必须要有后续的活动。列出书目只是第一步，必须还要进行足够的激励，让更多的人去阅读所推荐的图书。激励机制的设计也要围绕着推荐书目所面向的读者群的特点来展开。比如面向儿童的推荐书目，可以用儿童感兴趣的卡通形象、小贴画、游戏等进行激励。英国的暑期阅读项目就利用游戏进行激励——必须读完两本书才能到图书馆馆员那儿领取游戏解锁密码，玩更高一级的游戏。举这个例子并不是说我们图书馆也去设计游戏，是说明激励机制设计的核心：发现读者群感兴趣并在乎的东西。激励机制设计和经费投入没有太大关系，奖励给小朋友一个小贴画他也会很高兴。书目推荐后还应该进行借阅量变化情况的统计，从而分析书目推荐的效果。

2. 常规读书活动

除了馆藏推荐，举办各种各样的读书活动也是图书馆经常采用的阅读推广方式。在这里强调常规，主要是希望我们的读书活动常态化，它应该是图书馆的一项基本的服务内容，而不是临时性的、偶然性的活动。因为阅读习惯的培养不是一两次阅读活动就能达到的，必须是一个长期的过程。

公共图书馆服务的人群比较多样，其中儿童、青少年和老年人是图书馆进行阅读推广的重点人群，高校图书馆的重点人群则是学生。针对不同的人群，会有不同的推广方式。这里不再针对不同人群进行介绍，而是将比较重要的常规读书活动列出，供大家参考。

（1）"故事时间"

"故事时间"主要由专门的儿童图书馆馆员或者图书馆聘请的志愿者故事妈妈或者故事姐姐等来负责。国外对儿童划分得非常细，大概分为0~1岁、2~3岁、4~5岁等年龄段。各个公共图书馆，不管是总馆，还是分馆，每个星期至少安排一次面向不同年龄段的"故事时间"：儿童图书馆馆员用夸张的语气和表情讲故事，故事结束后一般有和故事相关的延伸活动，比如做手工、画画等。国内很多图书馆都开展了"故事时间"，也非常生动，稍显不足的是儿童年龄细分不够，对3岁以下儿童开展的"故事时间"比较少。

"故事时间"的安排视图书馆的具体情况而定，现在很多馆都有这种设想，但是苦于图书馆人力资源缺乏，其实可以考虑请志愿服务人员。比如江苏吴江图书馆就请在吴江的一些台湾妈妈担任志愿者，定期在图书馆为孩子们讲故事，取得了很好的效果。

（2）读书交流活动

图书馆除了为个体阅读提供资源和指导之外，同时需要为读者提供交流平台。读书交流一般包括举行共读一本书（书话会）、编制阅读类刊物（见第七讲）、成立读书会（见第六讲）等。不管是哪种形式的读书交流，都应该是一个长期的、持续的活动。如陕西理工大学图书馆定期举办"同读一本书"；河北科技大学图书馆读者协会组织的"好书月月谈"，每月举行一次读书汇报会，为读者提供了一个交流的平台。

▲国家图书馆少儿馆馆员在给小朋友讲绘本故事。

"同读一本书"案例[①]

对于"同读"活动来说,首要任务是选好阅读书目。因为负责人做图书馆文学研究,首期选择《文明的沃土》作为活动书目,拟定"追随北大人的脚步,让图书馆助我腾飞"作为活动主题,引导读者认识和亲近图书馆。

活动书目确定后,要求至少阅读两到三遍,最后写出发言提纲或要点。留够阅读时间,以达到充分阅读、反复阅读。活动准备期间,负责老师不间断地和报名参加的读者进行沟通,适时进行阅读帮助和辅导活动。

活动以学生读者为主,此外有馆员、教师。首先参加勤工俭学的同学比较熟悉,平时有条件沟通交流,利于达到良好的活动效果;其次通过流通记录寻找"同读"书目读者,并在学生中间进行传播。

活动程序按照开场白、主持发言、轮流发言、讨论发言、总结发言等顺序,精心设计安排,适时穿插点评。主持发言人提前通过观察和沟通选定,对其发言事先了解把握。

交流分享结束后,进行活动的宣传报道,参与者写感受收获,负责人总

---

① 此案例由陕西科技大学图书馆的惠涓澈整理并提供。

结思考。如果只是着眼于活动本身，不关心活动的后续情况，不好好落实和宣传，效果肯定大打折扣。

（二）专题性阅读推广项目

专题性阅读推广项目指图书馆一年可能举办一次或两年举办一次的阅读推广活动，主要包括以下几种。

1. 图书馆推出的各类读书竞赛和挑战

很多阅读推广活动采取了各种书评比赛等方式、视频制作比赛等形式。比如洛杉矶公共图书馆向青少年推出的书签设计大赛、四联漫画比赛（用漫画的形式描绘出他们心目中的图书馆）；再比如汕头大学"读书的那些事"微征文比赛，要求作者用200～500字记录读书的感想、心得体会或者对该书的评价等，使活动充满自己的特色。除了竞赛，还有一些阅读推广项目是以个人挑战的形式进行，不比名次，而是设定一个目标，只要参与者达到目标，就给予相应奖励，比如看完两本书发给一个铜牌，看完四本书发给一个银牌，看完六本书发给一个金牌。

"和平杯"第三届全国"读书"漫画大赛活动方案

为进一步营造浓郁的读书氛围，引导广大公众更多地参与到读书活动之中，享受读书带给人们的乐趣，不断提高个人文化修养和道德水平，中国新闻漫画研究会、中国图书馆学会、天津市和平区委、区政府将联合举办"和平杯"第三届全国"读书"漫画大赛活动，活动方案如下：

一、大赛主题：

本届大赛主题为"读书—博爱道德"，包括：

（1）以开卷有益为题，倡导多读书、读好书，从中汲取营养，启迪人生。

（2）以博爱道德为题，结合党的十七届六中全会精神，弘扬时代精神；结合社会时尚，弘扬社会功德；结合传统礼教，弘扬读书育人。

二、大赛组织：

本届大赛主办单位是中国新闻漫画研究会、中国图书馆学会、天津市和平区委、和平区人民政府。

本届大赛协办单位是天津美术家协会漫画专业委员会、和平区委宣传部、和平区文化和旅游局、天津图书馆。

本届大赛承办单位是天津市和平区图书馆。

三、奖项设置：

一等奖1名，二等奖2名，三等奖5名，优秀奖20名，入选作品奖90名，特邀作品奖20名。

另设立优秀组织奖、优秀辅导老师奖和优秀组织单位奖各10名。

四、征稿时间：

2012年5月上旬至7月下旬。

五、征稿方式：

1. 通过宣传媒体和网络向国内外漫画爱好者征稿。

2. 通过中国新闻漫画研究会向全国各地漫画界征稿。

3. 通过中国图书馆学会向全国各地图书馆会员和工作者征稿。

4. 通过相关渠道向全国著名漫画家约稿。

六、征稿要求：

1. 参赛作品数量不限，表现手法不限，彩色黑白均可。要适合展览及网上发布。

2. 参加本届大赛的作品必须是本人原创。在其他比赛中获奖的作品不能作为本届参赛作品，但可参加组委会组织的漫画展览或结集成书等活动，作者应做必要说明。

3. 作品要紧扣主题，可采用读书漫画、名人肖像漫画等形式。

七、投稿方式：

1. 作品形式不限，单幅、四格、多格均可。参赛作品应在作品背面右下角注明作品标题、作者姓名、通信地址、邮编、电话、传真、电子信箱等真实信息。

2. 采用纸质投稿方式，尺寸不小于42cm×29.7cm（A3纸）。

3. 采用电子邮件投稿方式，图像文件格式为JPEG，像素分辨率为300。

4. 请将作品编号。来稿请勿折叠，并请在信封上注明"'读书'漫画大赛稿"。请作者自留底稿，来稿一律不退。

邮寄地址：天津市和平区吴家窑二号路42号，天津市和平区图书馆办公室。

联系人：×××①

邮政编码：××××××　联系电话：022-×××××××

电子信箱：××××@163.com（每封电子邮件可发3幅作品）。

2. 主题性质的活动

比如，北欧一些公共图书馆开展的动漫之夜、侦探之夜、音乐之夜、幻想之夜等都是主题性质的活动。其中，侦探之夜会把场景布置成案件发生现场，请侦探小说家来和青少年进行交流。

3. 大型宣传活动

除了常规的读书活动，图书馆每年都会举办一些大型的宣传活动，一般在世界读书日或者重大节日，如六一儿童节、国庆节等，邀请一些政府部门领导和相关人员，举行比较隆重的仪式。

三、推广方式和读者群特点密切结合

不同的读者群体特点不同，在设计推广方式的时候就应该有所区别。比如，儿童对卡通感兴趣，英国"夏季阅读挑战"设计吸引孩子们的卡通形象，包括会各种杂技技能的卡通形象，并且让孩子们进行角色扮演。青少年对游戏感兴趣，那就将游戏的元素融入到阅读推广中，以游戏激励青少年进行阅读。老年人喜欢怀旧，那就重温年轻时读过的书等。温州市少年儿童图书馆针对青少年喜欢"新奇"的特点，举办"奇思妙想，魔法校园"征文比赛。该比赛配合台湾颇具人气的"畅销书王子"林哲璋走进校园和同学们进行零距离接触的活动，要求作品"模仿林哲璋老师的写作风格，天马行空的想象＋积极向上的正能量＋严谨有趣的故事，内容需要和身边的校园生活有关，再佐以各种奇思妙想的魔法。"②

---

① 此处及下文的"×"符号因保护个人及单位信息而隐去相关真实信息。

② "奇思妙想，魔法校园"征文比赛．[2015-07-31]．http://www.wzst.cn/Art/Art_12/Art_12_27633.as/px.

第三节　项目宣传

一、实施前的宣传

（一）宣传品的制作

阅读推广的宣传品一般包括条幅、海报、宣传单，以及相应的文化创意产品。宣传品的选择主要考虑目标用户群的特点及经费情况。比如面向未成年人的宣传品可以包括贴画、卡通冰箱贴等，面向老年人的宣传品可以考虑比较实用的包、本等，面向大学生的宣传品可以考虑时尚感强或文艺感比较浓厚的咖啡杯、手机套等。目前，很多阅读推广项目的宣传品非常丰富，比如英国"夏季阅读挑战"项目的宣传品达21种之多。

表 2-1　英国"夏季阅读挑战"宣传品系列

名称	个数	价格（英镑）
彩色邀请函	1000	14.5
实验室模型和贴纸	100	35
证书	100	6.75
奖牌	100	25.5
丝带挂绳	100	10.55
手环	100	14.5
钥匙链	100	13.75
折纸	100	5.6
门吊钩	100	4.4
书签	100	4
冰箱贴	100	9
故事实验室手册	50	12
双面横幅	10	12.65
A3宣传海报	100	10.25
活动海报	50	6.25
贴纸	25	6.75

续表

名称	个数	价格（英镑）
明信片	100	2.55
家庭传单	100	8.25
工具包	50	35
纯棉T恤衫	1	4.75
纯棉棒球帽	1	3.25

（二）宣传渠道

1. 馆内宣传

指图书馆对那些到馆用户进行的宣传。这里的到馆用户有两层含义：一是指到实体图书馆的用户，二是指访问图书馆网站的用户。对这些用户的宣传主要包括以下几种方式：

（1）LED显示屏。现在很多图书馆都在门口装有LED显示屏，可以滚动显示项目进行的时间和地点；

（2）一楼咨询台或者入口处放置宣传单；

（3）相关阅读室门口放置宣传单；

（4）在图书馆网站上进行宣传；

（5）通过图书馆的微博、微信等进行宣传。

2. 馆外宣传

由于很多用户不常使用图书馆或者访问图书馆的网站，因此需要针对阅读推广项目面向的读者群的特点在一些场所进行宣传。比如面向的是学龄儿童的阅读推广项目，需要在幼儿园、早教机构等处进行宣传；面向老年人的阅读项目则应该在公园、老年活动中心等地进行宣传。

3. 媒体宣传

主要是利用报纸、广播、电视等媒体进行宣传。国内一般利用传统媒体做实施后的宣传，但是在国外，一些阅读推广项目利用媒体进行实施前的宣传，比如洛杉矶卢斯费利斯（Los Feliz）公共图书馆曾经计划推出一项面向青少年的服务项目，就和当地的电视台沟通，在播放青少年喜欢的《美国偶像》这一栏目开始前的半分钟对该服务项目进行宣传。

二、 实施后的宣传

图书馆进行阅读推广项目，实施后需进行相应报道。高校图书馆可以将报道提交到校图书馆网站、学校网站、学生论坛、图书馆专业群等。公共图书馆可以将报道提交给新闻媒体、相关领导、图书馆网站、图书馆专业群等。

比如河北科技大学"好书月月谈"项目策划中关于实施后宣传报道的思路：收集整理每月展示过的精彩作品、当月活动录像、嘉宾点评、活动照片集锦、活动总结等，发布在校图书馆网站、微博、QQ上。将最终结果和优秀作品公布在生活广场和图书馆门口，做好最后的宣传，扩大本次活动影响。尽量联系校报、学院报纸、广播台等对本次活动结果和优秀作品进行报道。

第四节　项目的组织实施

一、 团队分工

（一）团队构成

阅读推广项目的团队构成与图书馆的架构密不可分。团队构成可以会由阅读推广部相关人员组成，也可以从各个部门抽调人员组成。团队既包括图书馆人员，也可以包括读者、志愿者等。一般来说，常规项目应该有一个相对稳定的团队，比如"故事时间"、读书俱乐部、书目推荐组等，因为这类工作要定期举行，必须有专人进行负责。专题项目由于半年或一年举行一次，团队成员可以临时组建。

（二）任务分解及分工

阅读推广项目需要把任务分解为若干个互相联系的小任务，然后进行分工。不同的阅读推广项目任务分解会有很大不同，这里以比赛类阅读推广项目为例进行说明。

比赛类阅读推广项目可能是有关征文、漫画、讲故事等的比赛。一般可以细分为如下环节：宣传（包括条幅制作、网络宣传等），联系选手（报名、通知相关事宜），评审（组织专家）等，具体见下表。

表 2 – 2　阅读推广项目责任分配矩阵

任务			小张	小王	小李
宣传	实施前宣传	宣传品制作	条幅、传单、海报等	√		
			文化创意产品	√		
		宣传渠道	馆内宣传	√		
			网络宣传	√		
			联系媒体	√		
	实施后宣传	项目活动资料的整理收集		√		
		成果展示报道	展板展览	√		
			网络报道	√		
			联系媒体	√		
			向上层领导汇报	√		
作品征集		作品征集和整理				√
	作品评比	联系专家			√	
		结果汇总			√	
会场	会场布置（条幅、显示屏等）			√		
	会场仪器设备调试			√		

说明：此表系笔者在河北科技大学"好书月月谈"项目基础上绘制，略有调整。

二、编制时间进度计划

为保证阅读推广项目的顺利进行，需要制订时间计划，即何时干何事。这里以河北科技大学图书馆的"好书月月谈"为例进行说明。该项目每月 10 日进行现场展示，下面为关键的时间节点：

• 作品征集：上月 25 日之前完成；

• 宣传品制作：上月 25 日之前完成；

• 作品评比：本月 1 日之前完成；

- 前期宣传实施：本月 7 日 ~ 8 日之前完成；
- 总结整理：本月 15 日之前完成；
- 后期宣传：本月 18 日之前完成。

这里需要指出的是，常规阅读推广项目除了对每一次活动提出时间进度外，同时对该项目应有一个长期计划，比如半年或一年的计划。笔者这里以"故事时间"为例进行说明，一般"故事时间"一周举行一次。除了确定每周的安排外，同时还应该有一个长期规划。

表 2-3　某馆"故事时间"第一季度安排

月份	主题	周次	书名（或者副主题）	备注
一月	冬季	第一周	儿童认知四季图画书（冬）	
		第二周	雪孩子	
		第三周	下雪天	
		第四周	自然科学启蒙：下雪了	
二月	传统节日	第一周	春节的故事	
		第二周	元宵节的故事	
		第三周	春龙节的故事	
		第四周	西方的节日	
三月	友谊	第一周	我的兔子朋友	
		第二周	我有友情要出租	
		第三周	找到一个好朋友	
		第四周	蹦蹦和跳跳	

说明：此表不是来源于实际案例，系笔者所设计，主要是通过此表说明常规项目应该有一个长期安排。

第五节　项目评估

活动评估既是激励的手段，也是改进的手段，更是提高资源有效利用的手段。美国"一城一书"（One City, One Book）活动十分注重对活动的评估，在其活动指南书中，专门指出活动评估是活动的最后一个步骤。

一、效果评估

效果评估是指对阅读推广项目所产生的效果进行的评估，一般结合阅读推广项目设定的目标进行。不同的项目其目标设定不同，因此评估指标体系和方法也会有所区别，这里介绍其中几种。

（一）读者借阅量的变化

这方面的数据可以通过流通数据获得。比如要考察馆藏推荐项目的效果，可以分析项目实施后两周内的馆藏借阅变化情况，看其是否达到了预定的目标。如果没有达到预定目标，继续分析原因所在。考察"故事时间"（读书俱乐部）的实施效果，也可以通过读者借阅量的变化进行分析。可以比较经常参加"故事时间"的孩子一年来（或半年来）的借阅变化情况，也可以比较参加"故事时间"的孩子和不参加"故事时间"孩子的借阅量，从而在一定程度上反映效果。

以某图书馆外借《追风筝的人》一书为例，2014 年 4 月以前共借 174 次：其中 2008 年 15 次，2009 年 33 次，2010 年 24 次，2011 年 29 次，2012 年 32 次，2013 年 34 次，2014 年 1 月至 2014 年 4 月外借 7 次。2014 年 4 月读书月推荐后，到 9 月借 16 次；2014 年 9 月底确定为"活动推荐"书目后，2014 年 10 月至 2015 年 3 月借出达 38 次，半年超过以往一年的外借量。

（二）读者阅读意愿或能力的变化

阅读意愿和阅读能力的变化，一般需要进行事前评估和事后评估。以英国阅读社的"阅读六本书挑战赛"（Six Book Challenge）为例，在挑战之前，要求参加人员填写一个网络问卷，包括对阅读的看法、喜欢看什么方面的书等，挑战赛结束之后，同样要求参加人员填写问卷，包括对自己阅读能力的评估、未来的阅读计划等。

（三）媒体报道情况

这里的媒体指多种形式的媒体，包括报纸、广播、电视，也包括微博、微信、博客等社交媒体，通过对媒体上关于阅读推广项目的报道、记录、评论等多种信息的分析，可以从某一个侧面反映出阅读推广项目的效果。

二、过程评估

效果评估能够判断某一个阅读推广项目是否达到了其设定的预期效果、具体效果。但这并不是评估的最终目的，评估的最终目的在于总结发现项目策划实施过程中的问题，分析是哪些因素导致项目没有达到预期的效果，主要原因是出在什么地方、哪些因素对效果有重要影响等。一般来说，需要对项目的策划、项目的宣传、项目的实施三个环节进行逐一核查。如果项目没有达到预期效果，应该重点审视以下问题。

（一）项目策划是否科学合理

- 项目的目标用户是否明确
- 所设方式是否符合目标用户的特点
- 时间地点选择是否合适
- 人员安排是否合理
- 经费安排是否合理

（二）项目宣传是否到位

- 馆内宣传是否到位
- 网络宣传是否到位
- 其他宣传（相关场所）是否到位
- 新闻媒体宣传是否到位
- 宣传单等是否有不清晰之处

（三）项目实施是否顺利

- 有没有预想的情况发生
- 采取的应急措施是否有效
- 是否还有更好的应急措施
- 现场是否有不愉快的事情发生
- 应该如何避免不愉快事件的发生

附 文

河北科技大学图书馆"好书月月谈"方案

一、活动背景和意义

文化是人类文明与科学的象征,是人类美德和智慧的表现。而学校是精神文明的重要阵地,是传播人类文化的神圣殿堂,是各类优秀文化、先进文化传承和发展的基础,又是学校的生命和灵魂。继承文化、整理文化、传播文化、创造文化,是学校的使命;使一切先进的文化在校园传播,一切有利于国家和民族的文化在校园繁衍生息,是每个师生应尽的职责。

书籍是文化传承的载体,如今论书、品书渐渐成为一种风尚,越来越多的人开始沉醉于书海。在校团委、学生处、图书馆的领导和支持下,读者委员会以"书香校园"为主题进行了一系列的活动改革和创新。"好书月月谈"就是我们重点打造的品牌活动之一。

本活动以发展"书香校园"为主题,结合时代的特色,为广大师生营造一个充满活力和健康向上的校园氛围,创造一个爱书、读书的氛围,充分展示当代大学生的精神风貌,引导大学生健康的生活方式。鼓励同学们多读书、读好书,鼓励同学们分享自己的读书感受,提高独立思考的能力,继承更多的优秀文化,提高自身涵养。通过这样一个思想交流的平台,让同学们可以交流自己的感悟,表达对书本的认识,感受经典,体会美文,在作品中释放自己的感情,展示自己的思想。

二、活动概况

活动时间:3~6月,9~12月,每月19号

主办单位:河北科技大学图书馆、河北科技大学学生读者委员会

活动对象:河北科技大学在校全体师生

活动形式:以PPT的演讲方式将读书感悟与广大师生进行分享

三、作品要求

1. 上交作品一律为电子版格式,选用PPT软件制作,和Word版演讲稿。
2. 所有作品可以是个人独立完成,也可以是多人共同完成。作品必须流

畅、完整，清晰、生动，为同学们解读每一本好书。

3. 题材不限，内容积极向上，具有普及性、艺术性、可读性，语言文字有特色，主题突出，尽量选择可以让观众产生共鸣的书籍，主题明确，设计思路清晰，能恰当表达出自己的所感所想。

4. 参加者可以结合绘图软件制作个性、美观的PPT，可以使用自作的图片插入PPT中，也可适当地插入视频和音乐等各种形式，使讲演更加生动、吸引人。页面内各个元素要使用得当，搭配合理，色彩搭配协调，页面美观。

5. 文字部分尽量做到优美流畅，有自己的特色风格，能较清晰地表达出自己的思想。

6. 讲演时尽量做到演示精彩，富有感染力、吸引力和说服力，使听众产生共鸣，尽量加入和观众之间的互动元素，有自己的创意。

7. 作品尽量附带说明文档，要求简要说明自己作品的主要情况、内容、风格、时间等。

8. 作品必须可实际运行并可供浏览，保证不携带病毒，参加者同时需做好备份工作。

9. 各参加者必须在规定的时间内提交作品，否则视为无效。

四、活动流程

（一）活动准备

- 制作相关宣传传单、条幅、宣传海报等（上月25号之前）；
- 提前申请多媒体教室（最好固定）；
- 制作前期宣传资料（每月1号之前做好），对本学期参加作品进行分类汇总，并按需求和作品相关信息进行筛选，大致选出每月的作品，确定活动主题、主线，制作每个月的宣传资料。留下所有参赛者的联系方式，每次活动开始前通知要演讲的作者。
- 文字版（必须有）：包含有当月作品的整体全貌，讲解人员的简单个人信息、作品简介等。
- 录像版（视设备而定）：DV形式，也要包含有当月作品的整体全貌，讲解人员的简单个人信息、作品简介等，每月的参与者出现在该月的宣传录像中。

•教育培训：选择老师或者有经验的同学对参加的同学进行培训，培训一些演讲与口才的技巧、制作作品的方法等。

（二）活动的前期宣传（每月活动之前两到三天，即每月 7~8 号）

•在活动广场悬挂条幅，或者制作宣传板，在食堂门口粘贴宣传海报，在图书馆门口摆放宣传板。

•在宿舍楼等公共场所粘贴宣传单，在教学楼黑板上写下我们当月的宣传内容。

•利用好学校的各种平台，如在读委会的网站、微博、QQ 上发布宣传资料。

•将相关简介资料，包括作品最后的分类结果、每月作品情况、宣传资料文字版或者录像版等公布到读委会的网页上（提前一周，即每月 3 号）。还可以向个学院学生会发出邀请，并联系一些社团，也是保证观众人数，让他们来听我们的讲演，一起讲书论书。

（三）作品的征集（上月 25 号之前）

以自愿形式按照要求准备，并在开学后将作品的电子版发送到指定邮箱。

（四）作品的评比（上月 30 号之前）

邀请老师或者专业人士对作品进行审核，选出最合适的作品在每月展示。

（五）讲演展示

1. 会场准备

秘书处要进行人数统计，并做好活动记录。专门一组人维持会场秩序，让活动有序进行。所有的部门要求至少到部长或副部长一名，部员 70% 以上参加。

2. 热场

主持人维持活动按流程进行，在开始前宣读会场纪律，介绍参加选手和选手作品。（可结合宣传资料，有 DV 资料的可以提前播放 DV 宣传片、活动 DV 或者读委会 DV、歌曲等）。

3. 演讲展示

在预定的时间，所有参加者到会场按照次序为大家讲演，具体要求见下：讲演顺序为两个学生及一个邀请的嘉宾教师；要准备好相机，拍摄一些活动照片，尽量每位参赛者都有，照片形式尽量丰富；如果有条件，可录制全程

DV，记录全程活动，或者完整记录部分参加者的讲演；要有专人对每名参加者的表现进行记录，便于最后评比、表彰。

4. 嘉宾展示点评

让邀请的嘉宾（图书馆老师或者学院老师）向同学们推荐一本好书，并让嘉宾对本次的讲演做总结，让参加者、听众有升华、提高，并有专人做相关记录。

5. 观众杂语

活动最后安排一定时间（视观众的活跃度而定，不超过半小时），让有想法的观众发言，大家互相表达自己的感想与学习心得。

6. 总结整理（每月 15 日之前）

每月活动结束要对资料进行好好整理，选出好的图片，然后写出一篇总结文章和一篇通讯稿，优秀的参与者写一份自己的心得感悟，优点和不足也都要尽量提出。整理当月好的讲演作品，发到读委会网站上。对每位参加者发纪念品，并对其中表现优异者在当周的例会上进行表彰。

7. 后期宣传（每月 18 日之前）

收集整理每月展示过的精彩作品、当月的活动录像、嘉宾点评、活动照片锦集、活动总结等，公布在我们的网站、微博、QQ 上。最后结果和优秀作品公布在生活广场和图书馆门口，做好最后的宣传，扩大本次活动声势。尽量联系校报、学院报纸、广播台等对本次活动结果和优秀作品进行报道。

8. 启动仪式

在世界读书日大会上进行，有图书馆领导宣布正式启动，读委会代表宣读活动主题、内容。

五、责任分工：

（一）宣传部

• 每月活动之前三天在活广场悬挂条幅，或者制作宣传板，在食堂门口粘贴宣传海报，在图书馆门口摆放宣传板；

• 制作相关宣传传单、条幅、宣传海报等；

• 要准备好相机，照一些活动照片，尽量每位参赛者都有，照片形式尽量丰富。最好支持录制全程 DV，记录全程活动，或者完整记录部分参加者的讲演；

• 最后结果和优秀作品公布在生活广场和图书馆门口，做好最后的宣传。

（二）网络部

- 在读委会的网站、微博、QQ等摆放宣传资料；
- 制作每个月的宣传资料录像版；
- 每月展示当天负责播放作品等相关技术支持；
- 将每月活动之前的宣传资料，展示过的精彩作品和当月的活动录像、照片等公布在我们的网站上；
- 根据每月展示过的精彩作品、当月的活动录像、嘉宾点评、优秀微博、活动照片锦集、活动总结等，公布在网站、微博、QQ上。

（三）学习部

- 制作每个月的宣传资料文字版；
- 找老师或者找人专门对作品进行审核，选出最合适的作品每月展示一次；
- 设专人对每名参加者的表现进行记录，便于最后评比、表彰。

（四）实践一部

- 收集个人选手的作品，整理整齐后交秘书处；
- 维持会场纪律。

（五）实践二部

- 选择一个人作为活动的主持，帮助每月活动顺利进行，主持人要形象较好，熟悉活动流程，能较好地应对各种情况，1到2名即可；
- 每月活动结束要对资料进行好好整理，选出好的图片，然后写出一篇总结文章。

（六）实践三部

在宿舍楼等公共场所粘贴宣传单，在教学楼黑板上写下我们当月的宣传内容；

- 记录嘉宾发言的相关内容。

（七）秘书处

- 将收集上来的作品进行分类汇总、总结信息，按需求和作品相关信息进行筛选，大致选出每月的作品，提取出主题、主线；
- 活动时进行人数统计，并做好活动记录；

·收集整理每月展示过的精彩作品、当月活动录像、嘉宾点评、优秀微博、活动照片锦集、活动总结等,并根据每月活动资料和选出的好图片,写出一篇通讯稿。

(八) 联络部

·提前申请多媒体教室一间(最好固定);

·向各个学院学生会、社联发出邀请,并联系一些社团,让他们来听我们的讲演,共同来讲书论书;

·联系校报、学院报纸、广播台等对本次活动结果和优秀作品进行报道;

·邀请每月为同学们讲演的嘉宾教师,以及每次活动的各嘉宾、社团、学生会等个人和组织;

·由于团支部的大部分成员来自各部门,本次活动不予安排具体任务,但是作为流动资源后备人员。

六、活动预算（半年）

宣传海报：每月 5 张 ×4

传单：每月 100 份 ×4

奖状：每月 3 张 ×4

奖品：每月 3 个笔记本 ×4

备注：每次活动需 10 瓶水,笔 3 盒

（策划人：梁青琳）

参考文献

[1] 赵俊玲,郭腊梅,杨绍志. 阅读推广：理念·方法·案例. 国家图书馆出版社,2013.

[2] 徐雁. 全民阅读推广手册. 海天出版社,2011.

思考题

1. 请结合您所在图书馆的实际情况，设计一个常规阅读推广项目。
2. 请结合您所在图书馆的实际情况，设计一个专题阅读推广项目。
3. 结合本章所学知识，对本馆原有的阅读推广活动进行总结，思考哪些地方做得比较好，哪些地方需要改进。

> **小贴士：**
> 更多内容请参考延伸阅读《国外部分阅读推广案例摘编》。

第三讲
推荐书目的类型与编制

邓咏秋[*]

第一节 推荐书目概述

一、推荐书目是什么

在阅读推广工作中，一线图书馆馆员直接面对读者服务时，经常会遇到这样的提问：

——"能推荐几本适合三岁孩子的书吗？"
——"我儿子不爱看书，爱上网玩游戏，很淘气，有没有适合他看的书？"
——"我是一名大二学生，想读一些经典名著，但不知从何读起，相似的书太多，您能给我推荐一些好的版本吗？"
——"我想给孩子读一些有关恐龙的书，您能推荐一些吗？"
——"母亲节快要到了，能推荐一些跟妈妈有关的绘本吗？"
——"我想读一些特别优秀的推理小说，能推荐一些吗？"
……

如果我们能很好地回答这些问题，就为阅读推广工作做出了很好的贡献。不是吗？读者因为你的推荐，阅读了更多的适合他的书，那么，他很可能就更加热爱阅读了。反过来说，如果我们不能推荐适合他的书，那么，他阅读不得法，这样一个有阅读需求的人，很可能就减弱了阅读的欲望或退出爱阅读人士的行列。

---

[*] 邓咏秋，毕业于北京大学信息管理系图书馆学专业，管理学博士，现为国家图书馆出版社副编审，兼任中国图书馆学会阅读推广委员会委员及推荐书目委员会副主任。出版的图书《爱上阅读》《亲子阅读》（担任副主编）分别获得第四届和第六届国家图书馆"文津图书奖推荐图书"称号。

那么该如何回答这类问题呢？有经验的馆员会说："您可以看看关于这类书的推荐书目。"

推荐书目，就是为了满足特定人群的某种学习或阅读需要而开列的一个阅读书单，通常包括一系列图书的书名、作者、版本、提要或推荐理由等信息，在最前面往往还有简明的导语或序言，用来介绍这个推荐书目的对象、目的、内容、编排体例等。又称为"导读书目"等。各种"必读书目""选读书目"从本质上也属于推荐书目。

二、推荐书目的特点

（一）对象明确

即前面所说的特定人群。

英国作家毛姆曾写过一本阅读推广的小册子——《书与你》（参见延伸阅读《中外优秀的推荐书目介绍》）。在这本小册子中，毛姆为"你"（指那些业余有闲暇的成年人）介绍了他认为是真正的属于杰作的文学书，包括英国文学、欧洲大陆文学和美国文学三个部分，这就是一个推荐书目，它的对象相对来说比较宽泛，所有成年人都是这个推荐书目的对象。《北京大学学生应读选读书目》，名称一望即知，这是面向北京大学学生开列的书目，这个范围就比所有成年人要小。

西方发起的"一城一书"阅读推广活动，是指一个城市挑选出一部书，大家一起读，围绕这本书，在一段时间内，密集地开展相关的阅读推广活动。所推荐的这本书，其实也是一个推荐书单（书单子上只有一本书），其对象就是这个城市的所有市民，那么，选书时就要考虑这个城市的风格等方面。

1930年，鲁迅曾为朋友许寿裳之子许世瑛开列出学习中国文学的书目，这个推荐书目的对象就是一个人。

所以，推荐书目的目标对象弹性很大，有的书目面向的人群比较宽泛，有些则具有专指性，很明确。

（二）有特定用途

即前面所说的为了满足人们某种学习或阅读需要。

大学生应读选读书目是为了帮助大学生提高人文素养；有关恐龙的推荐书目是为了帮助喜欢恐龙的孩子更多地了解有关恐龙的知识；早期性教育推荐书目是为了对孩子开展早期性教育；一个推理小说推荐书目，可能是为了帮助读者找到优秀的推理小说，在恐怖和紧张的情节中释放现代生活的压力；不爱读书的孩子的最佳书目，是为了帮助现在不爱看书、还没有养成读书习惯的青少年爱上阅读；牛津大学教授约翰·凯里在世纪之交，曾推荐柯南·道尔《巴斯克维尔庄园的猎犬》等50部"20世纪最令人愉悦的书"，这个书目强调的是这些书能给读者带来愉悦。这些都体现出各推荐书目不同的目的、用途和出发点。

（三）所选图书是经过认真筛选的

被荐图书是编者认为最适合某个特定群体阅读的。

很多大学推荐书目都集合了本校很多学者的意见，比如《北京大学学生应读选读书目》是1998年为北大百年校庆而作，这个书目由包括北京大学在内的50多位著名教授推荐。

笔者曾应邀去参加国际化学年（2011年）系列活动，其中一项活动就是推荐化学类科普读物。这个书目的推荐者有中国科普作家协会、中国图书馆学会、中国化工学会等方面的代表。复评选在国家图书馆进行。中国图书馆学会事先按初评会议要求，选出100多种书摆在会议室，到会的评委就围着看书，然后打钩。最后共选出15种图书（16册），列为"读书知化学"的化学科普推荐读物。

除了这种集中多人意见的推荐以外，还有很多爱读书的学者专家个人开列的推荐书目，也是经过认真筛选的。如英国牛津大学凯里教授在《20世纪最令人愉悦的书》中坚持推荐那些自己读过、符合推荐要求的作品，而不是那些别人叫好的作品。凯里毫不讳言这个书目带有明显的主观性。他坦言，那些他不喜欢的书或他从来也读不完的书没有入选，所以这里没有普鲁斯特和福克纳的作品。凯里认为，"鹦鹉学舌地重复他人的赞美之辞没有意义。如果你仅仅因为某些书在过去受到过高度评价就大声推荐一些不可读的书，你可能诱骗青年人和天真的读者去尝试它们——而后永远地放弃阅读。"从他强调的推荐原则来说，这个书目融入了他的阅读体验和情感，是他经过认真挑选，认为最符合"令人愉悦"这个目的的一份书单子。

（四）著录明确

著录明确便于读者精确定位，找到所推荐的图书。

如果你看到一份推荐书目是这样著录的：

《史记》

《拔萝卜》

那么，它是一个失败的推荐书目。市面上和图书馆里有《史记》的无数个版本，有无数个叫"拔萝卜"的儿童读物。有一位家长曾抱怨称，有人跟她说图画书《拔萝卜》很好，她就去买，结果买了四五本，都不是她听说的、想要的那个。为什么她会买错？因为推荐给她的这个人不懂版本信息。如果我们这样推荐：

《拔萝卜》〔俄〕托尔斯泰编写，〔日〕内田莉莎子译写，〔日〕佐藤忠良图，朱自强译，"儿童之友"丛书中的一本，南海出版公司出版。

那么，这位家长一定不会买错。

引进版的国外图书，作者、译者、出版社，这三个信息如果我们著录明确，就有助于读者锁定这本书。其中，译者的信息很重要。有些外国书虽然作者写得好，如果译者译不好，也会影响作品质量。

而像《史记》《红楼梦》这种中国古典名著，由于已经超过版权保护期（按我国《著作权法》，版权保护期为作者去世后50年以内），进入公有领域，每个出版社都可以出版。向今天的普通读者推荐古籍，一般应推荐优秀的古籍点校整理本，中华书局、人民文学出版社等在古籍整理方面资质优良，可优先推荐。但是中华书局目前出版的《史记》《论语》的版本也很多，以前主要是繁体竖排本，现在又有简体横排本，如果你推荐给青少年和普通读者阅读，可以优先推荐简体横排本。

如果我们把书名、作者、译者（或注者）、出版社、出版年等信息写清楚，就能帮助读者精确定位，找到你所推荐的书。如果把封面也附上，就更精确了。

当我们走进清华大学图书馆借阅书库，首先映入眼帘的就是"清华大学学生应读书目"专架，上面放置了《清华大学学生应读书目》中所开列的图书，而且架上陈列的每本书，如《论语》《墨子》《孙子兵法》《孟子》等，选择的就是被推荐的那个版本。这种做法很好，读者不用自己去书海里寻找，清华大学图书馆此举无异于把炒好的菜端到桌子上等大学生们来吃。这样的阅读服务，真是太贴心了。同样，我还看到，国家图书馆文津图书奖获奖图书的推广活动（后文会讲到，这个获奖图书也相当于一个推荐书目），会把所有获奖图书陈列在书架上，作为宣传和阅读推广之用，还会在网上陈列，点开这本书的链接，就会看到它的免费电子版全文。有的网上推荐书目，直接链接到网上书店，对读者来说很方便。

▲清华大学学生应读书目专架

（五）撰有提要或推荐词

很多推荐书目为被荐的每一种图书撰写提要或推荐词，其目的是强调"我为什么要推荐这本书""这本书好在哪儿"，从而激发读者阅读的欲望，起到阅读推广、鼓励阅读的作用。不论是提要或推荐词，文字一定要精练。

优秀的推荐词能激发人们阅读这本书的欲望，平淡的推荐词则起不到鼓励阅读的作用。

哈佛大学教授约翰·高是这样推荐《老子》一书的："《老子》许多年来一直是我的床头伴侣。其意义永无穷尽，通常也是不可思议的。例如，当我研究心理学时，它是一本有价值的关于人类行为的教科书。作为一个研究组织机构的专业人员，我从本书学到了许多有关政治和领导的知识。我把它作为最喜爱的礼物送给身为企业家和高级经理的朋友们。这本书道出了一切。"

毛姆则向读者推荐说："假如你能欣赏海上的暴风雨的壮观场面，你一定会欣赏《卡拉马佐夫兄弟》。"他还说，有些书"如果错过不读将是一种损失"，因为这些书会以各种方式增加你的精神财富，使你的生活更为充实，从这个角度来看，《卡拉马佐夫兄弟》无疑当属其一，而且很可能名列榜首。

《绘本阅读》中推荐图画书《一根羽毛也不能动！》时，只写了一句话："如果你在寻找一本能让孩子哈哈大笑的图画书，那么，这本一定不能错过！"

以上三个例子中的推荐词是不是写得很棒呢？是不是能引起你的阅读欲望呢？在后文，我们将会详细介绍如何撰写推荐语。

推荐书目在激发阅读热情、发展潜在读者、推荐优秀图书等方面具有举足轻重的意义。一个图书馆，不论其场地、藏书等硬件设施如何，都应该重视利用推荐书目这个重要的方式来提升服务价值。

三、 推荐书目的功能

（一） 书海中的"领航者"

推荐书目是目录的一种。在谈及目录学的作用时，大家经常引用下面几句话，即清代学者王鸣盛在《十七史商榷》中所说："目录之学，学中第一紧要事，必从此问途，方能得其门而入。"他又说："凡读书最切要者，目录之学。目录明方可读书。不明，终是乱读！"这里所说的目录学的功用（他提到目录学具有"问途""第一紧要""最切要"等功用），也适用于推荐书目。

（二） 最传统、最基本的阅读推广手段

中国古代没有"图书馆学""阅读推广"这样的名词，但推荐书目的工作很早就开展起来了。

现在我们可以看到的最早的推荐书目[1]，出现在唐代末年，被后人称为"唐末士子读书目"，所开列的图书主要是重要的儒家经典和历史著作。

---

[1] 王余光先生在《关于推荐书目》中对于中国推荐书目的历史做了详细的研究，以下有关推荐书目史的资料主要出自这篇文章，该文载于《中国阅读文化史论》（北京图书馆出版社，2007 年版）。

清代光绪年间，张之洞为了答复科举学生的问题——应读哪些图书、每种图书以阅读哪一个版本为最佳——而写作著名的《书目答问》一书，收录图书 2200 多种，对于所收各书，注明作者、卷数、版本，重要图书下加有按语，指出阅读时的注意事项。这是一部影响深远的推荐书目。

20 世纪前半叶，梁启超、胡适、鲁迅、顾颉刚等大读书家都开列过推荐书目。

▲《京报副刊》刊登征求"青年必读书"和"青年爱读书"各十部的启事

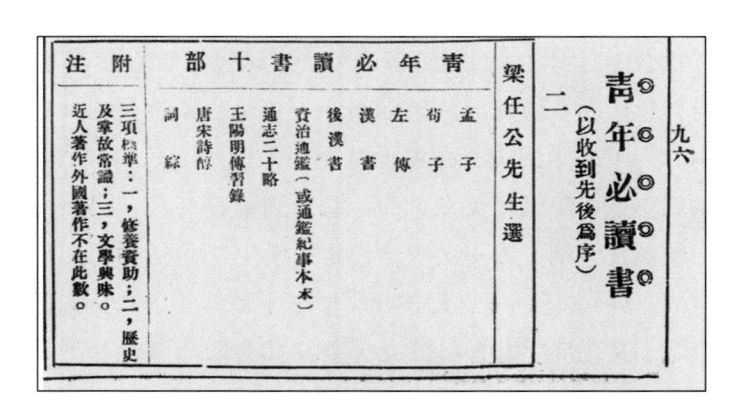

▲梁启超应《京报副刊》邀请推荐的"青年必读书"十部

推荐书目对于读书人（也包括现在没有读书、将来可能读书的潜在读者）来说，具有向导的作用。没有一位好的向导，读书人很可能因为阅读不得法或没有读到适合他的图书而气馁，进而退出阅读者的行列。这是十分可惜的一件事。推荐书目好比领我们进入美丽的阅读殿堂的天使，它是走在我们前面的读书家对后来者的忠告，是先行者把他的经验总结拿给我们分享，使我们不必在黑暗中孤独地摸索，进而提高我们的生活效率。

第二节　推荐书目的类型

一、按推荐者来分

推荐书目的开列者可以是一个组织，也可以是个人。组织，如某图书馆、某大学等；个人，如学者、名人，也可以是普通人。过去，推荐书目开列者以学者为主，现在不仅学者继续保持着开列推荐书目的热情，更多的爱书人也加入到这一行列。如今，新媒体的出现为大众开列和传播自己的推荐书目提供了便利。豆瓣读书是豆瓣网（www.douban.com）的子网站，于2005年上线，是一个很活跃的读书网站，在该网上，每个注册用户都有权发布自己最喜欢的书，即推出自己的推荐书目。

当前，推荐书目不仅受到学者的重视，更受到政府和各种社会组织的支持。由于各种新媒体的出现及当代越来越快的生活节奏，阅读有衰落之势，而与此同时，社会上有识之士日益认识到阅读对国民素质等具有重要的意义，所以各国政府和包括联合国在内的国际组织近年来也不遗余力地投入到鼓励阅读的活动中。为了鼓励阅读，必须要解决一个读什么的问题，各国政府组织和社会机构就很重视组织相关专家为公众开列推荐书目。2000年1月，我国教育部颁布新教育大纲，第一次明确指定中学生（包括初中和高中）课外文学阅读必读的30种文学名著，即推出了中学生课外必读文学名著书目。

作为中宣部、文化部、教育部等九部委及社会团体联合开展的"知识工程"的实施项目之一，知识工程推荐书目活动于2004年启动。自2007年开始，原新闻出版总署等八部委在全国范围内联合实施"农家书屋"工程，力争在全国农村建设20万家"农家书屋"，每年组织专家遴选农家书屋推荐书目成为此项活动的一部分。

随着各地读书活动的开展，也相应地出现了一批推荐书目。如2007年第八届深圳读书月活动，推出了藏书与阅读推荐书目 100 种、优秀青少年读物推荐书目 50 种、优秀音像电子出版物推荐目录 30 种。

在社会组织鼓励阅读方面，图书馆和图书馆协会始终是一股重要的力量，美国图书馆协会下设的青少年图书馆服务协会每年评选出"最佳青少年读物"等推荐书目。中国图书馆学会科普与阅读指导委员会于 2006 年 4 月 23 日成立，与此同时，下设的"推荐书目组"也宣布成立，该组织集合图书馆界和社会力量，为鼓励阅读、推荐好书而努力。

二、按读者对象来分

面向各种细分读者群的推荐书目大量涌现。以前的推荐书目主要针对读书求学的学子，现在，各种面向中小学生和大学生的推荐书目依然火热，因为孩子和学生永远是阅读的中坚力量。这类书目有教育部推荐的"中学生课外必读文学名著"，民间阅读推广人阿甲等推荐的"让孩子们着迷的 101 本书"，清华大学等高校组织专家推荐的"清华大学学生应读书目"等。

随着分级阅读研究的加强，各种儿童分级阅读书目也出现了，这有助于图书馆馆员和阅读推广人更好地向不同年龄段、阅读级别的孩子推荐合适的读物。

在成人阅读方面，出现了一批面向家庭、女性、新生儿父母、老年人等群体的推荐书目，面向某一职业如 IT 人士、律师、医生、农民等的推荐书目。

三、按主题分

既有综合性的推荐书目，又有各种专门性的推荐书目，如唐诺的"推理小说入门书单"，从名称上即可知这是一个关于推理小说的推荐书目。此外，关于健身、厨艺、旅游、养育孩子等生活类推荐书目在当前也很受欢迎。

四、获奖书目

各种图书评奖结果、图书销售排行榜也成为事实上的推荐书目，鼓励人们去阅读这些榜上有名的图书。比如每年一次的国家图书馆"文津图书奖"。该奖坚持公益性，目标是从前一年度的国内出版物中评选出适宜阅读的、读者喜爱的优秀图书，旨在挖掘出优秀的新书，培养公众读书的兴趣，适度引导公众的阅读方向。该奖于每年 4 月 23 日的世界读书日揭晓，此后，还会开展丰富多彩的获奖图书的推广活动。该奖历年来推荐了不少好书，实际上起到了推荐好书的作用。

第三节　推荐书目的编制

要想做一个优秀的阅读推广人，我们要具备推荐书目方面的知识和技能。一方面，我们要了解那些已有的优秀的推荐书目（参见延伸阅读《中外优秀推荐书目介绍》），比如人文经典类的推荐书目，胡适、梁启超、朱自清、朱光潜等大师已经给出答案，那么我们可以拿来推荐给读者。当然，这些经典名著，我们自己也要读，这样我们的推荐才更加理直气壮。

另一方面，为了配合各种各样的阅读推广活动，编制推荐书目也是阅读推广人的日常工作。比如，为了配合本馆暑假阅读推广系列活动的开展，鼓励中小学生暑假多读书，我们可编制一个"暑期阅读'冲浪'书目"。

推荐书目有大有小，但一般来说，都包括标题、导语、推荐词等元素。下面就来讲讲如何编制书目。

一、标题

既能归纳出书目主题，又具有一定的吸引力。

如《亲子阅读——送给 0—12 岁孩子的父母》（国家图书馆出版社，2010年）的第 2 章，主要为家长解决亲子阅读应该"读什么"的问题，列出以下书目：

- 图画书太多，哪些可以作为亲子阅读读物
- 令人难忘的中国儿童文学作品
- 中国原创的 10 本优秀图画书
- 推广英文亲子阅读的 10 本好书
- 女孩子喜欢的书
- 男孩子喜欢的书
- 培养孩子品格的优秀童书
- 早期性教育的优秀童书

又如 2008 年出版的《爱书人的世界》（国家图书馆出版社）里，我们编制了以下小型推荐书目：

- 阅读起步者的最佳书
- 秦文君推荐给小读者共享的书单
- 可爱的图画书
- 成人也爱看的绘本和漫画
- 科普读物最佳书
- 美丽人生的"悦读"书目
- 在恐怖和紧张中释放现代生活的压力——推理小说最佳书
- 最好的厕所书
- 适合各种心情、时刻、理由的书
- 不爱读书的孩子的最佳书
- 阅读的人生：老年人的书
- 连环画最佳书
- 十本最佳自然读物
- 凌鼎年推荐阅读的微型小说集

再如《绘本阅读：与孩子一起欣赏图画书》（国家图书馆出版社，2010 年），编者在这本书中为儿童开列了以下主题绘本书目：

- 妈妈绘本
- 爸爸绘本
- 单亲、离异家庭的孩子也可以快乐幸福
- 与友谊有关的绘本
- 养成生活好习惯的绘本
- 生日主题绘本
- 节日主题绘本
- 缓解入园（入学）焦虑的绘本
- 关于自信的绘本
- 释放生气和难过情绪的绘本
- 帮助孩子更勇敢的绘本
- 当丧失所爱时可以看的绘本（死亡主题）

- 让孩子哈哈大笑的绘本
- 低幼认知主题的绘本
- "我从哪里来?"——有关生命起源的绘本
- 环保主题的绘本
- 想象力超强的绘本
- 恐龙主题的绘本
- 绘本中的图书馆（与图书馆有关的绘本）

二、导语

导语就是推荐书目开头的文字，可以是一两段话，也可以是较长的一篇文章。通常包含这些信息：为什么要开列这个书目，为谁推荐，推荐图书的数量，编制的依据、过程，获得了哪些人的认可、致谢，推荐的主体或发布者是谁，以及其他有必要交代的内容。

性教育亲子读物推荐

王海茹

"我是从哪里来的?"这是许多孩子常常会向父母提出的问题。父母们一般的做法是回避，或采取善意的哄骗，这似乎是天经地义的事。其实，孩子们了解性别与成长的奥秘需要科学引导。因此，我们向家长推荐8本可以与孩子一起看的性教育图书。

亲子阅读推荐书目说明

中国图书馆学会推荐书目委员会

1. 这份推荐书目面向0~12岁孩子的家庭，推荐亲子读物共计100种。本书的目的不在求多求全，而在于为父母（尤其是入门级父母）提供一份切实可行的小书单。当他们对亲子阅读产生兴趣时，这份小书单能成为他们买书、借书、读书的指南。每种书我们依次列出书名、作者、译者、出版社、适读年龄、定价等信息。特别提醒家长，不必拘泥于我们所列的年龄，因为孩子们的阅读兴趣和阅读能力是有差异的。

2. 关于丛书与单行本，我们优先推荐单行本，以避免家长把一套书买回家发现不喜欢而造成浪费。一位作者只推荐一部作品。因为我们相信读者会因为读了一本好书而自己去扩大阅读范围。

3. 这份推荐书目是很多爱书人共同努力的结果。初稿由首都图书馆少儿综合借阅中心提供，该馆的潘淼、王海茹和王松霞结合读者借阅情况与童书出版资讯，对初稿予以增删，提出了一份包括300种书的书目。书目开列之后，我们邀请两小千金妈妈、天羽妈妈、宁宁妈、青岛大壮妈、捷扬双宝妈等专家级的妈妈审阅，她们分别提交了自己的推荐书目。最后，综合大家的意见，我们将推荐图书总数精减至100种，统稿工作由邓咏秋完成。苏州图书馆的陆秀萍为我们完善了图书信息，重庆市少年儿童图书馆的王传燕担任我们的分类顾问。

4. 本书目今后还打算修订。欢迎各位家长、专家把你们的意见告诉我们，可发至 pkautamn@163.com。

（2010年2月）

三、 被荐图书的版本信息

通常包括书名、作者（译者等）、出版社等信息，出版年、适合年龄、定价等为可选项。一本书在同一个出版社也可能有多个版本，比如初版本和修订本、完整版和普及本、简体字本和繁体字本等，这时，版本信息如果写得详细些，可以帮助读者准确地区分图书。如果编者没写明白，读者可能会读错书。如果出版年也能列出的话，那就更好了。印刷时间一般意义不大，不必列上。

- 《论语》，〔春秋〕孔子（公元前551—公元前479），中华书局版《论语译注》，杨伯峻译注
- 《史记》，〔西汉〕司马迁（公元前145—公元前87），中华书局版《史记》（简体字本）
- 《好饿的毛毛虫》，〔美〕艾瑞克·卡尔著，郑明进译，明天出版社

阅读推广人和推荐书目的推荐人，一定要善于查看封面和版权页上的信息，用简洁的语言提取图书的版本信息。

四、 撰写推荐词——怎样推荐一本书

首先，我们要明确推荐的目的——吸引别人来读。

其次，我们需要记住以下要点：

第一，重要的不是你对这本书做全面的概括，而是你能讲出这本书的精彩之处，只要你讲出你认为最值得读的"点"就行了。

第二，不要照抄商业宣传语，书上印有商业宣传语，很多是言过其实的，比如全球畅销、有史以来最佳……你跟他们又不是一家，犯得着帮他们打广告吗？有些馆员写很多推荐语，比如得过什么奖，全球畅销几百万册，本书"描写细腻""感情真挚"，反映了、体现了什么大问题，等等。写一堆废话，却没有一句能吸引人的。这些废话请删去。

《一根羽毛也不能动!》推荐词

爱瑞卡·席佛曼/文，S.D.史耐得/图，黄乃毓/译，二十一世纪出版社，适合：2岁以上

故事就从一只鹅和一只鸭打赌开始，它们比游泳，比飞翔，各有千秋。但两个好朋友都不服气，最后开始比谁先动。为了赢得这至关重要的比赛，鹅和鸭怎么都不动，蜜蜂、兔子、乌鸦、狂风都没有让它们为之动一下。最后，连狐狸来了也不动。这下玩大了。狐狸拿着麻袋把鸭子和鹅装起就走。到了洞里，还烹了一锅香喷喷的汤，就差扔块肉进去，先扔谁呢？狐狸开始玩点兵点将的游戏。最后，选中鹅了，狐狸要把鹅扔下去了。这时没看到鹅的反应，鸭子的心理活动却跃然纸上。鸭子着急啊，抓狂啊，鹅就是不动。就在狐狸要把鹅扔进锅里的一刹那，鸭子终于忍不住了，跳起来把狐狸赶跑了。本来一动不动的两个小东西突然整出这么大动静，狐狸吓坏了，本能的反应就是赶紧跑，最后留下了一锅美味的汤给鹅和鸭慢慢品味。一起品味的，还有朋友之间珍贵的友情。争强好胜和冠军，都已经变得那么微不足道了。

《母鸡萝丝去散步》推荐词

佩特·哈群斯/编绘，上谊出版部/译，明天出版社，适合：2岁以上

母鸡萝丝走出鸡窝，出去散步。它的身后跟着一只想吃鸡的狐狸。可让孩子哈哈大笑的是，这个毫无防备的傻大姐"傻人有傻福"，一向以"狡猾"著称的狐狸却步步悲惨。比如：狐狸从后面扑上去要吃母鸡，可它一脚踩到了钉耙，钉耙一反弹，狠狠地打到了它的脸上。当萝丝绕过池塘，狐狸扑上来，但它扑空了，栽到了池塘里……

《森林大熊》推荐词

约克·史坦纳/文，约克·米勒/图，孔杰/译，南海出版公司，适合：3岁以上

这是一本非常优秀的环保图画书，它用孩子也能看懂的图画表现出了工业文明与自然的冲突。森林大熊冬眠起来，发现洞穴上方盖上了工厂，他被当作偷懒的工人，他反复向人事主任、厂长和董事长说："我是熊啊。"为了证明自己真的是与"人"不一样的"熊"，他跟董事长去了动物园和马戏团，可是动物园的熊说"没有熊是站在笼子外面的"，马戏团的熊说"没有熊像你不会玩马戏"，于是熊也对自己的身份产生了怀疑，他穿上工人的蓝色制服去打卡上班……当然，后来有更让人哭笑不得的结果在等着我们。

《小房子》推荐词

维吉尼亚·李·伯顿/著，阿甲/译，南海出版公司，适合：3岁以上

小房子每天在山岗上看风景，见证了时间的流逝和岁月的变化，而环境也在日新月异地变化着。小雏菊和苹果树不见了，出现了越来越多的现代化产物：马路、商店、高楼、地下铁……小房子的周围逐渐失去了原有的景象。这本书让我们思考城市化进程中的环境问题。最后小房子回归到了乡下，也象征着人类对大自然原生态的向往……

（注：作为"环保主题绘本"书目中的一本，推荐理由应该点出这本书所思考的环境问题）

——以上4篇均摘自《绘本阅读》一书

前面介绍过的哈佛大学教授约翰·高为《老子》一书写的推荐语，也是写得非常好的，对我们撰写推荐语很有启发意义。

五、注意编排或分类

如果推荐图书很少，不做分类也是可以的，可以不必太在意编排顺序。但是如果编制的推荐书目中，推荐了五六十种，甚至成百上千种图书，那么必须考虑按什么样的编排顺序呈献给读者——按成书时间顺序，还是分类分主题依次列出；是按《中国图书馆分类法》（以下简称"中国法"）分类，还

是按其他方法分类。比如，我们在推荐亲子阅读推荐书目（荐书100种）时，没有按"中图法"分类，因为"中图法"不利于家长直接使用。最后，我们分为图画书、故事书、桥梁书、小说、科普读物、综合读物（相当于"其他"类）等6类。其中对图画书、故事书、桥梁书这三类做出特别说明。

一、图画书

说明：图画书指的是以图为主（甚至可以没有文字，如无字书），缺少图就不能成立的图书。本类收录图书38种，包括图画故事书、连环画、漫画等。但科普类的图画书不收入本类，请到第四类（科普读物）查找。

二、故事书

说明：本类收录短篇故事集8种，包括传统童话、民间故事、神话、寓言等，特别适合爸爸妈妈讲给孩子听，当孩子能自主阅读以后，也可以自己读这些书。童话体小说（中篇小说和长篇小说），如《夏洛的网》，不收入本类，请到"小说"下查看。

三、桥梁书

说明：本类收录图书8种，这些书之所以称为桥梁书，因为它能帮助孩子由阅读图画书向文字书过渡，由听爸爸妈妈读书向自主阅读过渡。这些书大部分都是图文结合，但相较图画书来说，有更多的文字，图画只起辅助阅读的作用。

1 《脸，脸，各种各样的脸》（幼幼成长图画书）
（日）柳原良平/文·图，小林、小熊/译，少年儿童出版社，0—3岁，15.00元

2 《婴儿游戏绘本》（全10册）包括《你好吗？》《藏猫猫》《便便啦！》《洗澡啦！》等。
（日）木村裕一/著，崔维燕/译，接力出版社，0—3岁，130.00元
注：同类低幼图画书还有连环画出版社《小熊宝宝绘本》，是属于低价位的，每册5元。

3 《比得兔和他的朋友们》（中英对照绘本）（"比得兔的世界"丛书）
（英）比阿特丽克斯·波特/文·图，吴青、陈恕/译，中国少年儿童出版社，2—9岁，20.00元

4 《鳄鱼怕怕牙医怕怕》
（日）五味太郎/著，台北上谊文化编辑部/译，明天出版社，2—7岁，19.80元

▲由中国图书馆学会推荐书目委员会发布的《亲子阅读推荐书目》（局部）

第四节　编制推荐书目能力的培养

编制一份推荐书目，主要有三个步骤：选题策划、书目选定、推荐词和导语等三部分文字撰写工作。选题策划要先行，而且最重要。一个好的选题方向，注定会引起人们的关注。书目选定过程中，要再三推敲，注意比例平衡（比如类别平衡、中外作品比例的平衡），多吸收专家和爱书人的意见。但是，也不能只要人家说这是一本好书，你就放到推荐书目里，你要先读一读、先翻一翻，真的好，再推荐给别人。文字撰写要注意加强平时的练习。具体来说，阅读推广人编制推荐书目的能力可从以下几方面来培养。

一、阅读推广人要爱书

图书馆馆员和阅读推广人首先要爱书，爱读书，多读书，了解经典，关注读书界的动态，关注最新的好书信息等。

二、了解已有的优秀的推荐书目

多看、多参考优秀的推荐书目，我们能从中获得很多灵感、好的创意点。比如策划一个新的推荐书目该从哪一个方面入手，题目怎样起得更具吸引力，推荐词怎么写得更感人等。既要看中国的，更要多看阅读推广做得好的国外的推荐书目。

三、善于借助社会力量

如果要想编出一个好的书目，尽量不要漏掉优秀作品，但谁也不可能读完这世上所有的书，那么，你就需要"借力"。学者、专家，甚至你的读者中的爱书人，都是我们可以"借力"的对象。常言道，术业有专攻。如果我们请科协相关专家来推荐一组科普读物，可能会比我们图书馆馆员自己闭门造车编出的一个同类目录更专业，效果更好。

四、结合热点、节日设计推荐书目

结合近期的社会热点主题或即将到来的节日，设计推荐书目，往往事半功倍，很容易被大家关注。另外，推荐书目不是孤立的，简单地扔给读者一个书单子，效果不会好，一定要配合丰富多彩的阅读推广手段来设计和推出推荐书目，才有效果，才能更好地形成阅读推广的合力。

图书馆界或中国图书馆学会阅读推广委员会能更好地整合本行业在推荐书目方面的工作，促使各地各馆开列的优秀的推荐书目形成共享资源，促进行业交流。

五、不断提高写作能力

平时可以多写一写读书笔记、读后感之类的文字，可以写得短一点，不必很长。当你写一本书的读书笔记或推荐词时，可以试着问自己以下几个问题：

·如果只用一句话向没读过这本书的人来推荐这本书（这句话可以作为读书笔记的标题或主打宣传语），你会怎么说？

·这本书中最令你感动的是什么？你最喜欢这本书哪几个地方或哪几个情节？

·你喜欢和不喜欢的角色分别是什么？简单说说理由。

·这本书带给你哪些联想和启发？

注意，一定不要面面俱到。把最精彩的一处或几处地方写出来就行了。

对于怎样写读书笔记，小学一年级女生珠珠阅读《小淘气尼古拉》的阅读笔记（由妈妈记录）可以作为范文。很多成年图书馆馆员在推荐图书时，未必能写得比她好。她能把书好在哪写得很清楚。这样写，才能吸引其他人来读。

《小淘气尼古拉的烦恼》这本书里，我最喜欢的故事是《脚踏车》。爸爸给尼古拉买了一辆脚踏车，有灯，很漂亮。尼古拉很喜欢，想骑，可是爸爸要跟布雷都先生比赛，就先把车骑走了。后来布雷都先生用了9分钟，过了15分钟爸爸也没回来，原来他撞到了垃圾箱，裤子破了，灯破了，轮子歪了。

尼古拉看了好难过，因为这辆新车，他一次也没骑呢。我觉得他真可怜，不过看到他爸爸摔成那样，我又觉得很好笑。

我最喜欢尼古拉，虽然他很调皮，但是他很可爱，我多么希望尼古拉是女孩子啊！我最喜欢的图，就是尼古拉撅着小屁股，趴在床底下用手电筒找到了他以前丢失的弹珠。这张图在《小淘气尼古拉的烦恼》中的第42页，故事的名字叫"手电筒"。

——摘自《亲子阅读》，邱冠华主编，国家图书馆出版社，2010年版。

上面这篇孩子的读书笔记，提到了自己最喜欢的一篇小故事和一幅图，强调了自己为什么喜欢，好玩在哪，语言质朴生动，充满童趣。文章虽然短，但叙事完整，重点突出，没有套话、废话、病句。所以，我认为这样的读书笔记写得好，把她想跟别人分享和交流的信息充分表达出来了。我们看了这样的推荐，也会被打动，想去读一读这本书。即使以前读过这本书，现在好像印象不太深了，看了这篇文章，还会想去读一下。不是吗？从这个角度上说，这篇读书笔记很成功，小作者也是一个优秀的阅读推荐人。

参考文献

［1］邓咏秋，李天英．中外推荐书目一百种．西安：陕西师范大学出版社，2001.

［2］邓咏秋，李天英．爱上阅读．武汉：武汉大学出版社，2007.

［3］王余光．中国阅读文化史论．北京：北京图书馆出版社，2007.

［4］邱冠华．爱书人的世界．北京：北京图书馆出版社，2008.

［5］邓咏秋．推荐书目的过去、现在与未来．高校图书馆工作，2009，(3)．

［6］王惠君．绘本阅读：与孩子一起欣赏图画书．北京：国家图书馆出版社，2011.

思考题

1. 请设计三个有吸引力的推荐书目题目。

2. 围绕即将到来的一个节日，设计一个推荐书目，至少推荐三本书，并列出推荐理由。

3. 你怎样理解推荐书目在阅读推广工作中的作用。

小贴士：

更多内容请参考延伸阅读《中外优秀推荐书目介绍》。

第四讲

阅读节与书香城市建设

金德政　费　巍[*]

第一节　阅读节概述

1995年，联合国教科文组织宣布4月23日为"世界读书日"（World Book and Copyright Day，全称为"世界图书与版权日"），并发表宣言："希望散居在世界各地的人，无论你是年老还是年轻，无论你是贫穷还是富裕，无论你是患病还是健康，都能享受阅读的乐趣，都能尊重和感谢为人类文明做出过巨大贡献的文学、文化、科学、思想大师们，都能保护知识产权。"[①] 在2014年国际读书日来临之际，联合国教科文组织在其官网上引用了巴基斯坦少女马拉拉（Malala Yousafzai）在联合国青年大会上的演讲中的一句话："让我们拿起书和笔，它们是最强大的武器。"[②] 设立阅读节是希望所有的人能够享受阅读的乐趣。对于个人而言，阅读节能够激发一个人的阅读兴趣，从而充实其精神世界；对于一个民族而言，阅读节可以敲响整个民族阅读的警钟，从而提升民族素质。阅读节是一个人、一个国家乃至整个世界对心灵自我审视的一个符号，它不仅是一个提倡和推广阅读的盛大庆典，更应是一种文化制度，是一种倡导全民阅读的价值理念。朱永新教授对阅读节的价值和意义做了高度的概括。他认为，阅读节可以唤醒社会对读书的重视，阅读节是时代形态和时

---

[*] 金德政，苏州图书馆副馆长（主持工作），中国图书馆学会阅读推广委员会会刊《今日阅读》主编，兼任苏州市图书馆学会理事长、苏州市全民阅读促进会会长。费巍，毕业于武汉大学信息管理学院图书馆学专业，管理学博士，现任苏州图书馆馆长助理，副研究馆员。

① 仅名海. 国际日. 北京：清华大学出版社，2008：80.

② UNESCO. World Book and Copyright Day 2014［EB/OL］.［2015-06-29］. http：//www.unesco.org/new/en/unesco/events/prizes-and-celebrations/celebrations/international-days/world-book-and-copyright-day-2014. 本句由作者翻译。

代精神的凝聚和总结，是民族的一种仪式，让一个民族通过这种仪式认识到阅读的重要性，是实现公民文化权利的有效载体，是对人权的发展和完善。

世界上不少国家通过设立阅读节，举办各类阅读活动来推动全民阅读，如美国的国家图书日、英国的读书节、法国的读书节、日本的国家读书年等。就我国来说，阅读节对提升全民阅读具有重要的意义。第十一次全国国民阅读调查显示，2013年我国成年国民人均纸质图书的阅读量为4.77本[1]，远低于韩国的11本、法国的20本、日本的40本、以色列的64本。[2] 调查还指出，2013年有66.3%的成年国民认为有关部门应当举办读书活动或读书节，其中，城市居民认为当地有关部门应该举办阅读活动的比例为64.8%，农村居民中这一比例高达68.0%。因此，无论是从促进全民阅读的客观需要，还是从国民自身阅读的诉求而言，阅读节和阅读推广活动都是亟须开展的。

我国虽然没有国家层面的阅读节，但很多地区和城市都设有城市阅读节，如深圳的读书月、苏州的阅读节、东莞的读书节等，都对当地的书香社会建设起到了积极推动作用。在这些地区阅读节的带动下，全国各地也陆续开展了形式多样的阅读节活动。随着近年来全民阅读日益得到社会各界的重视，不少专家连续多年提出要设立中国的"国家阅读节"，这不仅有利于在全球传播中国文化，提升我国的文化软实力和国家形象，也是进一步弘扬和传承我国传统文化的有效手段。

第二节 国内外的阅读节

一、苏州阅读节

（一）苏州阅读节简介

苏州阅读节是苏州市委市政府统一组织、各市（区）和有关部门具体策划实施、社会各界和广大市民广泛参与的一项大型综合性的读书文化活动。

---

[1] 中国新闻出版研究院. "第十一次全国国民阅读调查"成果发布[EB/OL]. [2015-03-29]. http://www.chuban.cc/yw/201404/t20140423_155079.html.

[2] 我国成年人人均读书不足5本. 山西晚报，2014-04-23（1）.

阅读节以"阅读,让苏州更美丽"为主题,旨在让阅读理念深入人心,营造全民阅读、崇文尚德的良好社会氛围,打造"书香苏州"。自2006年到2015年,苏州已举办十届阅读节。

2006年到2009年,苏州阅读节的时间是9月28日到10月28日,是以孔子诞辰为其开幕时间,持续一个月。2010年以后,为配合世界读书日,苏州阅读节改为每年的3月或4月开幕,到11月或12月闭幕,持续大半年的时间。苏州阅读节不仅在时间上拉长,而且内容越来越丰富。过去的九届阅读节,累计推出5000余项活动,吸引近3000万人次。2015年,第十届苏州阅读节于3月28日开幕,预计推出1100多项活动。苏州阅读节被国家新闻出版广电总局列为"全国知名阅读品牌"。①

▲2012年苏州阅读节启动仪式,阅读节口号是"阅读,让苏州更美丽"。

(二) 苏州阅读节的主要活动

1. 名家大讲堂

名家大讲堂是苏州图书馆和《姑苏晚报》联合举办的读书文化活动。该

---

① 朱永新:设立"阅读节"把全民阅读上升为国家战略[EB/OL].[2015-03-31].http://news.xinmin.cn/domestic/2015/03/06/26979529.html.

活动邀请著名的专家学者做客苏州，开办论坛。名家大讲堂是2006年苏州首届阅读节就推出的活动，至今已有十年。胡因梦、阎崇年、傅佩荣、江南春、易中天、沈国放、鲍日新、叶永烈、饶雪梅、白万刚、詹福瑞、郎永淳、余秋雨、范伯群、朱栋霖、吴启明、王一梅、范小青、沈健、陈忠、华润龄等，先后受邀，登台讲演。

从2006年到2011年，名家大讲堂曾七次邀请《百家讲坛》名家来苏演讲。其中，阎崇年三度受邀，分别为市民讲授"明亡清兴六十年""康熙南巡与碧螺春茶""读史与精神"等专题。仅2009年，就有三位《百家讲坛》的名家做客"苏州大讲坛·名家大讲堂"，为大家带来了"我谈先秦诸子：孔子"（易中天）、"庄子的逍遥世界"（鲍鹏山）、"解读梅兰芳"（翁再思）等讲座，在市民中反响热烈。"苏州大讲坛·名家大讲堂"多次获得苏州阅读节优秀活动奖。名家大讲堂利用名人效应，激发市民的求知欲望和学习热情。

2. 中华经典诵读

中华经典诵读是苏州阅读节期间最受各单位、相关部门青睐的活动之一。这不仅是因为经典诵读活动易于组织，而且因为经典美文内涵深刻，志存高远。大家在重温经典的同时，能潜移默化地接受中国传统文化的熏陶，增强对自身文化的认同感和自豪感。

2006年第一届苏州阅读节，中华经典诵读大赛便拉开帷幕。该活动由苏州教育局主办，全市各区县以直属的中小学为单位，各派一个代表队参加，由此带动整个学校重温经典的热情。2010年10月9日，为了响应教育部、国家语委、中央文明办等部门共同提出的"中华诵·经典诵读行动"的号召，推动苏州阅读节活动的深入开展，举办了全市性经典诵读比赛，共有来自各市、区和有关单位19支代表队的21个节目参加比赛。

除了经典诵读比赛，每年阅读节，各单位也纷纷以诵读经典的形式庆祝节日，如苏州图书馆组织盲人读者朗诵《相信未来》，另外苏州文庙、苏州文联、苏州妇联、苏州大学、苏州的职业学校等单位，都曾以诵读会的形式庆祝阅读节。

3. 平江晒书节

平江晒书节是2009年第四届苏州阅读节开始举办的文化活动，活动由苏州市文广新局和平江区政府主办，由苏州市姑苏区委、保护区党工委宣传部、保护区历史街区景区管理局、保护区文化商旅发展局共同负责，在平江历史街区举行。至2014年，已举办六届。该活动来源于苏州农历六月初六的晒书传统。苏州地处江南，每年黄梅天，阴雨连绵。以前，为了防止书籍发霉，人们总要把书拿出来，放在阴凉通风的地方晾晒，逐渐形成了六月初六的晒书传统。后来，这个传统因为现代印刷技术的进步而逐渐消亡。

后来，"晒书节"重新回归，并融入了时代元素。自2009年，每年的4月23日世界读书日，平江历史街区都会举办晒书会。晒书会一般历时两到三天，活动多样。既有苏州"民间十大珍藏图书"评选，又有特价书市、二手跳蚤市场、创意文化用品集市等特惠场地，还有平江大讲坛、说书表演等文化活动。市民不仅能在晒书会上展示自己的藏品，逛书市，而且能与其他书友交流思想、交换书籍，还可以听讲坛、猜书谜、享受特价购书等。

平江晒书节每年都会新增不同的活动，如2010年举办"平江书娃"征集活动、2011年新增说书表演、2012年新增公益募书活动、2013年新增国学讲座与诵读、2014年新增评弹表演等。借力阅读节，平江晒书节逐渐成为深受市民欢迎的文化盛会，为继承和发扬传统文化，增强文化影响力做出了贡献。

4. 悦读宝贝计划

悦读宝贝计划是2011年阅读节期间苏州市文明办和苏州图书馆推出的专门针对0~3岁婴幼儿的阅读推广活动。它引进国际上成熟的亲子阅读理念，参照英国的"阅读起跑线"（Bookstart）的做法，由公共图书馆为新生幼儿及父母提供阅读帮助，开展亲子阅读，让孩子在尽可能小的年龄就开始喜欢图书并从中受益，培育他们对阅读的终生兴趣。

2011年4月23日，在第六届阅读节到来之际，苏州图书馆在苏州市文明办的支持下，正式启动悦读宝贝计划，集中向全市1000位0~3岁婴幼儿免费赠送阅读大礼包，包括婴幼儿绘本、亲子阅读指导书《悦读宝贝——0-3岁亲子阅读手册》、《蹒跚起步来看书》小册子、阅读测量尺、《今天去哪儿》苏州图书馆指导手册和少儿卡等，指导父母进行长期、正确的亲子阅读。在集中发放大礼包的同时，苏州图书馆举办亲子阅读讲座。2013年，苏州图书馆正式被"阅读起跑线"英国总部认可和接纳，成为中国大陆首家目前也是唯一一家"阅读起跑线"的成员馆。

预计到2017年，悦读宝贝计划将覆盖苏州市区所有新生儿，让孩子一出生就有机会得到正确的阅读指导。

5. 苏州大讲坛

苏州大讲坛是苏州图书馆读书活动——公益讲座品牌的总称，是苏州图书馆的主打品牌文化服务项目。讲座内容广泛，从科技发展到经营管理，从自然科学到文化艺术，几乎涉及社会生活的各个方面。目前已形成名家讲坛系列、先锋讲坛系列、园林文化系列、相约健康系列、戏曲大讲坛、苏州地方文化系列、企业讲座系列、少儿乐园系列、道德讲坛系列、科普系列等，深受广大市民的欢迎。它有效地提升了市民的综合素养，发挥了公共图书馆作为市民的终身学校的作用。

6. "书香苏州"建设指标体系

2014年5月，第九届苏州阅读节期间，苏州市委市政府发布了《"书香苏州"建设指标体系》，该体系根据公益普惠原则、正面引导原则、广泛参与原则、务实创新原则、示范带动原则、融合发展原则等6大原则编制，由7个一级指标、56个二级指标、82个三级指标构成。指标体系以各指标2012年实现值为基础，对2015年目标值和2020年目标值做出了具体要求。7个一级指标涉及阅读设施、阅读资源、阅读活动、阅读服务、阅读环境、阅读成效和保障条件等7个方面，涵盖了"书香苏州"建设的硬件和软件，纵贯全民阅读活动的发动、组织、推广、参与、考核、反馈的全过程，是"书香苏州"建设的主要内容。56个二级指标、82个三级指标及目标值的设定，充分借鉴了发达国家的相关指标，以苏州地方实际为基础，力求指标体系覆盖全面、标准适宜、与时俱进、特色鲜明。

该指标体系还与文化共享工程、农家书屋、职工书屋、公共电子阅览室建设等重大文化惠民工程的指标体系建设相衔接，与图书馆、文化馆（站）等公益性文化机构的建设标准、评估标准相协调；与苏州地方特色文化建设全面融合，将评弹书场、书院、书香公园、书香茶苑、特色书店等文化机构，苏州地方文化精品出版物、"苏州记忆"资源等文化资源，全面融入"书香苏州"建设之中，使地方文化的继承与公共文化服务体系建设协调发展。

另外，图书漂流、阅读之星、书香家庭评选、好书评选、征文演讲比赛、读书博文交流会、昆曲、评弹表演等也都是苏州阅读节常见的节目。

（三）苏州阅读节的特色

1. 政府支持，社会普遍参与

苏州政府的鼎力支持是苏州阅读节成功的关键，社会各单位的联动也是苏州阅读节成功的重要原因。苏州各区县政府、各单位部门都根据自身的特色，上报阅读节活动，积极参与，才最终形成了如今的盛大局面。

2. 重视地方传统文化

与深圳、东莞等移民城市不同，苏州是吴文化的发祥地，许多优秀的传统文化、传统习俗被完好地保存下来，比如苏州建筑、苏州的昆曲和评弹、苏州的民俗节日等。所以，苏州阅读节与传统元素结合的活动较多，比如平江晒书节、苏州园林讲座、苏州评弹、昆曲表演等，都是既有地方特色，又有悠久历史的活动形式。

3. 重视未成年人的阅读推广

苏州的悦读宝贝计划，将阅读推广目标锁定 0~3 岁婴幼儿及其家庭，通过免费派送阅读大礼包，让孩子一出生就有机会获得正确的阅读指导。青少年阅读视频大赛、幼儿园童话剧比赛、小学生课本剧比赛、中小学生征文或演讲比赛等，用孩子们喜闻乐见的形式吸引他们参赛，推广阅读。

4. 阅读节活动常态化

苏州大讲坛、未成年人流动图书大篷车、图书漂流等活动都是通过阅读节推向社会的，即使在阅读节结束之后，这些活动也继续存在并得以发展壮大，成为图书馆常态化的工作和服务项目。由此可见，阅读节作为推进全民阅读的仪式盛典，对书香城市建设确实具有积极有效的推动作用。

二、深圳读书月

(一) 深圳读书月简介

深圳读书月是由深圳市委市政府于 2000 年创立并举办的一项大型综合性群众读书文化活动,时间为每年的 11 月 1 日 ~ 30 日。

▲深圳读书月换书大会

深圳读书月以"阅读·进步·和谐"为总主题,至 2014 年末已经举办了十五届。15 年来,深圳读书月不断扩大影响,吸引市民参与,年参与人数已突破 1000 万,总参与人数突破 1.06 亿,被市民亲切地称为"精神的盛宴""文化的狂欢节",被评为市民最喜爱的十大文化活动之一。深圳读书月的宗旨就是营造书香社会、实现市民文化权利。2014 年 10 月,深圳被联合国教科文组织授予"全球全民阅读典范城市"。2014 年 11 月,深圳率先为"阅读"立法,将"阅读月"纳入法定节日。为了提升市民素质,构建学习型城市,深圳每年在阅读月举办数百项读书文化活动。

(二) 深圳读书月的主要活动

1. 深圳读书论坛

深圳读书论坛是国内首个以读书为号召、以专家学者讲演为形式的读书活动，旨在促进城市文明建设和学术文化交流。从 2001 年第二届读书月开始，深圳倾力邀请海内外著名学者到深圳为读者做讲座，内容涉及历史、文化、文学、教育、法律、建筑、环保等学科领域。

在论坛中，武侠泰斗金庸先生用宏大的历史观和深刻的人生体会感动观众；文化大家余秋雨对深邃的文化理念加以阐述，引导听众；著名学者周国平畅谈哲学与人生；儒学名家蒋庆呼吁复兴儒学和弘扬儒学；文学名家王蒙、知名作家二月河、诺贝尔文学奖获得者莫言、国学大师饶宗颐、反伪科学斗士两院院士何祚庥、名校教授谢冕、历史学者唐浩明、军事学评论家胡思远等纷纷登台演讲，可以说是"大师翩翩来，妙论节节高"的读书论坛。

2. 年度十大好书

从 2006 年开始，每年深圳读书月都会评出年度十大好书。评选活动主要依托《深圳商报·文化广场》评选，其宗旨是"为读者找到好书，为好书找到读者"，坚持"内容为王"。与其他读书排行榜相比，深圳读书月出台的"年度十大好书"评选更加注重专家评委的不同构成层次，书目的构成也是多元的，还新增出版社分享环节，在评选过程当中，出版社有机会站在台前，大声而大胆地向评委"拉票"，展示自己的书籍。2014 年，《一平方英寸的寂静》《1944：腾冲之围》《耳语者：斯大林时代苏联的私人生活》等书荣获年度十大好书。

3. 图书漂流活动

图书漂流活动最早起源于 20 世纪 60 年代的欧洲，书友将自己拥有却不再阅读的书贴上特定的书签，投放到公园、咖啡馆、图书馆楼梯等公共场所，无偿提供给其他人阅读。拾取的人阅读之后，根据标签提示，以同样的方式投放到公共场所。

深圳读书月的图书漂流活动创办于 2006 年，主要参与者如深圳书城、广东移动深圳分公司、深圳市滨河中学等单位的图书漂流点为这一活动打下了坚实基础。2007 年，深圳不仅在 15 所中学重点推进校园图书漂流活动，还把图书漂流的理念和做法引入对口援建的希望小学。2008 年，邀请市内 20 家必胜客餐厅参与，并依托"漂书网"创办"网上漂书"模式。深圳图书馆每年会投入上万本图书进行漂流,网上漂书天天有。

4. 青工阳光阅读

深圳作为特区,外来务工人员比较多,他们是需要社会关注的弱势群体。所以深圳比较重视提升青工阅读。仅 2011 年阅读月即新建 25 家"青工书屋"。截至 2014 年,读书月组委办已先后捐建了 147 家"青工书屋"。不仅如此,读书月期间,组委会还会联系多家优秀出版社为深圳青工们捐献爱心图书,举办创作大赛、交流会等,邀请著名作家围绕读书、成才等问题与工友们交流心得。活动中,上百名工友纷纷发言,分享他们的成长故事。刘永即是一个典型。10 年前,刘永是一名保安,工作之余,他喜欢阅读并尝试着创作。2008 年读书月,在首届农民工诗歌大赛上,他凭借自创诗歌《深圳,一个民工的时光志》荣获银奖,此后还落户深圳。后来,刘永调入读书月组委会工作,负责编撰《青工读本》。他说,深圳这座书香之城成就了他的精神梦想,使他从一个草根农民工成长为一个因阅读而受到一个城市接纳和尊敬的"打工精神贵族"。

5. 手机阅读季

手机阅读季是深圳阅读月期间,联合中国移动举办的活动,自 2010 年开始,每年举办。深圳移动每年都会邀请文坛名家举办见面会,与广大手机阅读爱好者近距离互动,交流创作心得。手机阅读的方式在最近几年非常流行,特别是在年轻人当中。因此,"手机阅读季·名家见面会"力邀的作家也以网络文学新贵为主,如 80 后青春文坛新锐郭敬明、玄幻小说大家唐家三少、80 后畅销书女作家辛夷坞等,也有乐嘉、高晓松等文艺名人。手机阅读季的根本目的也是通过让名家与读者交流,增强大众的阅读兴趣,践行全民阅读理念。

6. 温馨阅读夜

温馨阅读夜一般在 11 月底举行,彻夜狂欢。自 2012 年起,至今已举办三届,地点设在中心书城。温馨阅读夜当天,读者不仅享有全场购书 6.8 折优惠,还可以参加其他活动。如 2014 年第三届温馨阅读夜就围绕"阅读·学习·生活"的主题,推出温馨阅读夜启动仪式、"中国好声音"唱响温馨阅读夜、因书结缘·鹏城之恋、书城版《非诚勿扰》、Cosplay表演秀、名家见面会之王跃文、华文新阅读、网络美女作家签售、腾讯文学书系新书发布、"越"夜"乐"美丽——台阶音乐会、"一战到底"益智竞赛、面具秀·假面舞会、微电影、"快闪"等14场公益文化活动。读者可以根据兴趣参加。可以说温馨阅读夜是深圳阅读月的完美收场,为深圳市民奉上了一场集图书、电影、音乐、名家、创意、设计、艺术、美食为一体的文化盛宴。

除此之外,深圳阅读月期间还举办中小学生现场作文大赛、经典诗文朗诵会、"深圳十大书香企业"和"深圳十大读书成才职工"评选活动、海洋文化论坛、读书月辩论赛、赠书献爱心、绘本剧大赛等活动,影响也比较大。

(三) 深圳读书月的成功经验

1. 政府支持起了很大作用

深圳政府在用地、资金、媒体及法律等方面,大力支持读书月的各项活动。深圳用最好的土地建设书城。1996年,深圳书城建成开业,与著名的地王大厦毗邻,是当时全城最贵的地段。2006年,中心书城开业,毗邻市民中心,也是深圳的最佳地段。其次是资金支持。读书月的大部分活动都是公益性的,即使有些收费性的活动,也是通过企业赞助举办。深圳读书月是由政府宣传文化基金提供一定的活动经费。深圳新闻媒体积极跟进,为之助阵造势。2014年出台《深圳经济特区全民阅读促进条例》,率先通过立法将读书月以法定的形式固定下来。

2. 专家指导,各领域名人演讲,吸引更多市民到来

深圳读书月每年举办上百场文化活动,以读书论坛为例,这个活动以读书为号召,以专家学者演讲为形式,以促进城市文化建设和学术交流为目的,先后邀请饶宗颐、谢冕、龙应台、金庸、王蒙等近百位文化名人登上演讲台。

3. 社会普遍参与,成为提升阅读月品牌的力量

深圳阅读月致力于打造品牌效应,如:针对深圳特殊的人口结构,为外来务工人员量身制作了"青工读书成才"大型报告会、青工大讲堂、打工格言等一系列项目；专门为青少年群体策划出"阅读·成长"板块，组织举办中学生现场作文大赛、图书漂流、书香校园评选等一系列活动；"知识关爱行动"更是将书香远播全国。

4. 引入市场理念，形成政府管文化、企业办文化的模式

从 2003 年第四届阅读月开始，深圳就尝试市场运作。读书节预算经费 270 万元，除了市宣传文化基金拨付经费 80 万元，剩下 190 万元缺口全部通过市场解决。这种运作方式打破以往单纯按系统或行政划分的局限，将活动交由深圳发行集团总策划，媒体部门具体承办，同时还吸引知名企业共同参与。现在，深圳的重大文化品牌活动都走上了由政府为主导，由事企业单位承办的轨道。

三、 东莞读书节

（一）东莞读书节简介

东莞读书节是东莞市委市政府创立的，面向广大市民开展的一项大型综合性读书文化活动，是东莞市着力打造的知识传播品牌。东莞读书节自 2005 年开始创办，每年举办一次。读书节以"阅读·和谐·发展——提升文明素质，崇尚健康生活"为主题，从每年的三四月份开始，九或十月份达到高潮。多年来，东莞读书节不断发展，吸纳的社会力量也不断增加，除了市委宣传部、精神文明委员会办公室、文化广电新闻出版局、教育局、公安局、城市管理局等主办单位，东莞理工学院、总工会、妇联、文联、东莞日报社、广播电视台、东莞图书馆、永正购书中心、新华书店、华夏图书有限公司、书香世家文化传播公司等都参与了读书节的一系列活动。东莞每届读书节都有 400 多项活动，辐射 300 多万人口。

（二）东莞读书节主要活动

东莞读书节的主要活动大致可以分为三个类别：知识分享互动类、阅读求知竞赛类、学习品牌引领类。各种类别都有相应的活动。

第四讲 阅读节与书香城市建设

1. "南国书香节暨东莞书展"系列活动

东莞书展系列活动是在广东省南国书香节期间,由东莞各大书商和相关文化单位联合举办的系列活动。除新华书店、永正图书、博文图书、纸上谈兵、邮政公司、东莞日报社等市内大型书商、期刊商和报纸商进行优惠展销外,还策划了名家讲坛、名家签售、动漫展演、数字阅读体验、跳蚤市场、Cosplay 表演、"我讲书中的故事"儿童故事大王比赛优秀展演、"走进经典·亲近阅读"中华经典诵读会,以及东莞特色文献展等活动,形成了多层次、密集型的活动模式。

2014 年的东莞书展共分为八大展区。当代著名作家、北京大学教授、博士生导师曹文轩带着 20 余种优秀作品来到书展现场与书迷互动签售,分享文学之美。著名儿童文学作家商晓娜、常新港分别带来"阅读是最美的姿态""支撑成长·点亮人生"签售分享会。本地知名作家关芬在书展启动当天也来到现场与粉丝互动。

2. 市民学堂

市民学堂是东莞图书馆面向广大市民定期开展的公益讲座活动品牌,创办于 2005 年 5 月,每周一次,时间一般安排在周日下午,定期邀请国内外知名专家学者前来讲演,内容涉及文化、教育、时政、经济等众多学科领域和社会话题。如 2014 年著名文化学者王彬彬、著名中国近代史专家雷颐、著名历史学者李冬君前来东莞图书馆市民学堂分别做"读书人胡适与雷震""改革与革命赛跑:晚清大变局""消逝的美少年——从电影《归来》谈起"等公益讲座。市民学堂具有公益性、高水平、长期性、互动性、社会性等特点。

3. "我的打工成才之路"巡回演讲

东莞是一个"移民城市",外来人口占总人口的 80%。提高外来人口的素质,对于整个城市的建设有突出作用。"我的打工成才之路"巡回演讲主要由东莞市文联组织,从全市选拔出十余名来自各行各业创业成才典型人物,组织开展镇(街)、企业巡回演讲。讲述他们如何通过自身努力、打拼而成长起来,从而展现新东莞人坚韧不拔、奋斗不息的创业精神,弘扬东莞"海纳百川·厚德务实"的精神。2010 年，第六届"东莞读书节·我的打工成才之路"巡回演讲，在东莞凤岗镇联泰公司广场举办活动。巡回演讲一般会在东莞区内近十个乡镇巡回举行。

4. 青少年网络文化节

东莞网络文化节是由东莞市文联、团市委、市电信局、市教育局、市文化广电新闻出版局、市文明办、东莞广播电视台、市信息化办公室联合举办的网络文化活动，目的是提倡文明办网、文明上网，构建健康文明的网络环境，活跃青少年网络文化。

每年，青少年网络文化节以"青春东莞·魅力宽带"为主题，组织举办丰富多彩的活动，如"青春家园"博客大赛、"青春炫风"宽带城市寻宝比赛、"青春闪客"Flash 公益广告大赛、"青春畅想"漫画作品大赛、"青春快门"摄影作品大赛、"青春印象"DV 大赛、"青春乐韵"网络歌曲创作大赛和"青春网事"主题征文大赛等 8 个竞赛项目，还将开展"青春加油站"系列活动，举办绿色专区、网络知识与绿色上网专题讲座、网络文明签名活动、心理健康在线讲座、"我的 e 生活"有奖调查、绿色网络知识有奖问答等一系列活动。

在读书节期间，东莞还举办其他文化活动，如阅读书目推荐与书评活动、"我讲书中的故事"儿童故事比赛、数字阅读进校园、"进村（社区）、进家庭、进企业"系列活动，"新东莞·新阅读"全民掌上阅读活动、晒书会、图书漂流活动、"书香之家"评选系列活动等。

（三）东莞读书节的特色

1. 图书馆与社会力量形成良性互动

东莞举办读书节的根本目的在于阅读推广，促进全民阅读。这也是图书馆的主要任务。所以，东莞读书节协调小组榜公示设于东莞图书馆，由东莞图书馆具体负责全市读书节的策划、统筹、协调及日常工作。但是办好读书节需要社会各界力量的积极参与，东莞市文联、妇联、文广新局、市教育局、以及各镇街，包括一些文化公司等商业机构都参与其中，并具体负责各项事务。正是图书馆与社会力量的良性互动，促进了读书节的成功。

2. 因地制宜，不断创新

读书节针对东莞外来人口多及城市的发展状况，将三类人群作为其重点对象，即外来务工的新东莞人、青少年学生、农村人口转为城市人口的居民。举办诸如"我的打工成才之路"巡回演讲、青少年网络文化节、网上Flash动漫设计大赛等活动，并将读书活动开进工厂、社区。同时与时代结合，注重数字阅读、手机阅读等新阅读方式的推广，举办数字阅读进校园、进村（社区）、进家庭、进企业系列活动、"新东莞·新阅读"全民掌上阅读活动等活动。

3. 配合省内活动，促进岭南大文化发展

广东省在每年8月的第3个星期五会举办南国书香节，主要面向青少年，培养阅读风尚，通过一些列的活动如图书展销、名家讲座、岭南优秀文化展示等倡导阅读。每届东莞读书节都会配合南国书香节举办一系列的活动。如2014年"南国书香节暨东莞书展"系列活动，其中特设东莞地方文献及粤剧文献专区。集中展销东莞出版发行的图书、期刊、报纸，关于东莞的著述、地方史料等文献资料，特别展示东莞木鱼书、地方刊物创刊号，以及展示东莞粤剧图书馆收藏的珍贵戏服、海报、戏票等。东莞读书节以青少年为推广重点，与南国书香节的宗旨一致。

四、重庆读书月

（一）重庆读书月简介

为推动全民阅读、提高城市文化品位，重庆市委市政府从2008年起把每年8月定为重庆读书月，该阅读系列活动由中共重庆市委、重庆人民政府主办，重庆市委宣传部、市文化委员会等单位联合承办。自2008年以来，该读书月通过开展大规模的书展及千余项读书活动，吸引了该市数千万人的积极参与。2011年7月26日，书香重庆网正式成为重庆读书月唯一官方网站。同时，读书月把全民阅读与创建文明单位、文明社区、文明村镇、文明家庭有机结合起来，与推进农家书屋、社区书屋及各个阶层、各个行业的图书室等基层文化阵地建设有机地结合起来，推进学习型社会的建设，增强重庆的文化竞争力和影响力。

（二）重庆读书月的主要活动

首届重庆读书月开始之前，重庆市成立了专门的协调小组及新闻工作办公室，负责组织各项工作。读书月基本活动有8项：重庆书展、三个"十佳"评选活动、读书论坛、好书进社区进农村、"好书伴我行"、公布年度优秀出版物推荐名目、大众读书百场巡回报告会及文化创意产业展。这些活动在每年的读书月中是相对固定部分，针对每年的实际情况，组委会还会推出部分创新项目。

1. 重庆书展、文化创意产业展

重庆书展、文化创意产业展是重庆读书月活动的"重头戏"，展会上开展图书、报刊、电子音像、数字出版物，以及网络、游戏、动漫、软件、创意办公用品等展示、展销、订货活动，开展电影展映、名家讲座、作家签售、限时作文、英语竞赛、魔术表演等群众性文化活动。2013年之后，该书展变传统的集中书展为区县巡展，每年陆续在荣昌、永川、巴南、南岸等20个区县展出，满足基层群众特别是偏远地区群众的读书、购书需求，力求辐射重庆东西南北，把活动办在老百姓家门口。

2. "好书伴我行"

"好书伴我行"青少年读书活动，已成为重庆读书月的一张品质名片。它是以全市中小学生为中心，师生家长共同参与，通过主题征文、演讲、知识竞赛、国学讲座、红色夏令营、书画大赛等形式，在全市中小学校园内开展的读书活动，历时半年。活动开展多年来，参与活动的中小学生超过3500万人次，引导广大学生多读书，读好书，形成读书热潮，促进校风、学风，以及文明校园的建设，逐步培养并提高学生的阅读素养和人文素养。该活动还被重庆市委、市政府列为实施未成年人思想道德建设"五大行动"20件实事之一。

3. 大众评选推荐活动

读书月期间，重庆还开展以评选"十佳读书人""十佳书香家庭""十大藏书家""百佳书屋""书香大院""书香社区""示范书屋管理员"等为主要内容的大众评选推荐活动，通过深入挖掘个人及群体中爱书、藏书、读书、用书的感人事迹，充分发挥先进典型的示范带头作用，提高全民阅读的参与性、互动性。

4. 大众读书百场巡回报告会

读书月活动办公室特邀院士、专家学者组成大众读书报告团，在每年读书月期间深入学校、企业和基层单位，举行100场巡回读书报告会，以此营造读书氛围，带动全市读书活动勃蓬开展。

5. "阅读与生活"摄影及微视频大赛

2013年起，重庆读书月面向团体和个人公开征集身边关于"阅读与生活"主题的摄影及微视频作品，反映重庆市民享受阅读快乐的文化生活情景，评比过程分为初评、网络投票和专家综合评审三个阶段。第二届大赛放宽参赛渠道，允许手机作品参与比赛，获奖作品在优秀出版物惠民巡展及全民阅读成果展上进行展出。

（三）重庆读书月成功经验

1. 分工明确，发挥了政府的主导作用

重庆读书月各项活动的开展得到了市委市政府的大力支持，也得力于各区县政府的积极参与。读书月活动协调小组由市领导和有关部门负责人组成，负责统筹协调相关重大事项；活动办公室则由市新闻出版局具体组织实施各项活动，同时还在政府的支持下邀请了全国知名专家、学者组成专家指导委员会，负责咨询、论证、荐书、演讲等工作，采取"政府主导、专家指导、社会参与、媒体支持"的运作模式，确保了活动的公益性、政府的主导性，也充分调动了社会资源的积极性、主动性和创造性。

2. 广泛参与，凸显了全民阅读的主题

重庆读书月活动开展七年来，每年都开展数百项读书活动。活动期间，主会场与区县分会场活动陆续展开，并针对不同阅读人群，开展包括书展、读书论坛、好书进社区进农村、"好书伴我行"、大众读书百场巡回报告会、摄影大赛、演讲比赛、文学艺术成果展、重庆版权保护成果展等活动，吸引普通群众、学生、农民工、在职人士参与，推动了全民阅读的发展。

重庆读书月是我国在西部地区率先创办的首个全民读书月，经过七年来的精心打造，在社会各界广泛参与下已成为重庆的知名文化品牌。

五、武汉市全民阅读节

（一）武汉市全民阅读节简介

武汉市每年都开展形式多样、内容丰富的全民阅读节活动，受到广大市民的欢迎。从 2012 年起，作为湖北省"书香荆楚·文化湖北"的系列活动之一，武汉市全民读书月定于每年 4 月，启动"书香江城——全民阅读月"系列读书活动，至 2014 年已经成功举办三届。2012 年至 2014 年的活动主题分别为"书香江城——全民阅读月""分享阅读，放飞梦想"和"共读《武汉 2049》，聚力城市复兴篇章"。

活动由武汉市委宣传部、市文新广局、市文联、武汉出版集团等单位联合举办。在读书月期间，主办方陆续推出"文学汉军"讲武汉暨知名作家签名售书、中华经典诗歌朗诵会、名家论坛、图书漂流、数字阅读研讨会、手机网络阅读体验、"大美武汉"摄影展、京剧经典名段表演等各类文化活动，其中许多活动贯穿全年。"中国光纤之父"赵梓森，著名作家刘醒龙、池莉，著名学者于丹，全国道德模范王争艳等社会知名人士先后参与阅读月活动，打造了"江城换客行""知音朗诵会""武汉书香门第"评选等系列读书品牌活动。另外，在读书月期间，武汉市还举办了 2014 年度"书香江城——社区读书节"暨《葛健豪和她的女儿们》新书捐赠仪式、2014 年度"书香江城——大美武汉"读书节等读书活动。

（二）特色活动

1. 地铁读书节

武汉市于2013年和2014年连续两年举办地铁读书节，成为"书香江城——全民阅读月"系列活动的子活动。

2013年5月10日，首届地铁读书节开幕。1300本图书和20万份带着淡淡百合花香的晨报，免费赠送给了地铁乘客。身披"报服"的书香女神，"大胡子叔叔"董宏猷现场送书。首届地铁读书节持续三个月，陆续推出"千元征书评"、创意图书漂流集市等读书活动。

2014年4月2日，第二届"地铁读书节"正式启动，为期近一个月。同时，武汉地铁集团宣布每年4月23日的世界读书日也是"地铁读书日"。武汉地铁集团一直致力于建设"书香地铁"，通过自助图书馆、地铁报武汉晨报、地铁刊等载体为广大乘客提供精神食粮。活动期间，武汉地铁集团向乘客免费发放书籍，还将举办"以书换书"等活动，号召广大乘客拿出闲置图书参与交换。武汉地铁集团在多个地铁站点设置"第二届地铁读书节图书接收点"，市民可把家中闲置图书交到指定站点存放。活动主办方呼吁武汉市民通过微博参与互动，以便更好地满足广大市民乘客的要求。

2. 金秋读书节

由武汉市委宣传部主办的全民阅读节活动自举办以来，在全市范围内营造了浓厚的读书氛围，满足了广大市民多样化、个性化的文化需求，受到读者好评。武汉市下面各区县单位也举办了类似的全民阅读活动，其中江岸区的金秋读书节历史悠久、活动多样、别具特色。

金秋读书节作为武汉市江岸区着力打造的群众文化活动品牌，从1991年至今已经连续举办了23届，共计有100多万人次参与这项读书活动。

金秋读书节期间，江岸区广泛开展读书先进典型风采、机关干部读书心得、家庭优秀征文集萃、职工摄影作品，以及家庭剪纸、刺绣、泥塑、根雕、烙铁画等机关、社区、企业、家庭读书学习成果展示活动，努力扩大活动参与面，营造全民读书的浓厚氛围。

同时，大力开展好书推荐、新书售卖，免费为居民办理区图书馆、社区图书室阅览证，开展以读书为主题的谜语竞猜等读者服务活动，努力提高读书活动的趣味性、参与性，受到广大干部群众的热烈欢迎。

2014年10月18日，第23届金秋读书节开幕，主题为"书香江岸——社会主义核心价值观在我心中"。以集中读书、新媒体助读、体验式读书等形式，举办读书演讲、读书征文、读书漂流、名家读书沙龙、"水兵讲堂"、"地书"展示等各类读书活动，引导广大党员干部、社会大众共同学习和践行社会主义核心价值观。

据了解，金秋读书节，结合各时期不同社会热点，先后以"书香江岸——中华经典在我心中""书香江岸——辛亥首义精神在我心中""书香江岸——武汉精神在我心中"等为主题，通过开展读书演讲比赛、红色经典诵读、名家读书沙龙等群众读书活动，引导全区广大党员、干部职工、居民群众和青少年以读书提升素质、以读书凝聚智慧、以读书促进工作，为实现"打造核心区、展现新江岸"提供了强有力的文化支撑。

（三）社会影响

经过近3年的努力，武汉市全民阅读活动已经在社会上产生重要影响，首创全国书香地铁，50个自助图书馆、300多个图书漂流点投入使用；成立了武汉地区图书馆联盟，推出"一馆办证、多馆通行""一卡借阅、就近还书""一馆藏书、各馆共享"等7项惠民文化服务，各类图书资源逐步向社会免费开放，民间读书交流日趋活跃。"楚才"作文竞赛品牌享誉海内外；"江城换客行"图书交流活动走进三镇；"图书漂流"让图书流动江城；"晒晒我家书屋——武汉书香家庭"评选活动深入千家万户；"最具汉味特色的十本好书"评选活动聚焦汉派文化推广。

武汉市制定了"读书之城"建设指标评价体系，并完成《武汉市民阅读状况调研报告》，打造全民阅读的"武汉样本"。调查显示，2013年，武汉市人均纸质书籍年阅读量为7.96本，电子图书阅读量为7.31本。今后的读书活动将努力探索全民阅读模式由"行政主导"向"民间自发"转变，全民阅读活动由"浅层设置"向"科学规划"转变，全民阅读对象由"被动阅读"向"阅读自觉"转变，全民阅读评价由"模糊定性"向"科学考量"

转变。

六、国外阅读节

(一) 美国国家图书日

美国国家图书日在2001年由当时的美国第一夫人——劳拉·布什和国会图书馆馆长詹姆斯·比灵顿共同创办，由美国国会图书馆组织承办，旨在鼓励所有的美国人爱上阅读、终身阅读。每年的国家图书日都汇集了大量的畅销书作家及其粉丝，举办讲座、座谈、签名等活动。美国国家图书日的举办主要是受个人和企业的资助。在15年的时间里，国家图书日已经成为美国最为著名的文化活动之一。从2001年创办起到2008年，劳拉·布什为其名誉主席，而从2009年至今奥巴马总统及其夫人共同担任名誉主席。

美国"国家图书节"不仅是图书馆阅读推广活动的典范，更是整个国家的文化嘉年华，其创办模式虽然在我国难以复制，但仍有很多可借鉴之处。首先，应该主要由专业机构来承担图书节的运作；其次，保证其非营利性；最后，国家图书节的创办不必急于求成，需要最大程度地获得社会支持。[①]

(二) 日本的读书节

1. 儿童阅读日

日本于2001年12月制定并公布《儿童读书活动推进法》，将每年的4月23日定为"儿童读书日"。儿童阅读日以培养儿童在语言、想象和敏感度等各方面的能力，帮助他们更深刻地"体验人生"为长远目标。《儿童读书活动推进法》实施后，日本定期制订推进儿童读书活动计划，地方政府也推出了地方性的推进儿童读书活动的政策，文部科学省每年都对地方政府落实情况进行监督考核。读书日当天，文部科学大臣会表彰举办读书活动的优秀实践团体，全国的公共图书馆也会在读书日前后举行与儿童读书有关的活动。

---

① 吴蜀红. 美国"国家图书节"考察分析. 图书与情报, 2013 (4): 23-28.

2. 国民读书年

2008 年，日本参议院西冈武夫等发起了《有关国民读书年的决议》，日本国会参众两院通过决议，将 2010 年定为"国民读书年"，并发布了《国民读书年行动计划》。该计划还在全国各地开设工作室，以促进儿童语言能力的提高，同时开展在学校图书馆配备日本各大报纸的"五年计划"。出版文化产业振兴财团也与地方合作，在成人礼上向国民赠送图书。进行"图书再生"活动，发动国民捐出家中长期"休眠"的书籍，使这些图书通过公共设施再次发挥作用。

（三）法国读书节

法国的读书节创办于 1989 年，最初命名为"阅读疯"，后又一度称作"书香时代"，后来又称"欢乐中的阅读"。发起者的初衷是让人人享有阅读权利，通过阅读倡导文化的多样性表达与对话。从开始创办到 2009 年，每年的法国读书节活动都举办得声势浩大，在全世界组织开展，成为欧洲最重要的文化节日。

读书节的时间是每年 10 月 14 日至 16 日，图书馆、各种读书组织、读者、作者、译者、出版社等联合起来，组织规模不一、形式多样的公众阅读活动，以便人们共同分享阅读、创作书籍带来的快乐，尤其是吸引平时因各种原因而疏远书籍的人们，培养他们对书和阅读的兴趣。

法国读书节最大的特色是善于突破传统，富有创意，活动超越学校和图书馆等传统文化教育场所的界限，不仅占据车站、街区广场、集市、咖啡馆、电影院、剧场、互联网等公共空间，还深入到医院、诊所、监狱、养老院，力求真正做到让所有人都有机会接触书籍，享受阅读的快乐。所组织的活动也将阅读融入到丰富多彩的日常生活安排中，例如各地数百家独立书店破例在晚间开门营业，在菜市场举办朗诵活动等。

或许法国人没有将阅读看得那么神圣，所以他们能将读书节办得如此接地气，让市民在轻松愉悦中体验阅读，实现了真正意义上的"悦读"。

（四）英国读书节

英国读书节在每年的 3 月 6 日举行，读书活动贯穿全年，每年仅是学校、图书馆、书店所举办的庆祝活动便已超过1000项，其中包括故事人物模仿大赛、午间故事时间、各类型的书展等。

很多学校都会在活动周的第一天，向每一个小学生赠送一个大礼包。礼包里有一本世界童话故事书、一张精美的"世界读书日快乐"的贺卡，还有色彩斑斓的贴画，通常还会有最新的读书目录。有些教育机构和书店还会向小朋友发出面值一英镑的图书日代用券，让他们到图书日成员书店换购一本喜欢的书。图书馆更是趁这个节日使出浑身解数，"大展身手"。早在一个星期前，图书馆门口就扯起了宣传横幅：让读书成为习惯，让学习成为享受。并向每一个到馆的读者赠送一个大礼包。礼包里有一张免费购书卡（凭此卡可以在指定的书店免费选购一本世界名著）、一张精美的"世界读书日快乐"的贺卡、一张图书馆藏书目录索引，还有一张新书目录单。针对成年读者的活动也很多，比如，夫妻同读一本书活动。图书馆提供双人雅座，夫妻一起阅读一本书，如果夫妻同读一本书的自拍照片发到微博上还可以参加抽奖，一等奖是10本精美的世界名著。

英国的读书节基本上是通过各种激励措施来鼓励人们阅读，其活动形式和我国阅读节多有类似。不过我们可以看出英国读书节很注重对成人读者的引导，并且其本身就具有浓郁阅读氛围，这一公认的事实说明英国并不是把阅读放在一个读书节里进行推广，而是朝朝夕夕、长年累月的努力，在潜移默化中让阅读成为人们的习惯，不得不说这才是阅读推广的最高境界和最终目的。

第三节　阅读节推进书香城市建设

从上面的案例可以看出，阅读节就是市民的文化狂欢节。成功的阅读节令人印象深刻。市民在阅读节期间不仅能够享受到诸如购买图书、文具等文化产品优惠的权利，而且有机会与众多名人面对面，倾听专家们的精辟见解，学习成功的经验。能参观展览，观看表演秀，甚至能亲身参与活动，将自身成长、成功的经验分享给大家。在这样的参观学习、交流分享的过程中，城市品位在不断提升，城市的书香氛围在逐渐凝聚，书香城市的建设也在逐渐完善。

一、阅读节对建设书香城市的意义

阅读节有利于汇聚人气，展示文化，利用集中效应吸引市民注意，达到宣扬文化、宣传阅读的效果。以苏州为例，2006 年首届苏州阅读节共举办 18 项主题活动，50 多项相关活动，吸引 40 多万市民参与。2014 年，苏州阅读节共举办 13 项主题活动，52 项重点活动，655 项系列活动，仅江苏书展 4 天即吸引 18 万市民参与。从政府到企业再到街道社区，从干部到职工再到学生，许多单位、人群都行动起来。活动一届比一届丰富，参与人数一届比一届多。许多市民通过参与活动了解到了传统文化，认识了新兴文化，并重新意识到阅读的重要性。阅读节已经成为最受市民欢迎的群众性文化活动。

阅读节有利于打造文化品牌，形成品牌效应。为了办好阅读节，各单位每年都有设计新活动的压力。以苏州为例，品牌阅读活动——名家大讲堂的开办、未成年人流动大篷车投入使用、悦读宝贝计划的启动、集装箱图书馆的展示、平江晒书会的举办等，都是以苏州阅读节为契机推出的，最终成为深受市民欢迎的品牌活动。

阅读节有利于重塑城市文化品格。随着社会的发展、科技的创新，广播、电视、网络、手机等新媒体的介入，传统的阅读方式和阅读习惯受到严重的冲击，市民的阅读数量和质量逐年下降。目前，世界上很多国家和地区都在努力宣传阅读，以期提升民众的文化素质。阅读节通过集中的、丰富的阅读推广活动，重新唤醒市民对阅读的重视，重现"耕读传家"的传统，从而重塑城市的文化品格，打造城市书香的浓郁氛围。

二、一个成功的阅读节需要具备的特质

（一）举办时间既要相对集中又能持续进行

在所有的阅读节中，以深圳阅读月影响最大。2014 年，深圳被联合国教科文组织授予"全球全民阅读典范城市"的称号，这项荣誉的获得与他们举办阅读节、推进书香城市建设的努力不无关系。深圳阅读月从每年 11 月 1 日持续到 30 日，以一个月的时间，举办 700 多项主题活动，既有时间跨度，又有轰动效应。

（二）要有影响较大的品牌活动

一种活动持续不断地举办下去，不仅彰显了该活动的生命力，而且有利于民众参与，扩大影响。以苏州的名家大讲堂为例，名家大讲堂是 2006 年苏州首届阅读节期间苏州图书馆联合《姑苏晚报》举办的，以后每年阅读节期间都会邀请众多名人做客讲堂，与读者面对面交流。

（三）需要有新活动加入

以深圳阅读月为例，2010 年联合中国移动举办手机阅读季，2012 年创新活动，举办"温馨阅读夜"等都是主办方以创新的思维，不断结合时代特点而举办的新活动。这些活动，都受到了市民的欢迎。

（四）符合当地市民需要

以东莞读书节为例，它的许多活动都与其"移民城市"的特点相吻合。如"我的打工成才之路"巡回演讲就是邀请东莞各行各业成功的外来务工者来现场说法，传授经验。

三、阅读节成功的必要条件

（一）政府主导

每一届阅读节的举办，参与单位众多，参与人众多，读书节大部分活动都是公益性的，却需要花费大量的人力、物力、财力，需要相关部门之间相互配合，取长补短。所以政府一定要起主导作用，统筹管理。

（二）专家指导

专家都是在一定领域内有所成就的人。他们看问题的角度、深度、广度上都不是普通人可以比拟的。同时，专家的指导也有利于形成名人效应，提高活动知名度，扩大活动影响。

（三）社会参与

虽然就名称而言阅读节似乎只是关涉阅读，却又是全民文化活动。文广新局、教育局、文联、妇联以及社区、公司、企业等各基层单位都要参与其中，举办本领域内的活动。活动类型也要全面，既有针对少儿的也有适合成人的。

（四）媒体配合

举办阅读节的根本目的，还是宣传阅读、促进阅读。阅读节的特色活动、阅读节的进程，甚至实况报道都需要依靠媒体进行宣传。媒体配合是阅读节成功举办的重要条件。

（五）法制保障

地方政府也应当为阅读立法，如深圳制定《深圳经济特区全民阅读条例》，将阅读月以法律的形式固定下来，并约束政府，保障市民的阅读权利。或者制定书香城市的建设标准，如苏州制定《"书香苏州"建设指标体系》，作为完善阅读保障、丰富阅读活动、提升阅读成效的具有目标性、规划性、建设性的指标体系，将其作为苏州全面深入开展全民阅读活动的行动指南。

（六）市场运作

读书节活动众多，预算也大。完全靠政府财政拨款，恐力有不逮。所以要适当发挥企业的作用。如深圳与中国移动合办手机阅读季，苏州大讲坛与当当网合作邀请余秋雨等名家做讲座等，都是与企业合作举办活动的方式，这样有利于优势互补，实现资源的优势互配。

（七）公共图书馆的努力

公共图书馆作为政府服务群众的文化窗口，是保证市民基本文化权益的重要单位，承担宣传和促进全民阅读的重要责任，在阅读节期间和书香城市的建设中起着特殊的不可取代的作用。公共图书馆不仅参与许多重大活动，如名家讲堂、经典诵读、图书漂流、好书评选、书香家庭及书香社区评选等，在一些城市更是直接推动了阅读节的产生、发展、壮大。

以苏州阅读节为例，苏州图书馆是推动苏州阅读节成立的最初力量。早在1989年5月3日，苏州图书馆便在市二中举办"读书节"，纪念五四运动70周年，历时10多天。图书馆举办了一系列的讲座和图书宣传，发动学生写了113篇读后感和书评，遗憾的是，因为没有受到社会其他力量的重视和支持，读书节未能持续。1998年至2000年，为实施知识工程，苏州图书馆联合团市委等7个单位，举办了3届"苏州市青年读书节"，主题是"读书、修身、立业、强国"，通过青年读物展示会、电子读物推荐、青年读书沙龙、"影响我成长的一本好书"征文、好书点评、送书下乡、读书讲座、演讲比赛等一系列活动，引导全市青年多读书、读好书。7家单位联合举办"青年读书节"，使苏州市政府看到了读书节对阅读、对提升城市文化素养的重要作用。2002年11月30日，由苏州市政府主办的苏州市首届读书节隆重开幕，读书节到12月11日结束，持续近20天。到2005年共举办4届"读书节"。随着读书节影响的持续扩大，及建设"书香城市"的现实需要，市政府希望通过阅读节重新打造苏州的城市气质，重现苏州自古以来的人文气象，决定发动全社会的力量，推进全民读书运动，以吸引更多市民通过阅读提高文化修养。2006年，市政府决定在9月28日孔子的诞辰日，以"阅读，让苏州更美丽"为主题，举办首届苏州市阅读节，一项以"政府倡导、专家指导、社会支持、群众参与"的大型综合性群众阅读文化活动才正式诞生。

当然，书香城市的建设包含各方面的内容。硬件方面包括图书馆、文化馆等惠民基础设施的建设，城乡公共文化服务体系的建设等。软件方面包括繁荣市民文学文化创作、市民阅读数量和质量的提升、阅读推广活动的举办等。书香城市的建设是长远的事业，不可能一蹴而就。阅读节对书香城市的建设意义重大，书香城市的建设也呼唤更成功、更优秀的阅读庆典。

参考文献

[1] 王余光. 中国阅读文化史论. 北京：北京图书馆出版社，2007.

[2] 李东来. 书香社会. 北京：北京图书馆出版社，2008.

[3] 邱冠华. 亲子阅读——送给0-12岁孩子的父母. 北京：国家图书馆出版社，2010.

［4］朱永新．阅读，让城市更美丽——苏州创建书香城市纪实．北京：人民出版社，2011．

［5］赵俊玲．阅读推广：理念·方法·案例．北京：国家图书馆出版社，2013．

思考题

1. 阅读节对书香城市建设有哪些意义？
2. 如何成功举办阅读节？
3. 国外阅读节的经验对我们有何启示？

> **小贴士：**
> 更多内容请参考延伸阅读《书香城市（县级）标准指标体系与书香社区标准指标体系》。

第五讲
图书馆讲坛的设计

拱佳蔚[*]

《公共图书馆宣言》定义图书馆为"传播教育、文化和信息的一支有生力量，是促使人们寻求和平与精神幸福的主要机构"。互联网时代的公共图书馆的价值不仅在于馆藏，更在于场所，它所构建的城市空间不仅提供信息和知识，还提供教育和培训。通过举办大量的活动、展览、讲座和课程，图书馆在社会生活中的地位非但不会随着海量信息的轻易获得而下降，相反，它将成为未来大都市市民最喜欢光顾的地方。

图书馆讲坛是以图书馆为主体策划者，以市民的文化需求为导向，面向所有读者，有规律、有计划地组织的公益性讲座活动。

2005年，首届全国公共图书馆讲座工作研讨会在上海图书馆举行，同年12月，"全国农村文化服务工作经验交流会暨文化馆改革与发展座谈会·图书馆讲座工作会议"又在广东省佛山市召开。会上，文化部决定把图书馆公益讲座定为公共图书馆评估定级的指标之一。此后，国内图书馆界的讲座工作迅猛开展。放眼当下的全国公共图书馆界，起步较早、影响较大的有国家图书馆的"文津讲坛"和上海图书馆的"上图讲座"等，成长快速又具有鲜明特色的有首都图书馆的"北京历史文化科普讲座"、浙江图书馆的"文澜讲坛"、山西省图书馆的"文源讲坛"、深圳南山图书馆的"博士论坛"、广东省中山图书馆的"广东学术论坛"、宁波市图书馆的"天一讲堂"等。公共图书馆不再是一幢沉默的建筑，而成为一个传播知识与文化的窗口、一个激扬智慧的舞台。图书馆讲座工作已经成为公共图书馆的核心业务。

---

[*] 拱佳蔚，上海图书馆会议展览中心副主任，副研究馆员，上海市窗口行业文明礼仪大赛冠军，在图书馆讲坛、会展工作上有丰富的策划、组织和主持经验，发表过《合作创新 借力发展——上海图书馆讲座整合各方资源的实践》等论文。

第一节　图书馆开设讲坛的意义

城市的公共图书馆作为整个城市的公益性文化设施，承担着传承经典文化、塑造城市文化、开展社会教育等社会职能。信息时代，图书馆讲座因其特有的权威性、互动性和开放性等优势被越来越多的人喜爱，对广泛地开展社会教育做出了可贵的尝试，已经成为现代图书馆实践社会职能的重要方式。

一、图书馆讲坛是公共图书馆的服务品牌

放眼世界，讲座作为图书馆的文化服务普遍存在。大英图书馆举办的讲座、研讨会或讨论会相当知名。如每年举办的潘尼兹讲座（Panizzi Lecture），该讲座始于1984年，在每年的11月或12月举行，聘请学者做与大英图书馆典藏资料有关的一系列演讲，演讲内容于次年以专集出版。著名的美国国会图书馆终年在库利奇大礼堂、惠托尔厅、玛丽·披克福德戏院及芒福德纪念馆举行诗歌朗诵、电影欣赏、演讲和讨论会等活动，一些演讲的稿件由图书馆予以出版。

反观国内图书馆讲座蓬勃开展的盛况，公共图书馆界逐步达成共识——举办讲座有利于提升图书馆的社会美誉度，提高图书馆的读者利用率，丰富城市文化生活，塑造城市的公共文化品牌。

二、图书馆讲坛是阅读推广活动的主要载体

2006年，中国图书馆学会设立"科普与阅读指导委员会"，2009年将其正式改名为"阅读推广委员会"，下设15个专业分会，图书馆讲坛推广委员会占得一席。此举肯定了图书馆讲坛在阅读推广活动中发挥的作用。

各地持之以恒的读书月、"书香中国"上海书展、"图书馆之城"深圳荣获"全球全民阅读典范城市"……这些遍布全国的阅读推广活动，形成以图书馆为核心的城市阅读文化体验中心，各类公益讲座是重要的载体之一。引用深圳图书馆前任馆长吴晞的一句话："图书馆，乃是人类阅读活动的基本场所，虽非无他，亦称首选。"

三、 图书馆讲座是城市公共文化活动的一部分

联合国教科文组织《学会生存——教育世界的今天和明天》的报告指出："一个城市的社会结构、行政结构和文化网都具有巨大的教育潜力——不仅是由于它具有活力的交流,更是因为这个城邦就是一所培养公民感情和使其相互了解的学校。"[①] 在这所巨大的学校里,图书馆、美术馆、博物馆等,既是市民学习的第二课堂,又和其他教育机构一起营造了良好的文化氛围。

图书馆定期举办的各类讲座,有利于丰富城市居民的日常文化生活。以上海为例,上海博物馆、东方艺术中心、上海大剧院等都在举办与文化艺术有关的公益性文化活动。其中,上海图书馆2014年度举办了200多场讲座,听众达8万多人,是众多公益性文化机构中举办活动场次最多的。

四、 图书馆讲坛是重要的宣传窗口

通过对近10年来全国公共图书馆界举办讲座的数据进行分析,我们发现,综合性公共图书馆举办讲座的优势在于:丰富的内容策划与图书馆的藏书资源相对应;听众的参与程度与读者到馆数量正相关;讲座师资的有效聚集与公共图书馆的公益形象互相作用;讲座品牌的迅速成长与公共图书馆的场所价值息息相关……这样的交互作用下,图书馆的讲坛成为各大图书馆展示馆藏、组织活动、提升图书馆社会影响力的重要窗口。同时,作为党和政府的宣传阵地,图书馆讲座在一些重大命题和舆论热点的宣传上,发挥了巨大的引导作用。

鉴于公共图书馆公益服务的核心价值内涵,我们认为图书馆讲座应该具有三层特性:公益性——文化品牌的立命之本;传播性——讲座品牌的发展壮大之器;感召性——讲座品牌的精神归属之根。同时,讲座品牌还需要具备四大要素:必须符合社会需要,讲座要贴近实际、贴近生活、贴近群众;必须具有一定的知名度,要拥有一定范围内的公众知晓度;必须不断创新,自始至终保持讲座的新鲜感,才是保持品牌活力的秘诀;必须树立自身公益形象,不以营利为目的,强调知识传播与服务读者。

---

① 联合国教科文组织国际教育发展委员会. 学会生存——教育世界的今天和明天. 北京:教育科学出版社,1996.

综上所述，围绕做好图书馆讲坛工作这个目标，核心环节也是首要环节，就是做好图书馆讲坛的设计。以下将从讲坛品牌的理念形象设计、定位设计、内容设计、效果设计、流程设计和衍生服务设计等方面分别论述。

第二节 图书馆讲坛的品牌理念及其 CI 设计

在商品经济中，"理念"是引导和规范企业和企业员工的强大思想武器，是企业向社会发出的宣言和承诺，反映了企业存在的价值，是引导消费者和社会公众的一面鲜艳的旗帜。当下的"理念"早已不局限于企业、商品和消费者的简单循环，而是扩展到了事业、品牌和社会发展的各个领域。图书馆界人士意识到——从"办讲坛"到"做品牌"，公共图书馆对讲坛工作的价值挖掘日见成效，对品牌理念的归纳提炼和视觉呈现都有不同程度的创造和发展。

一、 讲坛名称的设计命名

讲坛名称是品牌形成的首要元素，它提供了品牌最基本的核心要素，反映了讲坛的基本定位与目标。它会给读者、听众以先入为主的印象与评价，一提到讲坛名称就能使大家联想到其品牌大致的特点与定位。

讲坛命名一般遵循以下这些原则。

其一，突显地域名称，易懂好记，标识性强。

重庆图书馆的"重图讲座"、上海图书馆的"上图讲座"、黑龙江省图书馆的"龙江讲坛"都直接以地名命名，让人一目了然，且好记易懂。

其二，突显文化内涵，意喻深远。

很多城市都有着悠久的历史与灿烂的文化，运用该城市的文化特色或历史人文典故来命名，可使讲坛的名称象征着文化内涵，让人回味无穷。国家图书馆"文津讲坛"即是借用古代藏书楼"文津阁"的名称，象征着神圣的文化殿堂、丰富的馆藏资源、五千年文化和古老文明，贴切而又响亮。

用藏书楼命名的还有宁波图书馆的"天一讲堂"。"天一阁"是中国现存最早的私家藏书楼，是宁波的地标式建筑，也是宁波的城市文化象征，以"天一"命名讲座，能更好地突显宁波图书馆讲座的传统文化内涵。

二、 讲坛核心理念的提炼

与讲坛名称相对应的是对核心理念的归纳和提炼。核心理念的提炼除了要求准确、富有个性、表达简洁，还应符合图书馆的实际情况、城市文化个性和业务优势等。提炼出认同感强、具有感召力的文字表述，是讲坛品牌的价值追求，也是事业精神的高度概括。

如佛山市图书馆公益讲座2005年通过社会征集，正式命名为"南风讲坛"。佛山地处岭南，是岭南文化的发源地，"南风"暗含着地理的寓意，更喻示着讲座如风，影响到一个地域、一个城市的文化品格和精神趣味。

又如上海图书馆的"上图讲座"，在数十年的发展中形成了"积淀文化，致力于卓越的知识服务；世界级城市图书馆；精致服务、至诚合作、引领学习、激扬智慧"的发展目标、愿景和核心价值观。

三、 讲坛品牌的视觉设计

视觉设计对一个公共品牌来说必不可少。关于讲座标志，其设计通常要把讲座的特点、品质及价值理念等各种要素以符号的形式传递给听众，创造听众的认知，促进听众的联想，使听众产生对讲座的偏好，进而影响讲座所体现的质量与听众的忠诚度。

一个好的讲座标志一般应具有简明易认、内涵深远、视觉新颖的特点，以达到艺术与文化的完美结合。

如上海图书馆讲座标识，由变形英文字母"SLL"与汉字"上图讲座"组成。"上图讲座"英文表述为Shanghai Library Lecture，因此本标识以英文字母"SLL"为设计主体：右面的L以发散的光波形状来象征讲座的知识传播功能，左边的"L"则呈现球形，象征传播范围遍及全国乃至全球，充分体现上图讲座将辐射全国甚至全球的雄心伟略；两个"L"又象征逗号，喻示上图讲座品牌的发展脚步永不止歇；标识右下方又标有"SLL"，其中"L"呈现话筒状，体现讲座形式的特性；标识以蓝色为主色调，充分体现上图讲座的知识性。

山东省图书馆讲坛标识图案是汉字"众"有机地变化为三个相连的"人"字，也似巍峨的泰山和屋顶，突出深厚的齐鲁文化底蕴及鲜明的民族精神内涵。汉字"众"突出徽标的独特性；三个相连的"人"字体现讲坛以人为本的公益性，体现以促进人与人之间和谐相处、社会和谐发展的内涵。"人"字形似向上的箭头，体现讲坛提升公民文化素质的作用，又似巍峨的泰山，沉稳雄健，体现齐鲁文化悠久的历史和厚重的民族精神积淀。图案也似屋顶，象征讲坛惠及民生、服务百姓；整体的大红印章则体现讲坛对传承民族优秀文化、弘扬民族精神的郑重承诺。

第三节　图书馆讲坛的定位设计

所谓讲坛的定位设计是通过对讲坛受众的调查，了解听众对讲座的看法，明确讲座的服务对象、服务内容和服务形式，制定讲坛的品质标准和运作方式，使讲座内容策划更贴合百姓需求，举办效果更显著。讲坛定位设计可从以下角度着手。

一、以听众对象为定位标杆

讲座是针对社会群体组织的公共活动，所以对目标人群的综合状况与客观需求的认识至关重要，将决定是否与讲座品牌定位一致。品牌特征的传播对目标人群形成有效刺激，同时，又反过来影响讲座实施过程中质量标准的制定与贯彻。

通过对图书馆讲坛受众的长期观察，我们发现，图书馆讲坛的受众主要是公益性服务群体。按照年龄划分，可分为退休老人、在校学生、在职白领等社会群体；按照教育程度划分，又可分为高级知识分子、学历不高却爱好学习的人、正在求学的莘莘学子等；按照社会阶层分，又可分为以行政管理为主的干部学习群体、以拓展视野和积累知识为主的职场新人群体，以及以休养生息、提升素养为主的"有闲阶层"……不同的群体对讲座内容和服务的需求都有着鲜明的个性选择，在做讲坛定位设计时应兼顾不同群体的不同需求。

二、 以城市文化为定位标杆

文化是城市的灵魂和精神，是一个城市的内在"气质"，它包括城市的精神面貌、文明程度、传统风情等。不同的城市有着各自的城市文化个性。结合所在馆和所在地方的文化特点，充分挖掘本土文化资源、当地文化特色来举办讲坛，使讲坛成为一个城市的"文化名片"，也是一种行之有效的讲座定位方式。

这里举一个比较典型的对比案例：国家图书馆"文津讲坛"和上海图书馆的"上图讲座"。前者是以北京这个历史名城的丰厚积淀作为讲坛内容资源，定位于传统文化和经典传承，讲座坚持思想性、学术性、知识性，突出雅俗共赏、普及与精深兼得的特点。而上海是个追求兼收并蓄、与时俱进的城市，虽然它的传统文化不及北京、杭州等古城深厚，但它鲜明的海派特色和浓厚的都市气息是其他城市难以企及的。上图讲座"海派文化"和"都市文化"专题就力求充分显现其"都市"性，把东方大都市海纳百川、各方杂处的文化精神充分展现出来。

第四节　图书馆讲坛的内容设计

一场讲坛成功与否，虽然与很多客观因素相关，但最核心和最根本的因素还是讲坛的内容策划，也称为内容设计。内容设计是建立在充分了解听众需求、积极调动社会资源、努力发挥团队协作能力基础上的，是讲坛品牌建设过程中的关键环节，体现了图书馆讲坛的能力与实力。

做好图书馆讲坛的内容设计，一般有下面几个方向。

一、 专题活动设计

随着科技的发展、时代的进步、生活水平的提高，市民对讲坛内容提出了更高的要求，希望图书馆能提供更丰富、更全面、覆盖面更广的知识讲坛，因而图书馆讲坛在内容上需不断创新。这样的文化需求随着各个图书馆举办讲坛的经验积累，已经逐渐得到满足。针对不同层次和不同群体的文化需求，不同领域、不同主题的讲坛内容纷纷登场——时政热点、文化艺术、社会法律、科学教育、经济金融、健康生活，与工作、生活、爱好相关的各个领域的专题都有涉及。

如珠海图书馆的"珠海文化大讲堂"，内容设为 8 大板块："中国传统文化"系列、"珠海历史文化"系列、"当代中国国情"系列、"外国文化风情"系列、"科技教育"系列、"养生保健文化"系列、"艺术鉴赏"系列、"城市人文精神建设"系列；扬州图书馆的"扬图讲堂"经过近几年的发展，已树立了一个"主题鲜明、取向多元、引领高端、弘扬传统"的特色品牌，并形成了地方文化、高端名家、大众生活等 3 大系列；苏州图书馆的"苏州大讲坛"从文化艺术到自然科学，从科技发展到经营管理，几乎涉及社会生活的各个方面，为创建学习型城市增添了活力。"苏州大讲坛"目前已形成"名家大讲堂"系列、"苏州市民族民间文化"系列、"文化苏州名家鉴赏"系列、"作家教你写作"系列、"文化遗产保护"系列、"青少年苏州教育"系列、"读者辅导"系列、"园林文化"系列、"中国历史专题"系列、"少儿乐园"系列、"卫星直播"系列等 15 个系列讲座。

这些不同的板块和多样组合的内容丰富了讲坛的结构层次，使得整个讲坛体系立体化、系统化。

▲美国第二十四任劳工部部长赵小兰在上海图书馆做"中国心·美国情·世界爱"的演讲。

二、节庆活动设计

除专题式的讲坛内容之外，公共图书馆另一个非常重要的职能就是丰富市民的闲暇文化生活。事实上，很多图书馆的讲坛都是以休假日来命名的，因其讲坛定位、讲坛内容均不一样，可谓千姿百态。如浙江图书馆的"假日讲座"、福建省图书馆的"东南周末讲坛"、厦门图书馆的"周末知识讲座"、山西省图书馆的"周末讲坛"等。其实，除了周末，元旦、春节、"4·23"世界读书日、六一、国庆等重要节庆日相关的讲坛设计也是重要组成部分。

以下通过援引上海图书馆的几个案例，揭示节庆活动设计的三个原则。

（一）应时应景

中国百姓对传统节日，如春节、元旦、中秋、端午等延续至今的各种节庆有着深厚的情结。节庆休假日的图书馆讲坛活动在向市民提供文化学习和休闲选择之外，又具有一种聚集人气、传承文化的意味。所以，节庆讲坛的设计更需要体现节日元素。例如上海图书馆的"中国优雅"专题分成"人间烟火——春节民俗与美食""幸毋相忘——新年话旧饰""澄怀观道——文人香事"，涉及民俗、美食、香道、收藏等各个领域，既有寻常百姓的人间烟火，又有文人雅士的古风清玩，力求多角度展现中国人传统生活方式的智慧与优雅。

（二）曲高和"众"

与传统节日不同，有一些节日是具有主题性的，比如"国际三八妇女节"或者"世界健康日"。作为阅读推广最前沿的图书馆讲坛，近年每逢"4·23"世界读书日来临，总是会举办相关专题的活动。这里要兼顾好图书馆的引领作用和大众的接受程度，也就是说"曲高"也必须"和众"。2015年"上图讲座"的世界读书日讲座主题是"名家名作"，邀请了复旦大学等一流高校的顶尖讲师品读"王尔德童话""黑格尔之美""局外人的荒诞"与"浮士德的哲学"，用学术的资源、通俗的方式解读被外行视为高深之物的经典作品与思想，这正是图书馆讲坛精神的体现。

(三) 把握导向

讲坛不仅是文化品牌，更是重要的舆论宣传窗口。它的重要职责还包括追踪热点、辨别是非，是文化宣传的重要阵地。因此，每逢与国家利益相关的节日（例如国庆节），图书馆还必须策划一些能够凝聚民族情感、抒发爱国情怀、坚持正确导向的讲座活动，以烘托节日气氛。2012年国庆节，上海图书馆策划了当代国防专题，邀请了罗援、房兵、杜文龙等一大批活跃在当代军事题材讲坛上的风云人物开讲。

三、高端会员沙龙设计

在满足社会大众的文化需求，高举公益性大旗开展公共文化服务的基础上，我们也发现越来越多的城市出现了有着更高听讲需求的社会群体。我们暂且称之为讲坛会员。他们对讲坛的内容和嘉宾有着更高的要求，希望内容更前卫，嘉宾更权威，形式更时尚，服务更到位，并愿意为此支付一定的费用，以享受更加私人化的听讲服务。针对这样一部分群体，图书馆讲坛组织者尝试性地提出会员制讲坛的概念。例如"上图讲座"的"都市文化"沙龙，2003年开办时受众定位是城市白领中的都市文化爱好者，为他们量身定制相对高端的文化讲座。文化名人、财经明星、社会名流，国内乃至国外的高端演讲资源，如赵启正、吴建民、程佩秋、尚长荣、袁岳、胡润等大批名人光临讲坛。加入沙龙的会员们只要支付一场话剧票的费用就可以享受量身定制的各类讲座，除了享受秩序良好的听讲环境之外，还有机会获得讲师亲笔签名的著作、相关活动的入场券、会员专享的刊物、"上图讲座"组织的所有活动的优先入场资格。此外，还可参与主办方组织的考察，比如"龙美术馆一日游"、上海洋房实地看、绿色庄园行等。

四、定制类设计

图书馆讲坛的日常组织和运行一旦常态化，品牌影响力也随之上升。这个阶段会出现多种可能，合作性、个性化的办讲模式开始崭露头角，我们认为，这种有既定的听讲对象、明确的讲题指向，甚至有具体的讲座类型要求和增值服务要求的属于定制类讲坛设计。

以下列举三种定制类讲坛的类型。

（一）来自政府或事业单位的定制要求

上图讲座"进百校"专场就是在上海市教委的直接指导下，以上海高校学生为特定的听讲对象组织实施的讲座。自 2007 年以来，成效显著，从高校学生辐射到了全市的中职学生。这一合作模式是，教委和校方及上海图书馆三家联手，教委补贴讲课费用，校方组织学生听讲，"上图讲座"负责讲师遴选、内容策划、沟通协调、送讲上门。通过坚持不懈地在学校举办人文讲座，"进百校"专场培育了大批年轻听众，讲坛的教育性和学习性特点更加凸显。

（二）来自企业的文化需求

2014 年底，上海通用电气全球年会上，高管们倾听了一场别开生面的美学讲座。著名美学评论家、南京大学教授潘知常受"上图讲座"的邀请，走进全球 500 强企业，为高管解读文学之美。这是公共讲坛与知名企业的一次成功握手。其实，许多以企业冠名出现的图书馆讲坛，体现了来自企业的文化需求。在经济全球化、公众文化需求日渐强烈的当下，一些有远见的企业开始不满足于传统的员工培训模式或客户服务模式，高端的人文艺术资源进入了管理者视野，却苦于没有积累和渠道，而公共图书馆占有天然的资源优势，因此也具有了合作的可能。

（三）来自社会团体或非营利性组织的推广需求

公共讲坛成为品牌的同时也成了公众和媒体关注的信息源，成为推广活动的天然舞台。除了以上提到的媒体冠名的讲坛品牌之外，利用公共文化平台实现品牌共赢的合作模式非常普遍。这些团体或组织会着力推荐和展示自身具有的讲座资源，比如讲座老师、既定的听讲人群，以及品牌的标识和宣传品。

当然，本着对品牌负责的精神，讲坛活动的负责人必须对这些资源有明确的价值评估标准，务必符合公共图书馆的形象要求和服务等级。

第五节　图书馆讲坛的效果设计

图书馆讲坛归根到底是落户在图书馆主体建筑内的，有固定空间和服务规模。尤其是当下体验经济大行其道，公益设施日趋现代化，人们对公共服务所带来的现场感和参与感要求日盛。所以，在经过充分的前期策划之后，讲坛现场的氛围营造和效果设计成为重要的一环。

一、场景设计

随着公共图书馆界一轮建设热潮的兴起，各地新建馆舍的硬件、软件的条件都今非昔比。就讲坛而言，场地要求以方便、实用、适当为主要原则。一般根据听众人数的多少、对现场效果的预期进行合理安排。就国内举办讲坛较为成功的一些公共图书馆来看，能设置200～400个座位的场所较为适宜。场地的大小、座位的多少、座位的摆放、背景的呈现、灯光的控制和氛围的营造均对讲座效果产生直接的影响。

根据演讲主题和演讲人的具体情况，场景布置设计要注意以下要素。

（一）背景呈现

也就是主题会标，一般要体现讲坛冠名、讲坛主题、演讲人信息、主办单位名称等。不同内容的讲座配合不同内涵的美术设计，令听众一进入讲坛场所就能立即感知讲坛的内容主题，以及主办者力图传达的信息。

（二）讲台设计

如果是一个人主讲，则选择配备立式讲坛或者传统型课桌；如果是2个人以上同场主讲（往往会有主持人串场），则需要按照讲课内容的侧重安排主次座位。同时，内容的差异性也决定了场地的个性化布置。例如"民国故事"系列讲座，现场准备了红木座椅和茶几，一入会场就会融入讲座氛围；而针对80后的悬疑故事讲座，则在台中放置单人高脚凳，配合以暗场追光，悬疑的感觉马上呈现。

（三）氛围设计

在围绕讲坛的内容主题设计会标和布置场景的同时，某些确定的设计元素还适用于同场讲座的其他物品和网络宣传。比如台卡、话筒上的LOGO（标识）、场内摆放的宣传海报、免费派发的讲课提纲或刊物等。不要忽视了细节的作用，细节常常可以在讲座结束后延长大家的听讲感受，是品牌宣传的重要手段。

▲易中天在上海图书馆演讲，座无虚席。

二、音效设计

当代讲坛离不开多种科技手段的辅助，如灯光、投影仪、音响、视频等。图书馆的现代化设计使得这些设备的运用成为可能。例如，杭州图书馆就有专门的影音厅，配备了一流的音响设备，听众可在厅内试听维也纳新年音乐会，效果非同凡响。

会议音响设备一般有有线麦和无线麦两种。其中前者抗干扰性好，保密性强，但移动不方便；后者移动方便，但抗干扰性相对较差。讲座中常采用的有桌面台式麦克风和手持麦克风。落地式麦克风与微型麦克风一般在朗诵会和舞台效果较强的讲座中使用。麦克风的高度最好不要超过主讲人的肩膀，尤其是落地式麦克风，否则，极易从正面遮挡演讲人的脸部。为了给讲座现场的听众创造良好的听觉环境，一般可以从以下几个方面努力。

首先，主讲嘉宾的声响控制。音箱的位置安放合理，不造成视觉侵占，又能够保证声响传达效果理想。音量控制得当，保持适中，力求使会场内呈现出最佳音响效果。

其次，环境音响的控制。尽可能地屏蔽讲坛现场的杂音，避免各种喧闹声。

最后，调节性音响控制。讲坛开场时播放与讲坛主题和气氛相和谐的背景音乐，帮助读者进场后迅速调适情绪，达到安静听讲的状态。

三、灯光设计

前面谈到了场景和音响效果的设计控制，这里我们讨论讲坛现场的灯光设计。从风靡于世的TED演讲模式我们可以看到，当代讲坛对于灯光的作用已经具有鲜明的潮流意识。然而，目前国内大部分图书馆讲坛做不出专业剧场的灯光效果，我们仅对普及型讲坛的灯光做设计。

会场内灯光一般要求有足够的亮度，尤其是照射在会标、主席台中心区域及其桌面上的灯光既要有均匀度、柔和感，又要有必要的光亮度。听众席区域还应以便于大家现场做笔记的柔和光为主。特别需要注意的是，光线不可直射现场人员的眼睛。会场外，比如门口、通道等处，宜采用明亮灯光，以方便听众入场通行、保障安全为原则。

四、主持风格设计

讲坛的主持人是讲坛效果设计中最重要，也是最具魅力的一部分。这些年图书馆讲坛的兴起带动了一个新的职业岗位，那就是讲坛活动的策划与主持。讲坛主持人是主讲嘉宾和听众之间的桥梁和纽带。图书馆讲坛主持人集策划者、组织者、主持者于一身，从讲座的选题到联系主讲嘉宾，讲坛内容和时间地点的确定，乃至讲坛信息的发布、宣传均需要主持人的精心安排。

可见，讲坛主持人是讲坛进程的动力和向导，成功的主持人必须掌握因势利导与处理难题（化解尴尬、控制情感、传递信息）的艺术。

可以说，主持人优秀与否和讲坛能否成功有直接的关系，因此，对于主持人的素质、形象、礼仪和风格设计也是讲坛效果设计中的重点。

（一）主持人的岗位职责

1. 与主讲人顺畅友好地沟通

主持人应事先与主讲人就讲坛事宜进行充分沟通，如确认讲坛时间、讲坛题目、讲坛内容，主讲人简介，主办或合办、承办单位等相关信息，了解主讲人的演讲习惯，是否使用PPT等多媒体资料。有很多讲坛是需要主持人全程参与讲坛内容的，那就需要主持人成为讲坛嘉宾的朋友，充分沟通，寻找话题，设计流程。

2. 掌控现场流程

图书馆讲坛一般的流程为：开启讲坛、介绍嘉宾、简述讲坛内容、主讲嘉宾演讲，以及后半部分的现场提问、总结讲坛、下场预告等。整个讲坛过程，主持人必须自始至终严格监控，根据现场的情况随时做出反应。

3. 呈现完美的讲坛效果

主讲人在讲坛的最后阶段，一般会与听众进行互动交流，在这一环节，主持人需要善于掌握节奏。主持人在倾听主讲人与听众交流的同时，需要思考话语的衔接、贯穿，以及如何结束或切断主讲人与听众的题外话。在交流过程中，主持人可以根据现场情况将自己的立场在主讲人和听众之间进行切换，既能以主讲人的立场讲话，又能以听众的立场提问，巧妙协调好两者之间的关系。这样才能在控制全场节奏的同时，将现场气氛推向高潮，深化讲坛主题。

（二）主持人的礼仪要求

中华民族素以"礼仪之邦"著称于世，图书馆讲坛是一个传承文化的高雅场所，主持人应首先成为文化的象征、礼仪的典范。在前期的沟通和协调工作中，主持人必须言语得当、态度恭敬、有礼有节、进退有度。

活动当天，主持人应该提前到达与主讲人约定好的地点（讲坛场地门口或图书馆大厅门口）等待迎接。在讲坛开始前，应与主讲人就讲坛细节再次落实沟通，将讲坛流程安排及时间控制告知主讲人会有助于其更好地准备和发挥。

讲坛开始之前，主持人先行上台提示大家将手机调至振动档并保持安静；待听众注意力集中后，便可开始主持讲坛。讲坛的开场白至关重要，必须措辞简洁，引出主题，主持人应以自己良好的语言能力让听众迅速融入情境。

在讲坛结束时，主持人应用高度概括性的话语将讲坛主题和收获提炼出来，对整场讲坛进行一个提纲挈领式的总结，并表达主办方对主讲人和听众的感谢。讲坛结束后，主讲人如愿意为听众签名或合影留念，主持人需要维持好讲坛周边的秩序。在主讲人要离开时，提醒其勿遗忘随身物品并致谢送别。

（三）主持人的形象设计

讲坛主持人出现在听众面前时，所代表的不仅是个人形象，更代表图书馆的形象。一位合格的主持人总是能够精神饱满、仪态端庄、谈吐得体、举止文雅，令听众产生一种亲切舒服的"首因效应"[①]和"魅力效应"。因此，在服饰妆容方面，具备恰如其分的风格定位就显得尤为重要。当讲坛内容比较严肃，主持人应选择端庄得体的西服、职业套装，给人以冷静沉着、落落大方的感觉；如果是关于都市生活的讲坛，听众以年轻人和时尚白领为主，主持人最好在着装上选择偏亮色调的服饰，融入一些当下流行的时尚元素；春节期间的活动主持，主持人可穿着文化意味鲜明的传统服饰；三八妇女节的庆典活动，女性主持人甚至可以盛装出现，身着旗袍和礼服，突显隆重和典雅……总之，服装的选择可以根据不同讲坛内容变化风格，但前提是大方得体。

（四）主持人的语言设计

发音标准、吐字清晰、语言流畅是对讲坛主持人语言表达的最基本要求。

---

① 由美国心理学家洛钦斯首先提出，指交往双方形成的第一次印象对今后交往关系的影响，也即"先入为主"带来的效果。

主持人的语言表达可透露很多信息，朴实无华且悦耳动听的语言具有无比的亲和力，不仅可充分反映主持人的学识与涵养，且能有效带动嘉宾与听众亲密无间的交流，为话题的进一步深入推波助澜。主持人一般在讲坛之前都会备稿，这是必要的准备。可实际上，现场的情况千变万化，仅局限手中一稿机械化地进行，往往难以融入现场气氛，更难以捕捉精彩瞬间。因此，主持人的语言表达能力，更体现在临场发挥上。当然，若要具备优秀的语言表达能力，学习、培训是必不可少的。"上图讲座"就曾邀请语言文字专家过传忠，朗诵表演艺术家赵兵、刘安古等为主持人进行全方位的培训、指导。

（五）主持人的控场能力

从讲坛开始到结束，主持人是除了主讲人之外唯一掌控现场的角色，对控场能力的要求非常高。讲坛活动中，特别是一些对话式讲坛，可能因为一个优秀主持人的介入，就有了自己的灵魂。在一个话题应该结束时，主持人自然地承上启下，开始下一个阶段的谈话；在主讲人一时语塞的时候，主持人给予提示、铺垫，能避免冷场；当主讲人滔滔不绝，甚至出现不当语言或已偏离主题的时候，主持人需及时巧妙地予以制止、引导；当主讲人和听众间产生过激对话时，主持人能够适宜地协调气氛。

可以说，一位成功的现场讲坛主持人应该具有大方得体的形象，丰富的学识修养，优秀的语言表达能力，出众的掌控能力、逻辑分析能力与灵活应变能力。他能够充分调动主讲人的演讲激情，加强谈话深度，激发听众的思辨火花。应该说，主持人在为整场讲坛活跃气氛、穿针引线、深化主题等方面，起着举足轻重又无可替代的作用。

第六节　图书馆讲坛的安全要求和风险控制

安全是一切成绩的最根本保障。工作经验告诉我们，一场讲坛活动的成败，其评价的基础就是安全。这里的安全不仅是现场设备、人员的安全，还包括讲坛内容的安全、讲师知识产权的保障、网络风险的预防控制，等等。

一、讲坛内容的安全管理

讲坛的主题必须符合主旋律，符合宣传形势的要求。对于主讲人的遴选必须客观、慎重，要充分调研、谨慎落实。因此，我们建议在工作中推行团队工作制和责任人负责制相结合的方法，在策划阶段保障讲坛的内容安全。

第一阶段——项目责任人负责制。该讲坛的策划和主持即是项目负责人，职责是在源头上尽量避免可能引起争议的话题，对主讲人的选择要慎重，听取多方意见；有可能的话提前拜访主讲人，当面沟通，做出明智判断，或者亲身参与该主讲人的其他演讲活动，获得第一手资料。

第二阶段——策划团队工作制。养成定期召开策划通气会的习惯，讲坛数量不多时每月一次，多的话可能一周一次。会上由每个责任人公布策划设想，提供讨论方案，集体讨论讲座举办的可行性。如有问题，及时调整。

第三阶段——内容基本通过后，由项目责任人预先填写讲坛申报表，且步步跟进审批核实，团队管理者实时跟进讲坛进度。实行项目责任人问责制，严格执行讲坛内容安全管理制度。

二、知识产权管理

要让讲坛资源得到最大限度的利用，网络传播即可实现，然而如何获得授权并维护好主讲人的知识产权并不容易。"上图讲座"从 2002 年始试行与主讲人共同遵循"知识产权协议"，该协议对双方的义务、责任进行了规定。其主要条款内容是"上图讲座"必须尊重主讲人的知识产权，仅能用于公益服务。为了保护品牌的知识产权，"上图讲座"已在国家工商行政管理总局进行了注册登记。如今，这一做法被全国公共图书馆广泛采纳。

三、讲座现场的安全管理

讲座现场的安全管理是讲座活动风险管理的一个重要部分，它涉及所有与现场有关的安全问题。可以说，保证会场安全是讲坛活动的重要工作。因此，现场的安全管理要遵循以下几个原则。

（一）预防为主，消除可预见的安全隐患

在讲坛场地布置的过程中，必须对场地及其附近的设施进行检查，避免各种可能出现的安全隐患问题，重点进行火灾隐患、安全通道、设施设备的排摸检查。在讲坛活动举办前进行风险控制，可以将隐患扼杀在摇篮中。风险控制最为有效也是最重要的方法就是持续有效的日常安全管理工作。

（二）全员参与安全培训

安全问题并非某个人的事，而是关系到活动现场每个人，需要全体人员的高度关注。场馆安全培训应该是全员参与的培训，通过培训，所有现场服务工作人员要牢固树立安全意识。一般需要培训的内容包括：

其一，职业道德，各项规章制度；

其二，熟悉讲坛现场的情况，包括所有楼层、通道、紧急出口；

其三，熟悉消防设施的位置、数量、基本使用方法。例如，上海图书馆就对所有员工进行过救护和消防内容的培训和集训。

只有平时加强安全宣传、教育与培训，应对现场突发事件时才能具备沉着冷静的良好心理素质。

（三）人员数量控制，把风险控制到最低水平

公共活动中，不论主办方还是非主办方，场所的负责人必须对该场所的安全负责，图书馆主办的一切讲坛都是公众活动，其中人员数量的控制是重中之重。

为此，各讲坛主办单位必须制订行之有效的风险控制方案。以"上图讲座"为例，每场讲坛都需提供参加人数的预估、对预定过程进行实时监测、及时对举办场地做出调整；与此同时，严格执行入场券管理，对不同渠道发出的讲坛信息详细标注，统一归口，严格限定入场人数；在讲座现场，保证通道畅通，确保每个听讲者的人身安全。

第七节　图书馆讲坛的衍生服务设计

图书馆讲坛通过数年如一日的积累，在讲座本身之外还将会产生一大批与讲座相关的衍生产品，比如讲师资源库、讲座文字稿、讲座课件、视频音频资料、讲坛刊物、讲坛出版物等，这些产品丰富了讲坛服务的内涵，延长了业务价值链，使得讲坛品牌的多元化发展成为可能。

对于衍生服务，同样需要用策划和设计的眼光来合理布局。这些服务功能的完善和优化是图书馆系统建设讲坛品牌的必要条件。

一、对讲坛产品的形象设计

在第二节我们讨论了讲坛的标志和形象设计，事实上，讲坛的视觉设计还体现在整个讲坛举办流程中需要对外展示的各个环节。前期，包括讲坛的宣传海报、宣传单、网上公告等环节，在形象上不仅要凸显讲坛的品牌品位，而且要注意体现讲座内容的特有元素，尤其是一些大型的专题系列讲座，更需要在精心的画面设计之外突出主办元素，即本专题系列或本次讲坛的主办单位名称、标识、排序等。

在实施阶段，要在会标、舞台设计、招贴、现场布置和氛围营造上融入设计感，其原则是要与讲坛标识相统一协调，在文字、色彩、构图上充分体现讲坛的整体风格，具有较强的视觉识别功能。

在讲坛后期，一般认为讲坛主体工作已经完成，其实不然，讲座的音频、视频及其形成的光盘载体、讲坛的课件和文稿、讲坛的报道归集、跟讲坛有关的印刷品和书刊的出版，甚至是与讲坛有关的纪念品设计，都需要沿用以上的设计原则，形成讲坛的整体感和品牌设计感。

二、对网络服务的功能设计

在互联网时代，尤其是在移动客户端发展日新月异的当下，图书馆讲坛的人气迅速积聚与讲坛自媒体的建设互相融合，大力拓展了讲坛的服务功能。

借助互联网的优势，图书馆讲坛可以实现跨越式发展。

公共图书馆的网站建设早已经全面铺开，其中，讲坛活动的更新和推广是重要也是最出彩的部分。网站建设内容涉及众多层面，在此仅对网站功能设计做简要说明。

一个实用的讲坛门户网站必须具有以下功能。

（一）预告讲坛内容

包括全年或全月的预告，以及单场讲座的时间、地点、主讲人介绍等详细信息。

（二）提供预订通道

在网站上可实时注册，无须复杂认证即可实现对某场讲座的预订。

（三）推送重要活动

对于大型或系列活动，需要特别宣传的专题性活动，网站有责任专门推送。

（四）提供讲坛音频或视频资源

这是网站建设的重中之重，对资源的组织和有效使用起到关键作用。

（五）增加讲坛的附加值

如讲坛刊物的数字版，通过讲坛活动的现场报道、图片，展示讲坛资源的积累、讲坛活动的社会影响等。

（六）提供兄弟图书馆共享资源

对于同业来说，网站提供的信息是同行之间借鉴学习的重要来源，更是馆际合作的重要窗口。

三、对衍生产品的规划设计

在全国公共图书馆界，讲坛举办较为成熟的图书馆几乎都创办了专业的讲坛刊物，如太仓图书馆自行编印的馆刊《尔雅》被中国图书馆学会阅读推广委员会指定为"书香园地"期刊之一；上海图书馆的《上图讲座》专刊创办10多年来，不仅为上海市民提供精神食粮，也给全国图书馆同行提供了同业参考和例证。这些人文导读刊物传播文化，拉近图书馆与读者之间的距离，成为图书馆的文化名片。

刊物之外，讲坛的衍生产品中，课件、文稿、音频、视频都是进行二次传播的极佳手段，规划设计好这些产品的使用，是提升品牌影响力的不二法宝。

（一）集结出版丛书

对讲坛讲稿的收集整理和集结出版早就成为同行之间的共同做法。最具知名度的莫过于国家图书馆"文津讲坛"系列丛书。"文津讲坛"是国家图书馆主办的公益性学术文化系列讲座，是国家图书馆乃至全国著名的品牌讲坛。"文津讲坛"秉承国家图书馆文化教育传统，依托国家图书馆丰富馆藏，服务百姓，广邀国内外著名专家学者莅临演讲。"文津讲坛"每场讲座都有录音、录像，及时完整地提交和入藏国家图书馆相关部门，经编辑整理后，在国家图书馆网站上供读者阅览。还有部分讲座选入"全国文化信息资源共享工程"，读者可免费在线观看名家大师的讲座。"文津讲坛"精选部分讲座内容，汇集成册，出版"文津演讲录"丛书，以满足不同读者的需要。

（二）音频、视频资源的再开发

讲座的现场录音、录像已经非常普及。对于摄录下来的音频或视频文件除了妥善保管存档之外，利用这些文件进行再次传播常常能收到意想不到的效果。

例如，"上图讲座"常年与电台的品牌节目《市民与社会》合作，该节目因为多次邀请政界或商界的名人而被市民广泛关注。节目以现场采访为主，但是周末档期的编排常常遇到困难。"上图讲座"抢占先机，以公益性讲座录音弥补节目空白；而经过电台专业编辑制作的录音文件又特别具有传播性，这些文件又再次成为图书馆制作宣传品的内容支撑。

视频文件也是如此。千万不要忽略了讲座数字化成果的长期积累，这是品牌资源中最有潜力也是最有价值的一部分。

（三）讲座文稿的媒体共享

同样作为公共资源，各大公共媒体与图书馆之间长期存在着互相需要、友好合作的关系。媒体的参与放大了图书馆的社会效应，图书馆的资源又为媒体提供了可持续发展的支撑。尤其一些内容精彩、主讲人知名度高的讲座，媒体常常趋之若鹜。

抓住这样的需求，公共图书馆适时地打出自己的品牌，不仅通过媒体放大活动效应，还能够打开长期合作、凸显品牌价值的通道。比如，在媒体上开设专栏，定期刊登讲座文稿；或提供现场录制的音频、视频文件，在宣传氛围和细节上做足文章，在公众视野内尽可能展示图书馆讲坛的文化符号和个性元素，让更多的人知晓讲坛、熟悉讲坛。

图书馆讲坛的设计是一个系统工程，有天时、地利、人和的因素，也有常年的积累和团队的努力，更有踏实的工作付出和创新的思想。未来，人们不仅可以随时运用图书馆来获取知识和信息、接受教育，而且能够进行娱乐、陶冶情操。图书馆讲坛前途光明，也任重道远。

附 文

上图讲座业务模块及相关流程

注：下文中右上角的标识数字，用来指引这一步工作详情须参见另一部分某个节点的工作。比如"发布预告（海报、网络预告→四.2）"，发布预告是通过纸质海报和网络同时刊出的，关于网络预告这部分的细节在第四部分"网络服务与传播"的第2小点"网络预告与预订"中有详细说明。

一、讲座策划与筹备

1. 年初召开年度策划工作会议，确定讲座工作重要节点
2. 建立专家咨询机制，召开策划咨询会
3. 积累讲题、讲师资源，结合热点重点，策划讲座
4. 讲座责任人联系讲师，约定讲题、时间、地点
5. 申报讲座，等待批复
6. 筹备讲座

A. 讲座登记（制作讲座日程表、会场登记表）；

B. 发布预告（海报、网络预告→四.2），启动票务（印票、领票、短信、微信和网络预订→四.2）；

C. 发布媒体宣传稿→三.2A；

D. 与讲师再次沟通（征询协议书意向，询问课件、提纲和设备的需求，寄送请柬）；

E. 人员与事项安排（主持人准备主持稿、协议书，邀请领导、嘉宾出席等；安排摄影、摄像、速记、会务和通讯志愿者→二.4 等）；

F. 会场安排（填写会场工作单，制作会标）；

G. 材物准备（录音笔、题词簿、《上图讲座》专刊及讲座相关材料等）。

二、公益讲座现场服务

1. 预告与票务

A. 发布每月讲座活动预告（月度活动海报、折页、网上月度预告表→四.2 等）；

B. 发布各场讲座预告（海报、网络预告→四.2）；

C. 印制入场券；

D. 提前 10 天开始馆内领票、短信预订和网络预订→四.2；

E. 汇总打印预订名单。

2. 现场实施

A. 接待讲师（迎接讲师，介绍情况，签订协议，支付讲课费，题词签名留影等）；

B. 会场准备（音响、灯光、会标、电脑、投影、席位牌、茶水等）；

C. 预订换票（会务志愿者→二.4 根据预订名单给预订者办理）；

D. 凭票入场，发放《上图讲座》专刊→三.1、调查表及相关资料；

E. 讲座举行（主持人引见、介绍讲师，讲师开讲，与听众交流问答）；

F. 现场速记、摄影、摄像；

G. 回收调查表，接受听众反馈等；

H. 送别讲师。

3. 志愿者服务

A. 招募（社会志愿者：发布信息，接受报名，分类录选会务与通讯两类；高校学生志愿者：联络校学生会，组织学生参与）；

B. 志愿者培训（会务与通讯分别进行）；

C. 安排上岗（通知高校联络人，征询社会志愿者，电话确认）；

D. 志愿者现场服务（预订换票、门口检票、发放资料，聆听讲座，撰写并上传通讯稿）；

E. 年度评优与奖励。

三、媒体宣传推广

1. 编辑发行《上图讲座》专刊

A. 经讲师确认后，编辑优质讲座录音稿；

B. 及时编辑讲座通讯稿，并以"上图讲座"网、微信服务号发布讲座报道素材；

C. 不定期汇总并撰写讲座特稿；

D. 编排目录，选择照片，交付排版；

E. 初审、终审（包括彩版页面），付印。

2. 讲座采访报道

A. 收集资料，起草媒体宣传稿（包括单场讲座和系列讲座的媒体宣传稿）；

B. 发送至相关媒体，同时发送至馆所的内网、外网、微信平台和上图讲座网；

C. 接待媒体现场采访；

D. 收集、汇总媒体报道。

四、网络服务与传播

1. 用户注册登录（用户注册成为网友，建立个人身份账户，用于讲座预订、接收邮件、发表评论等）

2. 网络预告与预订

A. 发布每月讲座安排表、专题系列讲座介绍；

B. 对各讲座分类后，发布单场讲座的图文预告，开启领票、预订服务；

C. 查询、打印各场讲座预订名单；

3. 编辑发布讲座报道（据通讯稿，编辑文字，添加照片，形成讲座报道；转发媒体报道）

4. 讲座文献上网

A. 讲座视频、音频等多媒体形式上网（微讲座视频→五.3，含字幕标准讲座视频→五.3，视频转音频）；

B. 讲座录音→五.2快速上网；

C. 讲座课件（PPT）、精彩演讲录上网；

D. 网络版《上图讲座》专刊→三.1、《参考文摘》月刊→二.3F；

E. 讲座丛书推荐；

F. 精彩演讲录。

5. 讲座专家数据库（逐年积累，含简历、职务、学术文著等）

6. 审查网友感言和点评，答复网上提问

7. 不定期进行网络用户调查

五、讲座文献制作保存

1. 讲座数字照片裁剪和修整，扩印实物照片，归档保存

2. 快速制作讲座录音（经简单剪辑与审核），格式转换，归档保存

3. 制作讲座视频

A. 初步编辑微讲座视频和含字幕标准讲座视频；

B. 交讲师修改确认，并返回；

C. 专家审读；

D. 格式转换，归档保存；

4. 制作讲座DVD光盘母版，复制加工

5. 光盘包装盒设计订制

六、讲座业务统计与档案归集

1. 建立和更新讲座活动台账（场次、类别、讲题、讲师、日期、地点、票务、人数等）

2. 讲座网站月度统计（总访问量，视频、音频、预告表、单讲预告等访问量，新增视频，新增网友等）

3. 讲座共享数据统计（共享单位，品种，盘数）

4. 实物和数字版本归档（各一套）：照片、入场券、题词簿、《上图讲座》专刊（合订本）、讲座报道（包括网络报纸、刊物）、用户反馈表等。

参考文献

[1] 赵俊玲，郭腊梅，杨绍志．阅读推广：理念·方法·案例．北京：国家图书馆出版社，2013.

[2]《图书情报工作》杂志社编．国民阅读推广与图书馆．北京：海洋出版社，2011.

[3] 吴晞．天下万世共读之：公共图书馆与阅读推广．上海：上海科学技术文献出版社，2014.

[4] 徐雁．全民阅读推广手册．深圳：海天出版社，2011.

[5] 王可．公益组织开展公关活动的理念、策略与技巧——以中国扶贫基金会为例．新闻爱好者，2013（8）.

[6] 白琳．视觉文化传播在大型公关活动策划中的运用研究．文学界（理论版），2012（8）.

[7] 王莉．拓展图书馆讲座思路 用策划打造服务品牌．图书馆学刊，2011（12）.

[8] 许白婷．公共图书馆讲座选题策略探究．图书馆论坛，2014（7）.

[9] 刘炜红，钟剑．关于公共图书馆讲座若干问题的认识．图书馆界，2010（2）.

[10] 王文正，寇尚伟．用视觉创造和管理品牌．销售与市场，2013（4）.

[11] 李伟．高校阅读推广活动策划流程研究．新世纪图书馆，2013（11）.

[12] 杨白璇．浅谈公共图书馆讲座．中国西部科技，2011（9）.

思考题

1. 图书馆讲坛的设计者需要具备哪些眼光和基本素质？
2. 在新常态下，图书馆的传统讲座模式是否也需要引入互联网思维？我们如何在讲座的设计、推广中更好地发挥互联网的作用？
3. 在新媒体和自媒体十分活跃的当下，图书馆讲座组织者如何运用新技术更好地推广讲座活动？

第六讲
读书会的运营和培育

赵俊玲

第一节 图书馆和读书会

一、读书会的含义

顾名思义,"读"是指阅读行为,"书"是阅读对象,但并不局限于实体书,"会"指一群人聚在一起。那么对字面意思进行剖析,读书会即是对阅读的读物进行分享和交流的团体。读书会,英文名称对应为 Reading Group、Book Group、Book Club、Reading Club 等。在不同时期,中文也有不同的称呼,比如民国时期,很多读书会采用读书劝导会、读书互助团、读书竞进会等的提法,今天则多以读书会、读书俱乐部等命名。

读书会并不是今天才出现的,它是伴随着人们阅读交流行为的产生而产生。中国一直有以文会友的传统,文人团体如竹林七贤、建安七子、竟陵八友是我国古代早期读书会的典型代表。在西方,伴随着启蒙运动的发展,受教育民众规模扩大,出版物生产量增加,读书会得以快速发展起来,并开始发挥作用。在德国,"读书会是启蒙运动后期形成的社团组织,与当时的教育联合会、共济社、启蒙秘密会社一样,都是具备批判功能的公共领域。"[①] 美国早期的妇女读书会,主要"以会员的自我教育为目的,同时谋求为社区发展做贡献"[②],推动幼儿园的建立,推动童工法的制定等。在瑞典,读书会

---

① 邱天助. 读书会专业手册. 台北:张老师文化事业公司,1997.

② Taylor J. When adults talks in circles: Book Groups and Contemporary Reading Practices. Illinois: University of Illinois at Urbana – Champaign, 2007. 本语段由作者翻译。

作为一种卓有成效的成人学习形式，由政府强力推动，目前在瑞典每年有32万场读书会在开展活动，290万成年人参与。

目前，国内外对读书会并没有统一的界定。根据瑞典官方成人教育公告的解释，读书会是指一群朋友根据事先确定的题目或议题，共同进行的有方法、有组织的学习[1]。卡兰德曾以瑞典的读书会为例，指出读书会的特性在于：读书会是一种特殊形式的小团体研读，参与者通过互相讨论、彼此帮助，目的是理解和相互启发；虽然有阅读计划和研读素材，但并没有固定的知识或材料，也没有达成的特定目标，自愿参与，聚会时间和地点以参与者方便为原则[2]。在台湾，邱天助认为："读书会是一个自主、自助、自由、自愿的非正规学习团体，通过成员对共同材料的阅读、心得的分享与观点的讨论以吸收新的知识，激发新的思考。""读书会是一种特殊形式的小团体研读，以一定的阅读材料为基础相互讨论进而相互启发。"[3]

我国近些年出现了很多这类民间阅读组织，这类组织的核心特点包括以下四个方面：一是民间性，所谓民间是指自发形成，没有政府或者机构强制作用的因素；二是以阅读交流为主，读书会的核心是对阅读的分享和交流，强调互动，北京"阅读邻居"读书会要求参与者阅读公布的书目，在活动现场分享自己的阅读心得，每一个人都要说话，积极地参与；三是小团体，因读书会强调互动分享，一般团体规模不大，否则互动分享效果会大打折扣；四是以成员互益为主，成员之间互动分享，使成员获益。

在我国，除了把读书会理解为一种民间阅读组织，实际上，还有另外一种理解，即读书会是一种民间阅读推广组织。当前，我国很多读书会已经突破了成员互益的范畴，不限于成员之间的阅读分享，同时还进行很多的阅读推广活动，或向大众推荐阅读书目，或举办阅读推广活动，具备公益性色彩。江苏淮安的目耕缘读书会是其中的一个比较典型的代表。目耕缘读书会秉承"让身边的人拿起书来，让读书的人携起手来，让同行的人负起责来"的愿

---

[1] 余政峰. 读书会的团体动力因素之研究. 台湾：中正大学，1999.
[2] 邱天助. 什么是读书会 [EB/OL]. [2015-5-10]. http://m.douban.com/group/topic/37426571/? session=2c5aeef6.
[3] 邱天助. 什么是读书会 [EB/OL]. [2015-5-10]. http://m.douban.com/group/topic/37426571/? session=2c5aeef6.

景，举办了百字荐书、目耕缘讲读堂、寻找淮安的读书人、淮安好文章诵读会等活动，这些活动向民众宣传阅读的门径和乐趣，对全民阅读起到推进作用。因为目前很多读书会兼具公益和互益的色彩，因此笔者并不对读书会进行严格限定。笔者认为，读书会即是以阅读交流为主的民间团体。

这里要说明的是，除了前面把读书会理解为一种民间团体，在我国图书馆界，对读书会还有另外一种理解，即把读书会理解为图书馆举办的读书活动，如果这样来理解读书会，把图书馆仅仅定位为活动举办者，就会限制图书馆进行阅读推广的深度和广度。因此，笔者认为，图书馆界不应该从活动的角度去理解读书会，而应该从团体的角度去理解读书会，特别是民间阅读团体的角度。

二、图书馆界关注读书会的依据

（一）作为阅读交流平台的图书馆应该发展读书会

图书馆长期以来主要满足个体读者的阅读需求，为个体读者提供阅读读物、阅读空间、阅读设备，但是阅读不仅仅是个人化的事情，同时也是一项社会化的行为，很多人阅读之后都有交流的欲望。那么图书馆应该为大众的阅读交流提供场所、氛围和平台。图书馆可以通过编制阅读刊物、读者评论等方式来提供阅读交流，同时也应该大力推动读书会这一交流平台。

（二）读书会发展需要图书馆的推动和支持

读书会持久、良好的发展需要图书馆的大力支持。美国读书会能够广泛深入开展的根本原因就是得到了政府及公共图书馆的大力支持。2007年，美国几家大型图书馆在妇女全国读书协会的赞助下，联合呼吁全国图书馆将每年10月设立为"全国读书会月"，这足见美国公共图书馆对读书会的重视和支持力度[1]。如今，我国台湾地区至少有1.5万个以不同名称出现的读书会团体，公共图书馆在其中承担了重要的角色。我国民间读书会近年来发展迅速，已经成为一支重要的阅读力量。尽管读书会是民间自发的阅读团体，但并不

---

[1] 黄晓燕. 美国图书馆读书会对少儿阅读的影响. 图书馆总研究，2010（8）：83-88.

意味着政府和相关部门可以任其自生自灭，而是要对其进行扶持和引导。目前，读书会发展中遇到很多问题，诸如寻找场地困难、活跃度低等，需要专业的帮助。图书馆是政府引导、管理民间读书会的重要载体，图书馆在阅读推广中的角色已经从资源提供者和活动举办者向资源整合者和专业指导者转变，面对如何实现和民间读书会的良性互动，如何更好地整合阅读资源等问题，图书馆应该在指导、扶持读书会发展方面发挥重要作用。

三、图书馆在读书会发展中的主要定位

图书馆应该如何发展读书会？一般首先想到的是图书馆组织一个读书会，这个读书会有完善的管理体系，举办各种各样的活动。在初期这样做是可以的。但是图书馆的作用不仅仅是运行一个或两个完美的读书会，图书馆更深层的作用在于让更多的读书会成长、发展起来，让读书会遍地开花。这就意味着图书馆要承担推动者的角色。

苏州独墅湖图书馆思客读书会的定位即秉持互动交流与经验分享的原则，与各类民间阅读组织建立良好的交流与互动模式，引导、扶持民间阅读推广组织的发展与推广，进行读书会运营经验交流。

▲苏州独墅湖图书馆在思客咖啡厅举行的思客读书会

思客读书会的定位并不以图书馆运行一两个读书会为中心，而是主要围绕着和民间阅读团体合作，引导、扶持民间阅读团体的发展来进行。该读书会的定位诠释了图书馆是读书会发展的推动者这一角色定位。具体来说，图书馆在其中承担了三个角色。

（一）组织者

图书馆不仅传递资源，同时又是一个组织资源的平台。图书馆需要把各方资源，尤其是读者资源，有效地组织起来，推动更多的读书会成立。

（二）服务者

图书馆的用户除了个体用户还有团体用户。读书会是团体用户的一种类型，图书馆应该把读书会作为服务对象，为其提供所需的资源和帮助。

（三）管理者

图书馆不应只局限于作为读书会的举办者、资源提供者，而更应该做好管理者的角色，这里所说的管理并不是指个体读书会的管理，而是指图书馆应该对本馆所服务的区域内的所有读书会群体的整体管理。图书馆对读书会群体的管理和其他部门不同，其他部门如民政部门、文化主管及宣传部门关注资质、思想动向等方面，图书馆对读书会的管理主要从业务角度进行，包括读书会信息的管理和评优激励等方面。

第二节　图书馆运作读书会的策略

前文提到图书馆自身运作读书会可能起到的效果有限，但确实也能够起到一定的阅读交流效果。图书馆运作读书会和一般读书会的运作区别不大。下面结合读书会的运作阶段进行分析。

一、筹备读书会

（一）设定读书会类型和名称

读书会的类型按照不同的标准有不同的分类，从图书馆的角度来讲，主要考虑两种分类方法。

1. 按人群分类

可将读书会分为儿童读书会（亲子阅读）、青年读书会、女性读书会、学生读书会、教师读书会、老年读书会等。

2. 按主题分类

可分为文学阅读（可进一步细分，如鲁迅文学作品读书会等）、心理励志、宗教信仰、经济管理、社科人文、艺术、童书等。

图书馆在设计读书会类型时可考虑从流通数据分析读者的阅读兴趣和爱好。图书馆创办读书会有一个天然的优势，那就是图书馆对读者阅读兴趣的了解。读书会是一群具有类似阅读兴趣的人进行交流的团体，而图书馆通过流通记录可以了解到哪些读者具有相同的阅读兴趣和爱好，这是读书会成立的基础。图书馆可以在流通记录分析的基础上，提出本馆读书会的整体构架，然后寻找合适的读书会带领人组织相应的读书会。

关于读书会名称，角度不同，名称亦有差异。有的读书会以参与对象命名，比如上海的女树空间读书会，该读书会以女性为主，倡导女性自觉和性别平等；有的以地点命名，比如深圳后院读书会，主要源于其最初活动在一个饭店的后院，因此得名；有的以聚会时间命名，比如周末读书会；有的以宗旨命名，比如上海的萤火虫读书会，该读书会认为自己是像萤火虫一样会飞的读书会——"萤火虫是渺小的，发出的光是微弱的，然而夜空中聚集在一起的萤火虫却是耀眼的光芒。"图书馆读书会的命名可以结合图书馆的特色，比如浙江图书馆读书会命名为文澜读书会，就取自浙江省图书馆馆藏的文澜阁版四库全书。

（二）确定读书会宗旨

只有确定了读书会的宗旨，才能确定读书会的形式和风格。如女树空间读书会的宗旨：以书和茶为载体，汇集有关性别议题、女性创作的图书与影音产品，开展多元文化活动，倡导女性自觉和性别平等。再如三叶草故事家族的宗旨：让童年溢满书香，让阅读丰盈童年。三叶草故事家族通过线上及线下活动，举办故事妈妈培训、专家阅读讲座、社区故事会、主题文化沙龙、新书试读会、年度讲述大赛、故事剧团等多种阅读活动，用这个世界上最美丽的童话、最动人的故事滋养孩子，柔软孩子的心灵，彰显孩子的灵性，放飞孩子的想象，呵护孩子的童真。

（三）确定读书会组织结构

不管什么规模的读书会，都应该有相应的组织结构来进行管理。读书会的组织形态视规模大小而定。小型读书会的组织结构可以相对简单，设会长和副会长，会长主要负责整体设计、带领读书会、对外联系等；副会长主要负责会员联络、准备相关材料等。规模比较大的读书会的结构相对复杂，人员较多就要进行分组，否则不能保证讨论效果，因此除了会长、副会长之外，还需设置各小组组长。比如台中图书馆读书会设艺术组、社会组、教育心理组、文学组、哲学组、生活保健组，每组各设组长、副组长、会计、联络员等人员。

（四）拟定读书会章程[①]

读书会成立后，可以由会长带领全体会员订立章程，使会员对读书会的宗旨、特色、成立背景、组织形态、会务发展等有比较充分的了解，并能遵守规范，顺利推动会务。章程的主要内容一般有：

1. 会名

包括全名与简称，并简要说明会名的由来与意义。

[①] 此处相关内容主要参考了邱天助的《读书会专业手册》一书。

2. 宗旨

确立读书会的宗旨。

3. 入会方式

读书会参与者资格限制及入会方式。

4. 权利

说明入会会员享有的权利,比如是否享有借书优待等。

5. 义务

对读书会会员应遵守的章程、规范及任何经会议通过的决议,加以说明。

6. 组织

对读书会的组织形态、干部产生方式、任期、各项工作分配及会务运作方式,加以说明。

7. 聚会方式

对聚集的时间、活动方式、基本流程等加以说明。

8. 规范

读书会的各项规范应由全体会员共同讨论后确定,并约定共同遵守。

二、读书会主要活动

读书会可以为一两周举办一次,也可以一个月举办一次,每次活动大多两个小时,活动的形式多种多样,主要包括各种阅读交流活动及拓展活动。读书会的类型、宗旨不同,其活动也有区别。比如以成员互益为主的小型读书会的活动大多以精读讨论为主,而公益型的读书会则会开展大型讲座等活动。读书会活动大体可以分为以下几类:

（一）精读分享

阅读分享是读书会的核心内容，可由读书会成员共同选定书单，会下完成阅读，会上进行交流讨论，一般会有一个引领人引领讨论。引领人可以固定，也可由成员轮流担任。比如上海女树空间读书会追求深度阅读与交流，每期参与人数为10人左右，一本书会讨论两次。再比如同道读书会秉承"以文本为基础、以问题为导向"的阅读理念，经过近两年的读书会活动实践，形成一套由结构化阅读、诠释性阅读、辩理性阅读和反观性阅读四个阶段组成的深度阅读方法论体系，并以此组织了"认识自己""认识社会""品读文学"等系列人文经典精读会。

（二）好书分享和推荐

和前一种精读分享的区别在于，不一定是全体会员共同读一本书，可以组织好书分享活动，不设主讲人，参与者轮流介绍自己的书籍，但是这样可能会影响讨论效果，因此很多读书会采用的是好书推荐的方式，每个会员可以在读书会的交流平台上分享自己的阅读心得和体会。比如目耕缘读书会设有专门的荐书台和书评活动。

（三）专题讲座及主题沙龙

此项活动参与的人数比较多，可以邀请著名学者就某个专题或书籍进行讲座；也可由组织者选定主题，邀请3个以上嘉宾就某一话题展开现场讨论，在主题发言后观众可与嘉宾互动。这种形式的活动在读书会中非常普遍。比如后院读书会每周一场阅读活动，现在则调整为每两周一次。一般先确定一个主讲人，这个人可以是受邀请而来的，也可以个人提出来主讲某个主题。主讲人先用一段完整的时间介绍主题，然后大家提出问题，参与讨论。主讲的题目五花八门，有时候是一本书或者是数本书，有时候则是一个热门话题。比如同道读书会的"同道论坛"邀请不同领域的专家学者针对某一话题展开深度对话，旨在促进不同学科、专业、观点和立场之间的理性对话，激发思想活力，促进学术交流。

（四）其他拓展活动

除了阅读活动，读书会还可以结合读书会的主题、成员构成等情况，设计其他的拓展活动。例如，黄河青年读书会在理论推演之后，开展一些社会调查和实践工作，为政府献言建策。除此之外，诸如户外郊游、参观访问等均属于拓展活动内容。例如，台中烤箱读书会选定以烘焙点心辅助阅读活动，野地里读书馆组织成员去户外陪伴敬老院的老人和幼儿园的孩子。花莲小大读书会除了一般的聚会活动之外，每一季都会安排外出，有自然观察活动、社区人文学习活动、节庆特别活动，或者到偏远部落讲故事，将书籍带到社区，让贫困儿童也能享受美好的阅读体验。

（五）编制刊物、信息发布和分享

读书会的各项活动需要进行呈现，呈现的方式有很多，被广泛采纳的方式是编制读书会的阅读刊物。例如真趣书社的《方塘鉴》，万木草堂读书会的会员刊物《读好书》。这些刊物可以是纸质的，也可是电子版，比如熬吧读书会的电子杂志《艺文志》。刊物一般包括会员的读书心得体会、读书会活动的介绍和总结、书目推荐等。随着网络和多媒体的发展，读书会的展示平台也日益多元化，很多读书会在豆瓣、微博、微信上进行信息发布和分享。

第三节 图书馆培育读书会的策略

一、资源支持

图书馆在读书会发展中可以提供资源支持，包括资料和场地两个方面。

（一）资料支持

1. 面向读书会的馆藏资源建设

读书会在进行阅读讨论时一个首要的问题是读物。面向读书会的馆藏资源和面向个人的馆藏资源在提供上应有所不同,读书会需要的副本量比较多。图书馆可以考虑为读书会提供阅读资料,一般由读书会进行申请,图书馆主要考虑该读书会需要的资源是否符合图书馆的馆藏发展规划。

美国诺沃克图书馆面向读书会的馆藏建设政策

图书馆有专门针对图书馆运行的读书会的馆藏,其他读书会需要的图书可以向图书馆申请购买,图书馆会考虑以下因素:

- 所申请的图书应该符合图书馆的馆藏选择政策。
- 会优先考虑那些以诺沃克图书馆为基础的读书会,特别是在图书馆举行活动的读书会。
- 仅购买平装版本。
- 会优先选择面向读者群广泛的图书。
- 读书会馆藏也会根据图书馆的剔旧政策按需剔除。
- 申请应该在图书讨论60天之前提交。
- 图书只借给读书会的会员个人,不打包外借。

2. 提供讨论及相关资料

上述案例中的图书馆主要提供读书会所需图书的资源,在读书会发展比较好的图书馆,会以比较成熟的"读书会资源包"的形式向读书会提供。美国佐治亚州迪卡尔布县图书馆为读书会提供的每个资源包含有10~12本图书,还包括关于作者、写作背景等资料,以及引导读书会如何讨论该书的指南。美国亚利桑那州梅萨图书馆的每个资源包上均标有所含书籍数量,以方便不同人数的读书会选择。

在建立了相应的馆藏之后,图书馆还需制定相关的借阅政策等进行管理。美国很多公共图书馆明确规定了读书会资源包的借阅规则。下面举两个例子进行说明。

美国西雅图图书馆读书会图书包

图书馆专门针对读书会的馆藏包括350种书,每一种书副本量为12。这些馆藏不仅面向在图书馆活动、由图书馆支持的读书会,同时也面向那些在家里、公司、教堂、社区中心、老年活动中心等场所活动的西雅图地区的读书会。

图书馆读书会图书包仅提供给那些2009年之前就使用该项服务的读书会。这些读书会已经得到图书馆确认并且收到了专门的读书会图书馆证。如果你还没有收到此证，请联系××××××，如果你丢失了读书会图书馆证，请致电××××××。

图书馆读书会资源包

1. 什么是读书会资源包？

读书会资源包是指面向读书会的资源，其中包括一种书的10个副本，还包括用于促进讨论和分享的相关资料。

中心馆一楼提供读书会资源包的书名查询，并且可以送到任何一个分馆提供借阅。借阅期限为6个星期，如果没有人预约该读书会资源包的话，还可再续借3个星期。读书会一次可以借3个资源包。

2. 谁可以借读书会资源包？

如果要借读书会资源包，需要一个专门的读书会图书馆证。读书会的任何成员都可以申请办理此证件，并负责资源包的借还。你只需要提供个人ID和住址证明就可以办理读书会图书馆证。

3. 如何查找和预约读书会资源包？

一旦你拥有了面向读书会的图书馆证，你就可以搜索图书馆的馆藏目录，或者在中心馆浏览读书会资源包的书架。如果你发现了你们读书会可能感兴趣的书，你可以通过网络输入你的读书会借书证的号码和PIN，在网络上预约，或者你也可以直接到图书馆进行借阅。图书馆不能保证读书会资源包在具体某日之前能够借到。

4. 如何归还读书会资源包？

你可以在任何一个分馆归还。所有的资源必须一次性归还（包括10本书、一个文件夹，还有一个书袋），可以在流通台进行归还，也可以归还到外面的还书箱，但是不能通过自助借还系统归还。超期不还，每天罚款1美元。

这里要强调一点，不管图书馆如何制定面向读书会的馆藏政策和借阅政策，都应该将相关信息在官网、入馆手册等多种渠道进行公布，从而让读者能够了解图书馆如何为读书会提供服务。

（二）场地支持

图书馆本身承担着社区交流职能，应该为读书会定期开展的主题讨论活动提供充足场地。当前，我国民间读书会多有场地缺乏之困，在解决这个问题上，倾向于与咖啡馆或书店合作。图书馆更应该主动地为读书会提供服务，特别是场地上的支持。也有一些图书馆和民间读书会建立了比较好的合作关系，比如苏州独墅湖图书馆实行引进策略，以图书馆咖啡厅为大本营，积极引进各类读书会在此举办活动。还有天津泰达图书馆将滨海读心书友会引入图书馆，该读书会的很多活动在图书馆举行。

滨海读心书友会主要活动内容及活动场所

- 泰达文化大讲堂：每月最后一个周日在泰达图书馆档案馆二楼培训教室
- 国学研修班：每周日泰达图书馆五楼培训教室9：00－11：00
- 黑芝麻公益读书小组：每周二在布客咖啡书屋，为盲人小朋友录制有声读物。
- 心灵读书会：每周二19：00－21：00，在布客咖啡书屋／心莲瑜伽禅舍
- 学院太极习练班：每周三、周日17：30－19：30在泰达图书馆
- 英悦圆（英语沙龙）：周日14：00－16：00在布客咖啡书屋
- 少儿诵经班：每周日上午9：00－11：30泰达图书馆一楼少儿天地

二、提供读书会运营方面的辅导和培训

（一）提供读书会手册、指南等指导资料

很多读者可能有成立、运营读书会的想法，但是并不了解如何运作一个读书会，图书馆应该为这些读者提供相关的指导资料。英国、美国很多公共图书馆在其网站上为读者提供读书会手册、指南之类的信息，内容包括如何确立读书会的宗旨、如何制定读书会的章程、如何确定活动周期、如何选择读物、如何确定规模等问题。这些指导资料可操作性很强。美国西雅图公共图书馆的培训文件就是以"如何进行第一次读书会讨论"开始，细致到"如何选择一本书""该书结局不明确应该如何做""有哪些适宜讨论的问题"

"脱离书的限制还能想到哪些""如果不喜欢这本书该如何参与讨论",等等。

美国西雅图公共图书馆网站列出的面向读书会的指南

一、如何开始

在第一次聚会之前或第一次聚会时,讨论以下问题:

- 读书会聚会的时间、地点和频率
- 每次聚会持续多长时间
- 读书会是否提供食物和饮料
- 读书会带领人的作用和角色
- 读书会阅读和讨论的图书类型

二、如何选择要讨论的读物

- 寻找那些角色立体感强的图书,特别是那些需要在艰难的环境下进行抉择的角色。
- 那些讲述特别清楚的书一般不会引起讨论,比如某些神话、浪漫小说、科幻小说。
- 可以尝试下列类型的书籍:结尾不明确的图书、可以大家一起读的图书、可以引起多个话题的图书。

三、引导讨论

- 准备10~15个不能只用"是"或"否"回答的开放式问题。
- 让每个成员准备一个讨论题目,因为每个读者关注的重点不同,这样会让每个人都能获得新的体会。
- 让讨论自然进行。
- 尽可能地让成员不要只是简单地说"我就是不喜欢",要让他们描述"为什么不喜欢"。那些引起强烈情感的书——不管是肯定的还是否定的,都会引起最热烈的讨论。
- 在个人看法和对书的反应之间获得平衡,那些将时间主要花费在追忆和分享个人感受方面的读书会失去了读书会的本质。

四、提出适合讨论的问题

- 书的题目和内容有什么联系?
- 书中的角色是否可信?

- 什么导致主角令人同情或不令人同情？
- 为什么某个角色会有那样的行为方式？
- 作者在使用某些词语时是否和我们不同？作者是否创造了某些新的词汇？
- 书的结构如何？是倒叙吗？你认为作者为什么要采取这种方式？
- 你在书中发现了什么标志性的东西？它代表了什么？书中的角色是如何看待的？
- 书中的场景对主题揭示的重要程度如何？
- 该书最大的优点和不足是什么？
- 作者试图在书中表达什么？他表达成功了吗？

五、拓展

- 作者的世界观是什么？
- 该书是否涉及到了广泛的社会问题？
- 和其他同类书相比，该书有何特点？有根据该书改编的电影吗？你觉得电影和书相比如何？

（二）培训读书会带领人

读书会活动开展的效果在很大程度取决于带领人的能力。条件成熟的图书馆应该对读书会带领人进行培训，包括带领讨论的能力和技巧、交流合作能力、数字推广能力等。台北市立图书馆就先后举办过"读书会领导人培训""儿童读书会带领人培训""英语志工教育训练"等课程。这种培训可以培养更多的读书会骨干，以便开拓更多的社区和学校读书会。

三、读书会的管理

（一）收集整合读书会信息

1. 收集信息

图书馆应该将读书会的信息进行整合。图书馆本身承担着社区信息中心的职责，应该全面了解本社区内读书会的具体情况，并且向读者推荐相应的读书会。这就需要图书馆对读书会的信息进行整合并做好相关的咨询服务工作。图书馆需要掌握本地区每个读书会的信息，包括读书会的规模、读书会面向的群体、读书会的活动周期、读书会的重点阅读读物等，将这些信息进行整合并提供给读者，会方便那些有兴趣参加读书会的人群选择适合自己的读书会。

美国阿特尔伯勒公共图书馆收集整合读书会信息

我们欢迎所有阿特尔伯勒地区的读书会在阿特尔伯勒公共图书馆建立一个读书会账号。读书会不一定必须在图书馆举行活动。

所有的读书会需要提供：

- 读书会的名称
- 联系人和联系方式
- 读书会活动日期安排和讨论书籍安排
- 如果需要讨论的书籍不能提供，则需提供备选的书籍名称
- 所需要的副本量
- 图书馆参考咨询部
- 为每一个读书会建立一个帐号
- 为每个读书会的专用资源箱提供标识

高雄市立图书馆读书会成立申请表

读书会名称		登记日期	年 月 日
编　号			
宗旨（特色）			
成立日期	年　月　日		
发起机关、团体、社区			
聚会时间地　点			

续表

聚会人员名单（共　人）	姓　名	联络电话	手　机	联系地址	E-MAIL
召集人	姓　名	联络电话	手　机	联系地址	E-MAIL
研读书目					
审核意见					
审核结果					

2. 传递信息

收集完相关信息之后，需要将这些信息进行整合并提供给读者，从而让读者了解身边有哪些读书会，读书会主题是什么、活动周期是多长，从而选择自己感兴趣的读书会。美国很多公共图书馆的网页上设有读书会的专区。为方便读者选择适合自己的读书会，大部分公共图书馆会将下属读书会的面向人群、组织简介、讨论时间及领导者的邮箱地址等基本信息以列表的方式明文写出。美国科罗拉多州的丹佛图书馆就在网上公布了2014年该馆各读书会的时间安排、讨论书目及活动地点，吸引了更多潜在读者的加入。

3. 展示读书会活动

除了整合读书会基本信息，图书馆还可以对读书会的阅读交流情况进行展示。读书会的阅读讨论成果，经图书馆整合后，会以展览、网站推荐等多种形式展示出来。美国伊利诺州的斯科基图书馆就在线上以列表的形式展示了各读书会讨论过的书单，并按照字母排序，包括书籍的题名、作者及讨论的年份，充分显示了该馆读书会的历史与当地读者的阅读素养。普林斯顿图书馆会将讨论的书籍以图片滚动的方式呈现出来，以吸引更多读者选择阅读。

（二）促进读书会之间的交流

读书会之间需要进行交流，那么图书馆需要为读书会之间的交流提供机会，从而使各个读书会之间相互学习，取长补短，形成合力，更好地促进读书会的发展。图书馆可以采用座谈会、小型研讨会的形式将读书会主要负责人召集到一起，共同协商图书馆的发展。在某些地方，这方面的工作由政府文化管理部门牵头来做，也有图书馆已经认识到图书馆应该成为培育读书会发展的载体，开始探索发展读书会，促进读书会之间的交流。在这方面，深圳图书馆已经开始尝试。2010年，深圳图书馆举办了以"阅读在民间"为主题的深圳民间阅读文化沙龙暨深圳民间阅读文化展活动。依托民间阅读文化沙龙的推广展示平台，深圳图书馆实现了对首批十余家深圳民间阅读读书会及公益阅读推广组织的集中推介。促进读书会之间的交流需要图书馆在服务读书会上有所作为，这样才有能力召集各读书会相聚在一起。

（三）评优激励

图书馆应该制定奖励制度，对本地区（社区）内的读书会进行评选并奖励，激励读书会更好地发展。图书馆可以定期举办读书会评比，对活动丰富多样、阅读效果显著的读书会，图书馆可以公开表扬，也可以在资源提供、资金支持等方面给予实际奖励。台湾高雄市图书馆制订了对读书会的奖励办法，给予优秀的读书会团体公开表扬及现金奖励。读书会会员可优先录用为图书馆义工，参与图书馆的说故事、图书导读等活动。读书会团体及会员可优先成为图书馆相关活动的合办单位及讲师。图书馆还协助读书会登记立案，为读书会争取政府部门的经费补助。

附 文

蒲公英读书会章程

第一章 总 则

第一条 蒲公英读书会是由爱好读书，并有志在教育教学和推广读书活动方面有所作为的教师自愿组成的群众性社团组织。

第二条　读书会宗旨是"以书会友，以书修身"，建设学习型组织。

第三条　读书会口号为"立身以立学为先，立学以读书为本"。

第四条　读书会的任务是提高学校教师的教育理论素养和教育实践的创新能力，实现向"学研型"教师的转变，促进教师的个人发展。调动全校师生读书的积极性，全面推进图书漂流活动，开展儿童文学推广研究，营造书香校园，推进学校课外阅读，引导学生阅读，并探索新课程背景下，语文教学与课外阅读的关系，发展儿童的母语教育，提高学生的人文素养。

第二章　组　织

第五条　读书会设顾问2名，会长1名，秘书长1名，后勤组长1名，美文组长1名，教师读书组长1名，学生读书组长1名，校刊主编1名，责编2名，读书会网站（或博客）设主管1名，管理员若干名。

第六条　顾问职责是为教师读书会提供指导性意见和咨询工作。

第七条　会长职责有以下方面：

（一）定期召集和主持读书会；

（二）负责制订或修改读书会的章程；

（三）向学校行政管理部门汇报读书会的活动开展情况。

第八条　秘书长职责有以下方面：

（一）制定每学期的读书计划；

（二）协助会长办好各项活动；

（三）团结会员并接受会员的监督，处理会员提出的建议；

（四）负责具体的日常工作及保证读书会各项活动的正常开展。

第九条　后勤组长职责有以下方面：

（一）负责读书会经费管理；

（二）负责读书会活动开支的规划与统计；

（三）负责读书会活动的相关后勤工作。

第十条　其他职责有：

（一）美文组长负责收集美文，并组织学校每周美文欣赏活动；

（二）教师读书组长负责把读书会的好书推荐给学校其他教师，组织教师们读好书；

（三）学生读书组长负责做好学校图书漂流活动，与班主任积极配合，向学生推荐好书；

（四）校刊主编负责收集读书会成员及老师、学生的优秀作品，组织发表；

（五）校刊责编负责把收集的优秀作品编辑成书，打印成册；

（六）网站主管负责博客管理，审核读书会成员发表的文章，并负责考勤；

（七）网站管理员协助网站主管工作。

第三章　会　员

第十一条　会员坚持自愿加入的原则。

第十二条　会员条件为诚实守信，爱好阅读，热爱读书会，有团队合作精神，自觉遵守读书会章程。

第十三条　会员的权利有以下方面：

（一）对读书会的工作进行监督和提出建议；

（二）有按时参加读书会组织的各项活动的权利；

（三）读书会会员有优先参加学校教育教学各项培训、学习、活动的权利；

（四）有优先获取最新阅读资讯、书籍、资料的权利；

（五）会员有对本会的组织制度、计划决策及有关负责人，提出建议和批评，并可要求有关负责人给以合理答复的权利。

第十四条　会员的义务有以下方面：

（一）坚持读书的义务。会员一学期至少研读一本教育专著，做好读书笔记，撰写读书体会；读相关经典文学著作、人物传记、科普作品等（针对爱好，会员互相推荐好书）；读儿童文学，童话、寓言、名著、漫画、科普文学等，（向学生推荐适合学生年龄特点的课外阅读作品）；

（二）自觉维护本读书会的团结、名誉、利益；

（三）为读书会发展出谋划策；

（四）负责校刊编辑及读书会课题研究的义务；

（五）负责向全校教师推荐好书，组织每周美文欣赏，致力推广校园图书漂流的义务；

（六）自觉参与读书会活动，每周按时浏览读书会博客，发表相关评论及文章，完成必要的任务，为读书会的更好发展献计献策；

第四章 活 动

第十五条 读书会原则上每月择时集中活动一次。

第十六条 开展活动的具体内容和形式有：

（一）以会员个人研读、实践为主，以群体性的交流为辅；不定期组织图书集中阅读、主题阅读、专家讲座、会员沙龙及外出采风等活动；

（二）组织读书心得体会的交流和讨论；

（三）组织读书活动，写教学随笔或读书心得，进行阶段性检查；

（四）组织专题报告；

（五）组织课例、教育案例的研讨；

（六）组织撰写教育教学叙事、教育教学案例；

（七）其他。

第十七条 活动地点根据活动形式而定。

第五章 附 则

第十八条 本会会员主动缴纳一定额度的会费，并尽力筹集赞助，专款专用。

第十九条 本章程经过读书会会员大会讨论通过后执行。

第二十条 每学期的必读书籍由学校统一购买，其他选读书籍由会员在图书室借阅、网上阅览。

第二十一条 本章程依照目前及可预见时间、可预见范围内的活动范畴设计制定，随着本会运行的深入，将对本章程及时修正、补充、完善。

第二十二条 本章程自颁布之日起开始实行，其解释权归读书会。

参考文献

[1] 邱天助. 读书会专业手册. 台北：张老师文化事业公司，1997.

[2] Taylor J. When adults talks in circles：Book Groups and Contemporary Reading Practices. Illinois：University of Illinois at Urbana – Champaign，2007.

[3] 余政峰. 读书会的团体动力因素之研究. 台湾：中正大学，1999.

[4] 邱天助. 什么是读书会 [EB/OL]. [2015-5-10]. http://m.douban.com/group/topic/37426571/?session=2c5aeef6.

思考题

1. 请结合您所在图书馆或所在地区的情况，思考图书馆要运营一个读书会应如何启动、如何运作？
2. 请了解本地读书会发展情况，制作"某某地区读书会情况一览表"。
3. 请结合您所在地区情况，提出培育本地读书会发展的方案。

> **小贴士：**
> 更多内容请参考延伸阅读《读书会讨论带领秘诀》。

第七讲

阅读推广类导刊导报的策划、编辑与传播

徐 雁 李海燕 蔡思明[*]

自20世纪末以来，我国图书馆界的一些有识之士，心怀对书文化的浓厚情意，深忧当代读者阅读人文、科学经典图书和地方文献的缺失，以及"国民阅读率"持续不断走低的现实，在"轻、浅、泛阅读"风气和"数字阅读"习惯日益演变为阅读新常态的背景下，创意性地编印了一批各具特色的阅读推广类报刊，旨在推介好书，培植读书人口，播送书香情意，改善和提升阅读质量，营造全民阅读的社会风气。

掀起此轮馆编阅读推广类导刊导报之风的，先后有浙江嘉兴图书馆创刊并编印的《秀州书局简讯》活页（1994年4月15日创刊，编印至2006年10月24日第242期时停刊）、浙江温州图书馆创编的《温州读书报》（1997年1月创刊，编印至今），及江苏南京凤凰台饭店凤凰读书俱乐部创编的《开卷》杂志（2000年4月创刊，编印至今）。[①]多年之后，浙江海宁图书馆于2007年创编了《水仙阁》杂志，江苏太仓图书馆于2008年创编了《尔雅》杂志、江阴图书馆于2009年创编了《读读书》杂志、东莞图书馆于2010年创编了《易读》杂志，同年金陵图书馆创编了《阅微》杂志。作为先行者，它们引领了全国公共及院校图书馆创编阅读推广类杂志的时尚，功不可没。

如今，以阅读推广、乡土文化导读为主旨的馆编阅读推广类导刊导报，逐渐成为全民阅读推广和分众读物推荐的新平台。以文献性质而言，它们都属于"非正式出版物"，大致近乎西方"灰色文献"（Gray Literature）的学理范畴。[②]本讲内容拟以2014年中国图书馆阅读推广类"十佳内刊内报"为中

---

[*] 徐雁，南京大学教授，兼中国阅读学研究会会长、中国图书馆学会阅读推广委员会副主任。著有《秋禾书话》《藏书与读书》等，策划并参与主编有《全民阅读推广手册》《中国阅读大辞典》及"全民阅读书香文丛"等。李海燕，南京大学硕士，金陵图书馆业务办公室副主任，阅读推广导刊《阅微》主编，兼任中国阅读学研究会副秘书长。蔡思明，南京大学硕士，现任南京邮电大学图书馆阅读推广导刊《书林驿》执行编辑。

① 徐雁.《开卷》杂志的前世今身//徐雁. 纸老，书未黄. 深圳：海天出版社，2013.

② 周文骏. 图书馆学百科全书. 北京：中国大百科全书出版社，1993.

心，概括总结图书馆所编阅读推广类导刊导报的具体业务实践，简要叙述有关的知识、经验和做法，以使这一阅读推广平台在全民阅读推广常态化建设进程中，扮演更务实更显著的传媒角色，发挥出更全面的知识影响力和文化传播力。

第一节　当代图书馆界阅读推广类导报导刊概述

一、阅读推广类"十佳内刊内报"

2014年4月初，由中国图书馆学会阅读推广委员会与苏州图书馆等共同主办，中国图书馆学会推荐书目委员会与苏州市图书馆学会协办的2014年中国图书馆界阅读推广类内刊内报专题座谈会，在苏州图书馆举行，来自我国图书馆界的80余人参加了本次会议。

在会上，时任中国图书馆学会阅读推广委员会主任的吴晞研究馆员言简意赅地分析了馆编阅读推广类报刊的价值，指出了其在阅读推广中的独特作用。中国图书馆学会副理事长、北京大学教授王余光宣读了2014年中国图书馆阅读推广类"十佳内刊内报"的评选结果。综合全国读者的网上投票、苏州读者的现场投票及业内专家学者的评选意见，《今日阅读》《水仙阁》《尔雅》《读读书》《阅微》《易读》《文澜》《书乐园》《书林驿》《温州读书报》等荣获2014年中国图书馆阅读推广类"十佳内刊内报"奖。

随后，来自杭州图书馆的王恺华、金陵图书馆的李海燕、苏州图书馆的江少莉、海宁图书馆的王丽霞、太仓图书馆的赵书苑、南京邮电大学图书馆的蔡思明、温州图书馆的卢礼阳等，就有关各报刊的编辑经验和心得做了交流发言。最后，由中国图书馆学会阅读推广委员会副主任、南京大学教授徐雁从创办宗旨、编辑组稿、读者对象定位以及装帧、排版、插图等方面，对部分报刊做了点评，指出装帧形式上的"可爱性"、文章内容上的"可读性"和为读者喜闻乐见的"可推广性"，应该是考量、检验一份阅读推广类报刊得失的三个主要标准。现将获得表彰的首批"十佳内刊内报"简介如下：

（一）《今日阅读》：中国图书馆学会阅读推广委员会会刊

《今日阅读》系中国图书馆学会阅读推广委员会会刊，由苏州图书馆馆员江少莉任执行编辑。2008年底试刊，2009年春正式创刊，季刊。设有"阅读讲演堂""阅读数字化""晒书大家乐""品茗书话室""书香环球风""导读书目簿""天地阅览室""亲子阅读坊""新书推介榜""说书可园亭""姑苏读书台"等栏目，刊登有关阅读文化、藏书阅读史、数字阅读、亲子阅读、阅读推广活动报道、书店见闻、书话、书评、主题推荐书目等方面的内容。

该刊着眼于全民阅读推广工程，力图沟通图书馆界与阅读界、书业界的交流，既注重阅读学理论的研究，刊登有关阅读文化、阅读史、数字化阅读等学术文章，又关注图书馆具体的阅读指导工作，刊发来自图书馆阅读推广实践领域的经验总结、活动报道和会议综述；既着眼于全民阅读的整体研究，又关注个人阅读史；注重编读互动，通过"书间漫游点名"及"影响我心智成长的N本书"征文，鼓励读者参与阅读话题的讨论。

该刊主要面向中国图书馆学会阅读推广委员会委员、县市级以上公共图书馆及部分高校图书馆的馆长、馆员，以及一些民间读书类报刊的爱好者。自2014年夏开始，由陆秀萍馆员接任执行编辑。

（二）《水仙阁》：海宁图书馆馆刊

《水仙阁》由浙江省海宁市图书馆馆长王丽霞、副馆长汪莉薇分别担任正、副主编，原馆长子午源（陆子康）任执行主编。创办于2007年，季刊。编者力求将乡土文化性与知识可读性加以融合，注重文章品位。设有"紫微讲坛""海宁人物""海昌风情""文献一勺""文史随笔""如烟往事""新书之叶""读书台书话""水仙阁雅赏"及"馆情动态"等栏目。

作为一份反映海宁文化底蕴的读物，该刊编风严谨，格调文雅，版面疏朗。自2013年第1期始，该刊即为中国图书馆学会阅读文化研究委员会基地刊物，两年后，为中国阅读学研究会、中国图书馆学会阅读推广委员会"指定书香园地"。目前印行量已从最初的300册增至1720册，入选"海宁市领导干部推荐书目"，并与海宁市旅游行业协会联办，成为宣传海宁城市形象的重要文化名片之一。2014年12月，编印了一期"海宁图书馆诞辰110周年暨新馆开馆纪念特刊"。

（三）《阅微》：金陵图书馆馆刊

《阅微》由江苏省南京市金陵图书馆馆员李海燕担任主编。创办于2010年10月，双月刊。旨在倡导大众阅读，播撒读书种子。设有"卷首""访问""专稿""文笔""人物""行旅""赏读""荐书"等栏目。结合图书馆馆藏文献资源，注重发掘经典文献及南京地方文献，主张文本的延伸阅读，并关注多元化的读书观，努力包容多样化的阅读兴趣。在编辑特色上，以组织和编辑特刊、专刊和纪念刊为主，如创刊号即为"金陵图书馆新馆开放纪念"专号，随后有"钱锺书先生诞辰100周年纪念""'上学记'：过去的学校""南京方言""书·光影：爱与人生""'馆员书评'活动特刊"等专刊，受到读者的欢迎。

（四）《尔雅》：太仓图书馆馆刊

由江苏省太仓市图书馆馆长王雪春、周卫彬担任主编，沈枫、赵书苑任执行主编。创办于 2008 年春，初期为双月刊，后改为季刊。内容主要由乡土文化与读物推荐两大板块组成，旨在传承和弘扬娄东乡土文化，传播"生活期待阅读，阅读滋养生活"的书香理念。

自 2014 年第 1 期（总第 35 期）起改刊为 32 开窄幅本，设有"乡土""书卷""初生""尘世"四大板块。先后策划多期主题专辑，如"乡下月"专辑（总第 9 期）、"南社"专辑（总第 25 期）、"亲爱的小孩（总第 36 期）"专辑等。自 2014 年第 2 期始，为中国阅读学研究会、中国图书馆学会阅读推广委员会"指定书香园地"。

（五）《读读书》：江阴图书馆馆刊

先后由江苏省江阴市图书馆馆长陈蓉、宫昌俊担任主编，陈云昭任执行编辑。创刊于 2009 年元月，季刊。追求有趣味、紧贴阅读热点的编辑策划，注重刊登文化名家的读书故事，版面设计清新而简约，宣扬"阅读的美好"，打造"阅读的美餐"。

除策划各种专题之外，常年设有"在书房""在写书""在读书""在生活"四大板块。其中"在书房"专栏，先后采访过杨键、叶兆言、许知远、马家辉、柴春芽、许纪霖、莫砺锋、祝勇、郦波、郁志刚等众多学者、作家和诗人，并结集为出版读物——《阅读时节：与阅读有关的趣味、经历和感悟》（陈蓉、陈云昭编著，中国社会科学出版社，2013 年版）。

（六）《易读》：东莞图书馆馆刊

由广东省东莞图书馆馆长李东来、副馆长冯玲分别担任正、副主编。创办于 2010 年第七届"东莞读书节"之际。追求普及性、知识性、可读性和"大信息量"，内容涉及图书导读、学习方法、数字阅读、藏书出版、阅读活动等各方面。既关注阅读的现实话题，又追寻阅读的历史脉络；既有原创的书人、书事、书话、书评文章，又有利用图书馆丰富的文献资源和独有的检索工具提供的大量信息。每期刊登的重点栏目"本期关注"颇有特色。

（七）《文澜》：杭州图书馆馆刊

《文澜》为浙江省杭州图书馆创办，并与华宝斋合作编印的一份线装本地方人文类杂志。刊名取意于清代乾隆年间在杭州收藏《四库全书》的文澜阁，旨在挖掘杭州城的文脉渊源，揭示杭州社会的风土人情，弘扬历史古都的人文内涵。设有"吴山天风""孤山听雨""湖畔小酌""南屏晚钟""蕉石鸣琴""天放一角""笕十八味""仲夏夜梦""柳浪闻莺""十里琅珰"等专栏，囊括人文地理、民风世俗、典故史料、书评、书话等文章。

（八）《书乐园》：东南大学图书馆馆刊

由东南大学图书馆创办编印，于 2009 年创刊。该刊充分利用图书馆文献信息资源、区位和科研优势，结合丰富多彩的阅读活动，使读者感受"阅读分享智慧，阅读分享快乐"。目前已成为集电子版（有声）、纸质版、网络版三位一体的阅读推广平台。读者可通过官方网站、微博、BBS、人人网、学校电子屏及宣传海报等了解《书乐园》，可通过在线（互动）、下载电子版、免费领取纸质版等方式进行阅读。

（九）《书林驿》：南京邮电大学图书馆馆刊

由南京邮电大学图书馆创办编印。2013年底试刊，创刊于2014年1月，季刊。该刊为16开窄幅本，内文60页，以提升大学生人文素养、建设"书香校园"和"学习型图书馆"为办刊宗旨。设有"书林杂谈吧""驿站导读榜""好书漂流舫""学海悦读坊"和"驿缘文化站"五个栏目。"书林杂谈吧"针对一个有关阅读的话题，收录相关随笔、散文、杂文等；"驿站导读榜"刊登对大学生阅读起积极导向作用的书评、书介；"好书漂流舫"收录专题书目，并鼓励大学生相互荐书；"学海悦读坊"主要记录大学生与书有关的成长故事；"驿缘文化站"报道与南京邮电大学图书馆有关的文化业务活动。该刊力求成为南京邮电大学图书馆与读者进行友好沟通的"书林驿站"，努力营造科技与人文并存的校园文化氛围，展现南京邮电大学图书馆"传播学术资讯，增殖知识财富，以书育人化人"的精神风貌。目前有纸质版（每期印行1000册）、网络版、手机版等多种形式。

（十）《温州读书报》：温州图书馆馆报

由浙江省温州市图书馆创办编印。于1997年元月创刊，是一份八开四版的月报，至今为止已发行200余期。分为"文讯""书窗""书香""瓯风"，拥有一支来自全国20余个省、市、自治区多达880余位的作者队伍，已形成比较鲜明的"发掘温州乡土文献"、"传播地域文化成就"、"与读者分享读书心得"三大特色。办报经费经历了从起初的自筹自支，到协作单位补贴资助，进而到办出影响和声誉后被政府财政列项支持的过程。厦门作家曾纪鑫认为，《温州读书报》脚踏实地，具有一种静水深流的"柔韧与强

大"。

在 2014 年中国图书馆阅读推广类"十佳内刊内报"评选活动中，温州市图书馆创编的《籀园》、成都图书馆创编的《喜阅》、常熟图书馆创编的《读书台》、陕西省图书馆创编的《陕图读览》、湖北省图书馆创编的《读者空间》、河北联合大学（建设路校区）图书馆创编的《阅读疗法工作通讯》、山东宁阳图书馆创编的《宁阳读书人》、张家港图书馆创编的《静观》、中原工学院图书馆创编的《中原书廊》、灵川县图书馆创编的《诗意灵川》、吴江图书馆创编的《启明书友》、长沙理工大学图书馆读者协会创编的《云湖导读报》、海军航空工程学院青岛校区图书馆创编的《悦读时光》，获得了 2014 年中国图书馆阅读推广类内刊内报提名奖，从而为各级各类图书馆树立了一批可予学习、效法的典型。

二、作为中国阅读学研究会会刊的《悦读时代》

"北有《博览群书》，中有《今日阅读》，南有《悦读时代》。"在中国当代读书界、编辑出版界和图书馆界引领着大众读者的，除光明日报社编印的《博览群书》杂志及前述的《今日阅读》外，还有一种是 1991 年 5 月成立于重庆师范学院的中国写作学会阅读学专业委员会（习称"中国阅读学研究会"）编印的会刊——《悦读时代》。

作为中国阅读学研究会会刊的《悦读时代》，创刊于 2009 年，16 开本，由东莞图书馆主办。该刊旨在培育"书香精神"，积极传播"读书种子"，倡导"左书右网"的阅读理念，以推动"全民阅读"活动为己任，追求"人生悦读、悦读人生"的理想境界。

第七讲 阅读推广类导刊导报的策划、编辑与传播

《悦读时代》每期内容大致分为9个单元：①名家谈阅读：探讨阅读学领域的新观点、新理论，或是阅读学方法论的应用、存在的问题及解决方法等，从专家的角度介绍学科研究的现状和趋势，对读者可起到理论联系实际、方法引导实践的启发作用。②阅读人物：中外读书界人物的访谈或介绍文章，这里有许多不曾为人所知的文人轶事，还包括封底每期一位的文人雅士简介。③阅读闲趣：讲述书与人的故事，分享阅读的乐趣，情感真挚而淳朴。④书话书评：对新书或旧书的评介，所录文章中对书的思考与理解既可推广好书，也可促进读者之间的交流和探讨。⑤民间书声：或记载与阅读有关的活动，或介绍一城一地的特色人文书店，或讲作者自己的淘书经历，是了解民间书事的直通车。⑥阅读联话：是本刊执行主编、东莞学人徐玉福先生的专栏，以连载形式刊登，对古今名人宅邸的联语进行介绍和研究，探寻其出典，宣示其中的文学和美学价值。⑦莞邑人文：对东莞地方文史的介绍和回忆，以及东莞地区的书事简讯。⑧书僮专栏：分为书僮"悦读在线"和"书僮荐书"两个专栏。前者主要搜集全国图书馆界、阅读学界的最新动态，并将其及时报道给读者；后者则把书林学海中值得浏览的好书，直接提供给读者。

"阅读改变人生，悦读享受人生"是《悦读时代》所要传达的理念。该刊全心致力于使阅读大众化、趣味化，充分体现着中国阅读学研究会提高公众阅读水平、倡导终身阅读习惯，进行阅读指导、推动阅读问题研究的宗旨。其核心理念是"阅读好书"，而立意则是"悦纳知识"，让读书求知、明理力行成为人生的乐趣。为此，该刊前期曾努力策划组织诸如"东莞4·23世界阅读日专刊""新碶5.25中国阅读学年会专刊""第四届福州读书月专刊"

155

"创刊一周年纪念专刊"和"来新夏教授米寿贺刊"等，从而既突出了《悦读时代》推广阅读的使命，也展现了阅读学界多姿多彩的业内生活。自2015年起，停止发送印刷本，改为线上传播。

三、公共图书馆编印的阅读推广导刊导报

如今，各地公共图书馆创编的阅读推广类杂志，方兴未艾。如湖北省图书馆的《读者空间》，陕西省图书馆的《陕图读览》、湖南省图书馆的《公共图书馆阅读与推广活动情况报告》、深圳图书馆的《行走南书房》、广东佛山市联合图书馆的《南风》、中山市图书馆的《心灯·心语》、南通图书馆的《文献与信息》、宿迁图书馆的《阅读文化》、无锡图书馆的《锡图广角》、浙江省温岭图书馆的《阅读温岭》、嘉兴图书馆的《味书轩》、德清图书馆的《问红》、台州路桥区图书馆的《商都文化》、杭州少年儿童图书馆的《放学后》、上海青浦区图书馆的《清阅朴读》、虹口区图书馆等的《绿土》、浙江慈溪图书馆协办的《上林》、桐乡图书馆协办的《梧桐影》等，莫不争奇斗艳，共同丰富着我国阅读推广导刊的园地。

仅在江苏省苏州市，由图书馆编印的阅读推广类导刊、导报就有10余种，导刊如张家港市图书馆有《静观》、常熟市图书馆有《读书台》、太仓市图书馆有《尔雅》和《娄东少儿导读》，苏州市吴江区图书馆有《开卷有益》；导报有苏州图书馆的《天香》、张家港市图书馆的《港城读书》、常熟市图书馆的《书香常熟》、吴江区图书馆的《起名书友》、昆山市图书馆的《传是新予》等。

四、方兴未艾的校园阅读推广导刊

除上述荣获2014年中国图书馆阅读推广类"十佳内刊内报奖"的《书乐

园》《书林驿》《中原书廊》《云湖导读》《阅读疗法工作通讯》外，浙江师范大学图书馆的《图文资讯》、九江学院图书馆的《濂溪》、连云港高等师范专科学校图书馆的《清风》、西交利物浦大学图书馆的《西浦馆韵》、南京林业大学图书馆的《信息与读者》、南京师范大学泰州学院图书馆的《伴读》、南阳师范学院图书馆的《绿茵文苑》、江苏教育学院图书馆的《阅读时光》、太仓健雄职业学院图书馆的《健雄导读》等校园阅读推广导刊，也各有特色。仅在2014年，就有中原工学院图书馆创编了《中原书廊》、武汉大学图书馆创编了《文华书潮》、无锡科技职业学院创编了《吴风书韵》；2015年春，又有南京工业大学图书馆的《劝业乐学》、南京艺术学院图书馆的《一品阅读》等问世。

第二节　如何策划一份阅读推广类杂志

　　杂志是一种具有固定名称，按照一定编辑方针，以期、卷、号或年、月为序，定期或不定期连续出版的印刷型文字读物，由编辑者将众多不同作者的作品汇集成为一期问世，故称"期刊"或"刊物"。

　　当下在图书馆界方兴未艾的阅读推广类导刊导报，其基本传播目标和终极人文关怀，在于建树、培植和提升社会大众的阅读情意（价值观），宣传、评介和推介馆藏读物，尤其是书林学海中的好书佳作、名著经典，倡导书香精神，引领阅读，传承人文精神。因此，与此有关的诸如个人读书、淘书、藏书故事，读书习惯的养成，阅读素养的积累，以至于具体的阅读方法和阅读理念等，都应该借助散文、随笔、书评、书目等文体加以表述，并予以刊登发表，以广传播。图书馆馆办阅读刊物正呈现着欣欣向荣之势，并成为图书馆推广阅读的一大趋势与特色。其中有些馆编报刊着眼于地方文化，有些馆编报刊则重点在阅读推广，着眼点虽有不同，却有和而不同、异曲同工之妙。

　　需要特别指出的是，由图书馆编印的业务交流型馆刊不同于馆编阅读推广类导刊。馆编阅读推广类报刊也不同于各级图书馆学（协会）秘书处自编自印的，以会（馆）员为读者、以业界同行为交流对象的通讯类会报。馆编阅读推广类报刊的重点是图书馆内外的读者，因此，倡导阅读价值、指引阅读方法、提供馆藏读物信息、推动社会阅读风气，是其主要职责所在和功能所向。因而刊名、刊期、开本、装帧设计，及读者定位、作者队伍等，都是其创编之初需要最先明确的。

一旦确定创刊，则应执行国家新闻出版广电总局的部门规章《内部资料性出版物管理办法》的要求，立即备妥有关资料，按程序向当地书刊出版行政主管部门正式提出申请一份"出版准印证"，因为在现行的出版审批制度下，"准印证"是被相关政府主管部门所认可的一份"出生证"（详见本讲附文）。

在获得"准印证"之后，应当在杂志的版权信息位置刊出所获"准印证"号，并明确标示"内部报刊，仅供赠阅、交换"之类的字样。如《今日阅读》和《悦读时代》均在封底或扉页处印有"内部资料，免费交流"八字，前者公布的"准印证"号为"苏新出准印 JS-E057 号"，后者为"莞准印字第 DG2015-014 号"，从而将自己的"非正式出版物"身份明确昭告读者和作者。

一、 杂志的命名及其文化创意

杂志的名称，即"刊名"，是反映一份杂志基本内涵的首要的文字符号和文化标识，如《今日阅读》《悦读时代》《读读书》《书乐园》《温州读书报》等，莫不开宗明义，主旨鲜明。

一个让人喜闻乐见的"刊名"，是创编者信息、学识和智慧的集中体现，常常能够让读者获得朗朗上口、过目难忘、心悦神纳的审美接受效果。如袁逸在为《读读书》五周年纪念刊所写的文章《喝喝茶，读读书，真好！》中所评价的："喜欢《读读书》的风格。清新，淡雅，知性，内敛……""一直觉得，《读读书》的名字取得好。别致，家常，具亲和力，还有地方特色。"

假如说公共图书馆所编印的一份馆刊，兼有乡土文化导读和阅读推广的双重职能，则选择具有深厚影响的本地历史文化元素作为刊名。因遥承乡土历史的文脉，易获读者的认同，同时也可对外弘扬地方文化。

海宁图书馆创编的《水仙阁》，取名于"中国第一个县级公共图书馆"海宁图书馆在 1904 年的诞生地——盐官镇海神庙中的"水仙阁"。

常熟图书馆创编的《读书台》，取名于"与其饱食终日，宁游思于文林"的昭明太子萧统在常熟虞山南麓的读书处，而此处古迹，恰又与常熟图书馆1915年的诞生之地相邻。

温州图书馆创建于1919年，其前身为"旧温属六县联立籀园图书馆"，是当地知识界人士为纪念清末朴学大师、教育家孙诒让而建。当年，选址九山湖畔建立籀公祠，并于祠旁构筑藏书楼，以嘉惠后学，故称"籀园"。2011年，该馆恢复了20世纪40年代由原籀园图书馆编发的馆刊《籀园》。

太仓图书馆创编的《尔雅》，从表面上看似乎是沿用了"中国辞书之祖"《尔雅》之名，但实际依据的涵义还有更接地气文脉的一层，即明代太仓文史学家王世贞，将平生所得宋椠元刊之书藏于"尔雅楼"的典故。史载该楼当年珍藏有《周易》《礼经》《毛诗》《左传》《史记》等3000多卷"国宝级"的宋版书。

张家港图书馆创编的《静观》，初看去似是要倡导一种"宁静观览，书香致远"的读书观，实则来自当地杨舍乡藏书家叶廷甲建在叶氏支祠内的"静观楼"。叶氏是继徐霞客之后的又一位旅行家，史载其"七十外腰脚犹健，尝游黄山，泛太湖，访林屋洞天。逾钱江，涉曹娥，观天一阁藏书。旋至山阴，探禹穴，寻修禊故址。所至皆记之诗之"。正是他以惺惺相惜的态度，在静观楼中重新校勘增版了《徐霞客游记》，使该书名扬海内外。

为合理利用乡土文化资源，赋予杂志一定的人文内涵，图书馆也可以采用略为变通的处理方式。如嘉兴古称"秀州"，历史上人杰地灵，人文荟萃。2014年，嘉兴图书馆想要创编一份馆刊时，先后有人提议用"墨林""天籁阁""味水轩"和"秀州书香"等为刊名。最后老馆长崔泉森先生建议易"水"为"书"，从而定下刊名为《味书轩》。"味水"与"味书"在吴语中发音殊近。"味水轩"是明代嘉兴收藏家李日华的室名，其所撰《味水轩日记》颇有文名。

再如金陵图书馆的《阅微》与成都图书馆的《喜阅》。前者以"阅文品书，微言大义"八言为编辑宗旨，藏刊名于字头，不难使人联想到清代《四库全书》总纂修官纪昀的"阅微草堂"及其名著《阅微草堂笔记》。而《喜阅》则以"喜于知，阅于行"六言为编辑宗旨，同样藏刊名于字头，且蕴含有"知行合一"的理念。上海青浦区图书馆的《清阅朴读》，用的也是谐音并藏头之术。创编者所要暗示的"青浦阅读"的含义一望可知,而"清净读书,朴实为人"的价值导向也令人回味。

院校图书馆的阅读推广类杂志主要功能在于弘扬书香情意、导读好书内涵、传播新书信息,因此,在取刊名时,可从校史文化、学科特色和人文地标等方面来创意。

武汉大学图书馆的《文华书潮》,在刊名中嵌入1920年由美国韦棣华女士和沈祖荣先生创办的文华图书馆学专科学校的学缘,然后承以"书潮"二字,寓有"书海弄潮,学业争先"的劝学励志之意;中原工学院图书馆的《中原书廊》,在刊名中嵌入校名关键词"中原",又承以"书廊"二字,鼓励读者"流连书廊,含咀书香"之意不言而喻。无锡科技职业学院之吴文化书院编印的《吴风书韵》,对称得体,显得既文雅又有内涵;南京工业大学图书馆编印的《劝业乐学》,基于该校老校址是清宣统二年(1910年)在金陵盛大举办的"南洋劝业会"中心会场,因此承以"乐学"二字,形成刊名。由此得到启迪,如果位于成都的电子科技大学图书馆主办的《花辰月汐》能易刊名为《八角书斋》(该校清水河校区图书馆大堂的建筑特征),亦必将大大增益该刊的文化地标性,增强该校师生对于杂志的认同感。

当刊名确定以后,为进一步增加文化含量和审美价值,应特邀当代文教界知名人士来书写刊名。如《今日阅读》刊名由苏州大学教授、书法家华人德先生题写,《喜阅》刊名由当代著名诗人、成都作家流沙河先生题写,《悦读时代》刊名由福州藏书家、西泠印社理事林公武先生题写,《水仙阁》刊名由海宁书法、篆刻家陈有富先生书写;《吴风书韵》刊名由南京邮电大学图书馆馆长钱军先生题写。

当然,也可选取文化名人的手迹,如《尔雅》的刊名乃移植自台湾著名书法、篆刻家王北岳先生在1975年为隐地所创尔雅出版社的题名。而"辑字"方法也是常用之道,即从我国读书、藏书名人的手迹中寻找到合适书体墨迹的汉字组合而成。如《开卷》杂志即选自鲁迅的手迹。

二、开本的安排及其装帧设计

切不可小觑一份馆刊的封面设计及其整体装帧的视觉感对读者审美接受的影响力。如《今日阅读》与《悦读时代》,虽然都取用的是16开窄幅本,以区别于在市场上公开发行的大 16 开本，但在封面设计上，两者走的是不同的文艺路线。《今日阅读》的装帧设计取的是淡雅中见西方古典的风格。其吸引眼球的，常常是编者特意从西洋画品中择取的"美女读书图"，而封底则固定为中国图书馆学会的"全民阅读"宣传图标——一个读者正在开卷读书。《悦读时代》的封面设计分为前、后两个时段，但装帧设计都走的是简朴中见中国古典的风格。创刊前段的封面设计人是东莞刘绍斌先生，四字刊名被安置在扇面图案之中，背后隐约着的是一幅中国古画和书法作品，而封底则是一帧中国文化名人如胡适、钱穆等人的读书照片。后段的封面设计人是西安崔文川先生，封面调整为每期用一幅崔氏创作的藏书票作为封面图案，从而增强了该刊的装饰性和设计感。

再如南京邮电大学图书馆的《书林驿》，无论是刊名还是装帧，都比较鲜明地体现了其所在大学的办学内涵。在封面图上，一册打开的大书旁驶过一辆古老的邮递马车，隐含着"带上一本书去旅行"的意思；而封底每期一帧以读书、学习为主题的珍邮及所附鉴赏小品文，都能引导读者在审美接受中有所遐思。该杂志的封面设计人为江苏知名的装帧家周晨先生。

周晨先生设计的另一份馆刊为《读书台》。《读书台》每期的封面画出自常熟当代画家姚新峰先生之手，以其生动和浓郁的书卷气得到了读者的认同。有读者在其个人博客上载文道："今天上午收到常熟图书馆寄赠的《读书台》创刊号和刚出版的《读书台》第二期，看到'读书台'这名字就很喜欢，由封面上知道，她还是中国图书馆学会阅读推广委员会、中国阅读学研究会所指定的'书香园地'，'园地'弥漫着'书香'，更让人感到亲切……何况这本读书杂志编得也确实不错，封面设计雅而有趣；'马上读书''守望人文''书台怀古''铁琴铜剑''经典常谈''特别推荐''新书架'……栏目丰富多彩。你简直不敢相信她是一个县级市图书馆编辑出版的。我手中有两本广东东莞图书馆主办的《悦读时代》，是中国阅读学研究会会刊……对比一下，虽说《读书台》篇目字数略少了一点，因为前面所说感到喜欢、感到亲切的缘故，所以拿在手里反而觉得比《悦读时代》厚重。"

可见出彩的馆刊封面设计和出色的整体装帧，对赢得读者的审美欢心和悦纳情绪，是非常重要的。

三、栏目、刊期的合理设置及"专刊"的约稿、组稿

设置合理的内容栏目,对于一份阅读推广类杂志来说是非常重要的。

如《易读》设有"本期关注""阅读前沿""人间书话""阅读阅读""原汁原作""E读""出版回望""书香社会""易读社区"等栏目,这些栏目的内容侧重点和选材角度各有不同,但围绕"书文化"的中心却是一致的。《水仙阁》设有"书林一叶""文献一勺""如烟往事""读书台书话""水仙阁雅赏"及乡土文化类的"海宁人物""海昌风情""馆情动态"等栏目。《阅微》设有"文笔""赏读""人物""经典""荐书"等栏目;《行走南书房》在"特别策划"之外,设有"名人谈阅""经典重现""经典品读""馆员评书"等栏目;《书林驿》设有"书林杂谈吧""驿站导读榜""好书漂流舫""学海悦读坊""驿缘文化站"等栏目,都非常具有人文特色。

安排合理的刊期,对于馆编阅读推广报刊来说也非常重要。由于我国公共图书馆和院校图书馆的人力资源和作者资源有限,馆编报刊以一年四期的季刊形式为最合理。如设置为双月刊,则不免吃力,弄不好会常常出现"脱期现象"。如《尔雅》等就经历了从双月刊放慢为季刊的过程。

当刊期确定下来之后,务必在编校时加以留心,每期刊物封面上不可或缺年、月序号,需特别留意分期号、总期号的准确性,尤其是为排架、收纳之便的印在刊脊上的总卷号(期刊界的惯例是以一年为一卷),如2005年初编创的季刊,则整个2005年为第一卷,可依次编为总第1期、总第2期、总第3期、总第4期。但一般用骑缝订形式装订起来的少于一个印张的刊物,如《阅微》《喜阅》《行走南书房》等,难以在刊脊上印字,因此,必须把总卷、期号印在封面上或封底上。

组织和编辑专刊、特刊和纪念刊,是一种突出主题、烙印人文印记、制造文化年轮,能有效吸引读者注意力的编辑手法。《阅微》编者每期都会策划一个小主题,如中外历史文化名人诞辰纪念、南京城乡特色文化,及阅读与图书馆、阅读与非物质文化遗产、阅读与电影等,并做好与馆藏文献尤其是与图书的链接(借助文本直接提供书名、著者、出版单位和出版年,以及金陵图书馆索书号,甚至专题性的系列推荐书目),以贴近读者生活,增添知识传播和审美接受的趣味,提升以阅读为生活方式之一的大众文化魅力。创刊

号即为"金陵图书馆新馆开放纪念"专号,其余如"纪念杜甫诞辰1300周年""钱锺书先生诞辰100周年纪念""朱生豪诞辰100周年纪念""纪念傅抱石先生诞辰110周年"及"庆祝第十六个4·23世界读书日""辛亥百年纪念专刊""南京味道""书·光·影:爱与人生""书·猫·阅读"等,从而将"专题"这一栏目打造成为了该刊的编辑特色,得到读者的认同和赞赏。

四、 编印"试刊"征求意见的必要性及试刊词的撰写

一份报纸或杂志在出版创刊号前,一般都要经过一期或多期试刊。但也有报刊不编辑出版"试刊号",就正式创刊发行。建议馆编阅读推广导刊、导报在正式创刊之前,先编印一期"试刊"。

"试刊号"须在杂志卷首或报纸头版下方刊发以编者名义撰写的试刊词之类文字,以广而告知读者有关该报刊的创办情况和基本宗旨等必要信息。

如2013年冬,南京邮电大学图书馆馆长钱军研究馆员在《书林驿》试刊号的"编后语"中写道:

作为图书馆的一名"知识驿差",我们的工作便是将"书""知识""信息"传递给需要它的人们。而图书馆,也正是读书人进行文化充电、书林憩寓的"精神驿站"。将青年学子吸引到书林驿站,如果使其发现有点意思的风景,愿意将其采撷收藏到人生这部大书的"书页"中,正是我们这些书林驿差的本分……今年上半年,我们图书馆作为承办单位之一,承办了中国图书馆学会图书评论专业委员会主办的全国馆员书评征文活动。暑假一同进行征文评比时,南京大学教授、江苏省政协常委徐雁先生席间建议我们将这份小刊物命名为《书林驿》,真有酣畅淋漓之快!但愿这本小刊物,能成为在南邮传播书香、让学子沐浴人文的精神园地,成为南邮校园里的另一个重要"书林驿站"。

再如2014年6月,嘉兴市图书馆馆员郑闯辉以"编者"名义所刊《味书轩》"试刊词"云:

"味书轩",意为品味图书的地方。同时,也化用了嘉兴古代名人李日华的书斋名——"味水轩"。李日华(1565—1635年),字君实,一字九疑,号竹懒、痴居士等,浙江嘉兴人。父李应筠,字怀庄,以经商致富,但富而好施,造福乡里。李日华于万历二十年(1592年)中进士,授九江推官。历任

海州佐贰副官、西华知县、南京礼部主事，后辞官归家奉养父母，里居20余年……家有"六研斋""紫桃轩""味水轩"等，作为其收藏书画之所。藏书数量达数万卷，多为文学及历史类书籍。能书画，并善于鉴别。所作笔记，内容亦多评论书画，笔调清隽，富有小品意致……"味水轩"的斋名是因了李日华酷爱品茗的习惯。在他的著作中，讲到自己所品尝的罕见名茶有数十种，如《紫桃轩杂缀》中所说的"泰山无好茗，山中人摘青桐芽点饮，号女儿茶"，这是关于泰山名茶"女儿茶"的最早记载。而《紫桃轩杂缀》中关于普陀茶"叶有白茸，瀹之无色，徐饮觉凉透心腑"的句子，也被认为是对普陀茶最传神的描述。而他最喜欢的礼物，也是朋友们不远数百里取来的一缶天下名泉。品味清茗，成了他闲居生活中的享受之一。而我们用"味书轩"做刊名，也是希望读者能像品茶一样品味经典图书，分享阅读的魅力。

总之，"试刊号"是发布办刊宗旨、征集读者建议、获得社会认同、寻求各方支持的有效方式。2013年12月4日，从事阅读学教学的专家、中原工学院图书馆馆长张怀涛先生在接获南京邮电大学图书馆寄赠的《书林驿》"毛边本"之后，即调寄《陌上花》赋词一阕，并在小引中写道："该刊是南京邮电大学图书馆的导读性刊物，文短意长，书香满满，引人入胜。"当编者获知此种反馈信息时，无疑地会在壮大自信的同时，平添敬业乐业之感。

五、发（创）刊词的构思和发布

发（创）刊词是刊物正式创刊时，在创刊号上刊登出来的，重点在于说明所办报刊宗旨、性质、意图等有关问题的随笔体说明文章。

有的编创者为了亲近读者、别致亮相，往往改以"致读者""见面的话""开篇絮语"等标题出现。如2014年春，张怀涛研究馆员为其主编的《中原书廊》所拟写的"发刊寄语"题为《阅读，就在春天》，就是一篇优美的随笔篇章，鼓励并吸引着人们"走进温馨的《中原书廊》，去领略'书'的精彩与魅力"，因为"中原沃土是广博的，中原文化是畅达的，我们生于斯，长于斯，在进出《中原书廊》之际，我们的视野，我们的胸怀，也会随着琅琅的书声，广博、畅达起来……"

作为编创者在读者群体前的第一次表态，发（创）刊词事实上也就是一份编辑宣言。读者将据此阅读并进一步理解报刊编创者的意图。在写作方法和技巧上，发刊词尽管可以随心所欲，尽情抒写，但作为一种旨在表白心意、沟通想法，以期读者接受和理解的文章，贵在态度坦诚而语气亲切，文字晓畅而语义明白，以真情、至理、雅趣服人。但在内容上，一般应说明创刊的目的、本刊的性质、办刊的宗旨和方针、编者心目中所期待的读者对象，以及对作者稿件方面的基本要求（此项内容也可通过以专门撰写的征稿启事或专题征文启事来完成）等。

以下摘选的是2014年创办的三份馆编阅读推广类刊物的发刊词。

二百六十年前，还是清朝的嘉庆年间，张家港的杨舍出生了一位藏书家，他的名字叫叶廷甲。也正是这位藏书家兼学者所建的一幢名为"静观楼"的藏书楼，才成了今天我们这份杂志名称的来源。静观天下之书，静品观天下之文，恬静而典雅，两个字就已经把读书人所应有的心态概括了出来……很多兄弟县市的图书馆，已经有了自己的馆刊，我们现在也有了属于"张图"自己的杂志——《静观》。从"静观楼"到《静观》，经历了二百多年的文化传递，我们珍惜这个名字的来历，可以说这是我们港城读书人永久的财富。相信不久的将来，《静观》杂志会成为张家港读书界和兄弟县市了解张家港文化的一个品牌和窗口。从"静观楼"到《静观》，这将是城市历史文化最完美的传承，我们办刊者将不辜负"静观"二字的含义，把每一期杂志呈现给我们的广大读者们。

（《静观》创刊号·卷首，2014年春）

"南书房，一个普通而又不普通的名字。曾经清净而神秘，是皇帝读书的地方。三百余年的风雨历程，今天是深圳图书馆经典阅览区的称谓，亲和又开放，是读者窥探中外经典的殿堂。"——2013年11月1日，深圳图书馆南书房对外开放。今天，我们创办名为《行走南书房》的阅读交流刊物。借用"行走"这样一个名、动词的转化，体现出我们办刊的宗旨：激活经典著作、倡导人文回归、沟通馆员读者、鼓励分享交流……保存文化、传承文化是图书馆的职责所在，重视经典绝不意味着排斥当下。经典以其深厚的人文内涵不断被重新解读，甚至以时尚的形式聚焦演绎，对人类文明演进发挥着持久的影响力。同样，在移动互联（网）时代，我们希望这样一本纸质移动读物，也能与您相伴。

（《行走南书房》创刊号·卷首，2014年4月）

《味书轩》……是由嘉兴市图书馆主办的以阅读推广和地方文史为主的公益性内部交流刊物，现面向广大读者及图书馆界同仁征稿。征稿要求：1. 与嘉兴有关的书、人、事。2. 讲述藏书、阅读经历的文章。文稿体裁不限，篇幅以一千至三千字为宜。文中涉及到的重要书、刊、报纸等，请随文附发相关照片。编者对来稿保留因版面需要而进行的编辑删改之权。请随文留下您的联系方式，一经刊发，将赠送样刊，以表感谢。投稿请发送至电子邮箱：379626981@qq.com。

［本刊部分文章来源于图书、报刊或网络，有作者因联系方式不详，暂时无法取得联系。请作者见刊后与本编辑部联系，以便奉寄样刊。］

（《味书轩》创刊号·卷首，2014年7月）

发刊词可以拥有独立的标题。如武汉大学图书馆馆长王新才教授为《文华书潮》所写的发刊词，题为《读书的习惯与力量》。其中阐述道："当个人养成读书习惯，就不会轻易受到愚弄。当社会形成阅读风尚，就会出现多种声音。一车柴着火了，一杯水是浇不灭的，但我们每人都有一杯水。我们创办这本《文华书潮》，就是为了鼓荡社会的读书风潮。"可谓开宗明义而又意味深长。

六、 征稿启事的撰写

征稿启事，又称征文启事，是指报刊或有关单位面向社会征求稿件时所使用的一种带有请求意味的应用文，是沟通编者和读者的重要文体。

成功的征稿（征文）活动往往以悬设奖金或奖品的方式进行征文，设若干等级的奖项，并聘请有关的专家、学者，或联合读者共同评选，以扩大征文主题的影响，尽可能赢得社会的积极参与。征稿（征文）启事的内容，一般由征稿（征文）事由直接构成标题。在正文中，一般要写明征稿（征文）的目的、对象、用途、意义，所征文稿的题材、体裁、字数等要求，必要的规则事项，如征稿（文）的起讫时间、投寄办法、评奖办法等，以及文稿单位的地址、邮编、联系人等，征稿（征文）启事一定要有征稿主体单位的名称落款和发布日期。

以下转载的是《今日阅读》编辑江少莉馆员所拟写的一份"征稿小启"和李海燕为《阅微》所拟写的"征稿启事"。

《今日阅读》征稿小启

《今日阅读》是中国图书馆学会科普与阅读指导委员会创办，由苏州图书馆承编的一份旨在倡导"全民阅读"，沟通图书馆与阅读界、书业界的公益性内部交流杂志，每年编发四期。现敬向海内外有关各界人士征稿如下：

一、本刊欢迎有关中外阅读学、阅读文化、图书文化史、图书馆读者工作方面的原创性学术文章。对于观点新颖、言之有物之作，将予特别垂青。

二、本刊欢迎有关数字化阅读研究的学术文章。来稿要求观点独到、条理清楚、引文准确无误。

三、本刊欢迎有关中外藏书史、阅读史研究的随笔文章。来稿要求叙史条理性强、引文准确无误，对于文中所涉及到的重要书、刊、报，请随文附发必要的照片。

四、本刊欢迎有关新旧图书的书话、书评文章。来稿要求文笔流畅、评介中肯，并需附赠原书，或者附发所评所话之书的书影。

五、本刊欢迎有关海内外图书馆、书市、书店的考察随记文章。要求视角独特，对于所考察的对象有新发现和新感悟，并请随文附发有关摄影图片。

六、本刊欢迎有关个人阅读成长史的随笔文章。要求有感而发，回忆真切，并随文附相关图片。

七、编者对来稿将保留因版面需要而进行的编辑删改之权。对于所刊用文稿之作者，本刊将一律赠送样刊，并酌致薄酬，以示谢忱。

八、投稿请发送至《今日阅读》专用电子邮箱：jryd@szlib.com。同时也欢迎您加入《今日阅读》在豆瓣上的讨论小组：http://www.douban.com/group/jryd/，一道分享您的阅读感受吧！

《阅微》征稿启事

《阅微》是南京金陵图书馆主办的公益阅读刊物，创办于2010年10月。刊物每期组织特定主题，栏目设置多样，倡导经典文献阅读，主张自主延伸阅读，包容多样阅读口味，发表个体阅读感悟。

刊期：双月刊

栏目：专稿、文笔、访问、人物、行旅、阅品、荐书等

要求：

1. 文章主题鲜明、观点明确；内容积极健康，言之有物；文笔流畅，脉

络清晰，富有真情实感；

2. 体裁主要为书评、人物传记、散文、杂谈等；

3. 字数一般在3000字以内，投稿一律不退，请自行保留底稿；

4. 作者可使用笔名、网名投稿，但请在文后附作者真实姓名、详细联系方式等信息，以便联系；

5. 稿件一经选用，将略致稿酬；

6. 投稿者需保证为该作品的原作者并首次投稿，如系抄袭或有其他侵权行为，投稿者应承担相关法律与经济责任。

官方网站：http://www.jllib.cn

投稿邮箱：yuewei@jllib.cn

通讯地址：南京市建邺区乐山路158号金陵图书馆《阅微》杂志（210019）

征稿启事属于报刊编者向社会作者和读者征求稿件时所使用的征求性应用文，言简而意赅是其基本的文体要求。

馆编阅读推广类报刊的征稿（征文）对象，包括有关图书馆的读者、图书馆的同行，以及业内外的一些专家、学者等。因此，对于所收到的自投稿，编辑需充分发挥自己的主观能动性，可依据本报本刊的基本宗旨、一贯风格、有关特色和当期需求等因素加以取舍选材，但不可轻易言弃，对来稿可采取全文发表或节选刊登的方式，以保护投稿者参与的主动性和积极性，维护并推高报刊的基本作者和读者群。

在自投稿之外，馆编阅读推广类报刊的稿源还须有一部分来自约稿和组稿，这就需要编辑者积极参与业内外主办的"全民阅读论坛""华夏阅读论坛""馆藏与出版论坛""全国馆社高层论坛"及"中国民间读书年会"等有关专业论坛、专题研讨会活动，在第一时间了解、熟悉和掌握专家、学者、作家、知名读书人、藏书家的读写信息和思想动态。阅读推广类报刊的编辑者要积极保持与文艺界、学术界、大专院校的联系，尤其要参与应邀来到所在图书馆讲坛（堂）开设专题讲座的作家、学者们的接待工作，以建立起密切、互信的良好人际关系，为即时交谈、采访、讲稿整理，乃至后续的约稿和组稿，奠定重要的人脉基础。

如《阅微》编者就在编辑业务的实践中形成了一个重要意识，要善于主动地将图书馆内外的读者发展为杂志的作者。因此，该杂志的专家级稿源大多是来自于与图书馆活动的结合，或是随《阅微》的组稿意向组织相关的活动。如北京大学教授岳庆平，南京师范大学教授陈虹，南京大学教授余斌、许钧、巩本栋，以及已故作家宋词先生的文稿等通过杂志传播出去，加深了《阅微》的广度和深度，使得小杂志在一定范围内渐增了"名人效应"。

此外，编者还应带动本馆馆员的读写积极性，要善于将杂志平台与图书馆活动平台互动起来，吸纳和融合有关业务，除了对图书馆讲坛（堂）聘请来的专家、学者、作家等进行采访、报道外，还应以书目、书评的形式，及时报道其讲题知识范畴所涉及的馆藏文献及讲者本人的著述作品的推介，还应参与图书馆与社会机构共同主办的诸如读书征文等活动，并及时推出专刊，加以引导和发动，或做综述和总结，发挥好传媒作用。

七、卷首语与编后语

卷首语又称"刊首语""刊首寄语"，在英文中称为"导言"（Preamble），是一种印刷在杂志扉页上的精短文章，主要功能在于凸现主旨，表达主题。它可以从作者来稿中选定，也可以由编者自行拟写，或者选摘名家佳作。

卷首语主要有两种风格。一种是为了强化刊物的风格、主旨而专门组约或写作而成的文字，其篇幅以数百字到千字为佳。如江苏常熟图书馆的《读书台》创刊以来，先后选刊了钱穆、胡适、汪曾祺等现代名家有关读书、求学的精粹言论作为开卷之作。再如浙江温岭图书馆的《阅读温岭》，在2013、2014年先后组约了徐雁的《人贵有阅读之志》、朱永新的《愿书香飘溢吾土》、黄镇伟的《读书贵在"精熟"而"致用"》、郭英剑的《今日阅读将走向何方?》、曾祥芹的《读书·阅网·观景》、王余光的《"书香之家"与图书馆阅读》等言简意赅的"千字文"，获得了良好的读者接受效果。

卷首语也可以是所在图书馆的馆长（往往兼任导报导刊主编，并另设执行主编或责任编辑人员）写作而成的"专稿"，以体现主旨性和导向性。如《文华书潮》自2014年创刊以来，先后刊登了王新才的《读书的习惯与力量》和《经典的魅力》、黄鹏《不动笔墨不读书》等，作为"开卷"栏目的专稿。

以下选载的是先后担任江阴图书馆馆长的陈蓉、宫昌俊分别在《读读书》创刊号和五周年纪念刊上所写的两篇刊首语，不乏文采和理涵，足资参考。

新年伊始,飘溢着墨香的《读读书》,穿越又一个冬日,以一种谦逊、温和、不失大方的表情,呈现在读者面前。这是江阴图书馆人一份特殊的早春问候……倡导读书的虔诚姿态,从《读读书》这份刊物创意、策划到面世,逐渐清晰……现在,让"读读书"这样平凡、普通、不张扬,甚至并不引人注目的举动,成为这个时代应有的姿态,把它融入生活,融入内心,成为不可替代,并在延续、进步、补充和完善中,确定我们个性化、坚定化的人生态度。——平常的日子里,我们一起读读书,这束心里的光亮,恰好是穿窗而过伏在你书本上的阳光,可以温暖你一辈子!

(陈蓉《读读书》,见《读读书》创刊号卷首)

作为基层公共图书馆,江阴市图书馆从 2008 年开始,就把"全民阅读推广"工作作为图书馆的核心工作来抓,并且在 2009 年提出了"幸福生活,从阅读开始"的促读口号,积极开展各种阅读推广活动。其中《读读书》杂志的创办,更是直接地突出了"为读者找书,为书找读者"的服务功能。可喜的是,经过 5 年时间的办刊历程,《读读书》在公共图书馆业界以及青年阅读者群体中产生了较大的影响……我们期望在大家共同的努力下,能够带领更多的人感受阅读的美好!

(宫昌俊《生命因阅读而宁静》,见《读读书》五周年纪念刊卷首)

南京邮电大学图书馆馆刊《书林驿》的体例是以约稿、选载名家名作作为每期卷首语的。自 2013 年底试刊以来,已先后选取朱永新、吴晞、梁晓声、徐雁、曹文轩、张炜等人的阅读精论作为卷首语。因此,体现编者主旨、传达编者情志的篇章,就只能退居为编后语了。

我们的《书林驿》,能做些什么?不求轰轰烈烈,但求润物无声。林语堂说,"读书的主旨在于排脱俗气"(《论读书》),"教育和文化的目的不外是在发展知识上的鉴赏力和行为上的良好表现。有教养的人或受过理想教育的人,不一定是个博学的人,而是个知道何所爱何所恶的人。"(《人生的盛宴·文化的享受》)也许,我们并没有耳提面命说教的资格和能力,我们希望"驿站导读榜"、"学友荐书录"中的篇章,只是娓娓地述说,细细地咀嚼,慢慢地品尝——"山水有缘再相逢,天涯相知若比邻",好书不应该寂寞,人与书若能相逢相知,亦是一种机缘……我们想营造一种意境,一种文化的意境,一种书文化的意境。在这样意境中，让读者耳濡目染，懂得对好书的欣赏、对文化人的赞赏、对价值的鉴赏，进而获得身心愉悦的"心"赏。

（钱军《"而今迈步从头越"》，见《书林驿》创刊号卷首）

在新的一年里，《书林驿》带来了一些新的变化。2015年新设栏目"学海悦读坊"，该栏目由南京邮电大学读书协会协助策划和组稿，记录校园书人、书事、书语。大学生们用他们的青春之笔，通过阅读来感怀喜怒哀乐。这样一股新鲜血液的注入，带来的是更富活力和动感的《书林驿》。同时，为更广泛地向作者推荐好书，在原有"学友荐书录"的基础上，新设"好书漂流榜"栏目，我们在此也热烈欢迎社会各界人士通过"好书漂流榜"这个平台，以自己独特的人生阅历为读者推荐好书，让好书从《书林驿》开始，漂向更远方。正如本期卷首语作者、台湾著名经济学家、出版人高希均先生说："相信阅读！相信阅读的力量！相信阅读救自己。"我们也相信阅读，相信《书林驿》能将这股"阅读的力量"传递开来。

（蔡思明《不信书香"唤"不回》，见《书林驿》第六期）

总之，有感而发，言之有物，意味深长，能够帮助读者认知所编杂志的旨意，引导其对内容信息的关注，并进而生发开卷阅读的兴趣，是一篇好的卷首语或编后语在构思创意和谋篇布局上的基本要求。

有时候，当杂志跨入新的重要年度——有时是自然新年、馆庆大年，有时是刊物自己的创刊周年纪念，如2016年是"4·23世界读书日"在全球落地推行20周年等，或有所改版，或因故编印了专刊、特号，也需要在卷首语或编后语中向读者做出特别的背景交代和情况说明，以取信读者，收获良好的传播效果。

第三节　阅读推广类导刊导报的基本文稿需求

一、图书评论文章

图书评论简称为"书评"，是刊登读书随笔类文章的阅读推广类报刊的主要文体。作为依据图书的内容和形式价值发表评论的文章，其独特处在于它的信息指向性，以及它在图书、读者、作者、编辑的传播链中所发挥的重要作用，有着重要的功能意义。① 书评的功能主要包括通报、激励、控制、导读等四大功能。②

（一） 书评的类型

书评的类别可以划分为介绍性书评、评介性书评、专业性书评、阐发性书评、文艺性书评五种。③ 据北京大学教授孟昭晋先生编著的《书评概论》，书评可以划分为如下种类。

1. 专业书评和大众书评

这是最常见的对书评的划分。由于书评作者对所评图书的专深程度不同，因而书评读者范围大小有别。专业书评又称"学术书评"，是指对专业性强的专著，由同行专家为本行业专家学者所写的书评。这类书评一般发表在专业性强的学术刊物上，篇幅往往都比较长。

大众书评又称"副刊书评"，是指受众面广的图书（如文学、史学、传记、科普读物，以及社会科学、人文科学、自然科学等各门类的普及读物等），为专业以外的普通读者所写的书评。这类书评大多发表在报纸的书评专栏中或一些大众性的期刊杂志上，特别是面向广大读者的读书杂志或书评期

---

① 彭俊玲，曾辉. 2000 年以来书评文化研究综述图书馆理论与实践，2008（2）：19.
② 刘宏源，汤美玲. 论书评的性质和职能. 图书馆，2001（4）：47-48.
③ 马晓声. 书评学三题. 津图学刊，1996（3）：105.

刊上。

2. 肯定性书评、否定性书评和中性书评

这是按照书评者对所评之书的基本态度倾向来划分的。

所谓肯定性书评，即"推荐性书评"，这种书评作者认为所评书有重大的正面的价值，因而对其持彻底肯定、充分褒扬和积极推荐的态度。值得注意的是，肯定性书评必须要有充分的论据来支持自己的观点和立场，不能滥施溢美之辞。

所谓否定性书评，即"批评性书评"或"毁灭性书评"。这种书评认为被评之书有较大的负面价值，对读者、出版文化及社会进步有危害，因而持否定、贬斥、揭露与批判的态度。

所谓中性书评，属于基本肯定性书评。这类书评在书评作品中占绝大部分。一般是指那些认为被评图书有值得基本肯定的价值，同时又以客观分析、冷静评述的态度，指出其存在的优缺点的书评。

3. 印象型书评与解析型书评

这是根据书评写作中所运用的方法与书评文章的风格来划分的。

所谓印象型书评，是指以表达感性反应为主，偏向于主观感受，凭书评作者个人的学术或艺术的直觉，表明对作者作品印象的书评。大多采用描述、抒发的方式，以表达自己对一部书的发现与感受，包括感受的过程和总体的印象等。一般不深究其所以然，但也足以对书评读者提供启发和教益。

所谓解析型书评，是指那些观照全书，在客观、理智、冷静的分析之后，评介内容，指陈优劣，并有依据地做出适当的评价。这类书评往往强调客观的、公认的标准，而不重视论者个人的主观感受。

（二）书评写作的基本要求[1]

写作书评须按照读者、发布媒介和评论对象的不同来加以区别对待。[2] 但

---

[1] 孟昭晋. 书评概论. 南京：南京大学出版社，1994：30－36.
[2] 胡璟. 大众传媒环境中书评现状及解决之道. 媒体时代，2010（12）：33.

无论是哪种类型的书评，都需要在文章中为读者提供其所关注和需求的基本信息，如书的作者、编者、译者，书的版本、内容、样貌、特点，作者的其他作品等，需要横向、纵向相结合，以便读者对图书的内容信息做出基本的判断，乃至做出是否适合自己借阅的价值判断。

因此，书评文章贵在言之有物，文采斐然和情意盎然，则是更进一步的艺术要求。其写作讲究文学性和艺术性，无论是立意、谋篇，还是修辞、标点，都应注意细节上的推敲。[①]

一篇书评，首先表现出来的是"描述功能"，即要客观记述和反映被评介书籍"是什么"。书评作者对所评介书籍的描述，主要分为外在物质形态和内在内容特征两部分。外在物质形态包括的内容与书目著录的信息大致相同，即对所评介书籍的题名、责任者、出版时间、出版地点、出版者，有时甚至还要对页数、开本、定价等做介绍；而内在内容特征，则是对所评图书的篇章结构、题材、主题、研究成果等方面的简要叙述，这又与"书目提要"的文体性质较为接近。

一篇书评，还要向读者解答被评介书籍的各种"为什么"，即书评的"解释功能"。作者为什么要写作此书？此书的内容结构为什么要进行这样的设计？此种结构又是为了反映什么主旨？此外，还应该分析该书的审美效果或论证效果，如对读者有何感染力和说服力、为什么能取得如此效果等。总之，书评的"解释功能"，要求书评作者分析、强化与深入阐述自己的阅读感受和心得。这种感受首先是书评作者通过对所评书籍的阅读而获得的，然后再将其用文字描述出来，以期对读者的阅读产生影响。

书评的"评价功能"，要全面回答被评书籍"到底怎么样"。评价功能的发挥，是建立在描述功能与解释功能的基础之上的，往往是书评作者在超越所评审对象的基础上做出的一系列价值判断。具体内容包括：对被评书籍的思想、内涵、内容成就、艺术特色、学术造诣及其社会意义等方面做出判断，对该书的读者审美接受和精神文明效益做出预测。由论点、论据、论证构架起来的对所评书籍的基本评估，是整篇书评文章中的点睛之笔。

总之，在书评文章的撰写中，需要注意的是：第一，写书评的对象，必

---

① 徐柏容. 碧纱巾挂珊瑚树——书评的艺术. 出版发行研究，1990（6）：52.

须是自己所熟知的学科内的书籍。第二，确立自己作为"书评人"的公共立场。书评既不能媚俗，充斥商业化的元素，也不能纯粹作为文人雅士之间的唱和应酬之作，要对书的价值判断做出理性的倾向性分析。第三，注重书评中的溯源和比较。"若要做出评论，那么还得再多读些书，横向上应包括其他作家的同类之作，纵向上凡对此书有影响者皆应涉猎。"① 作者受到什么作品的启迪，又对后来者有怎样的影响，乃至与其他的作品比较等，都是一篇好书评的题中应有之义。

（三）"馆员书评"的写作与"在馆书评人"队伍

就现状来看，除了约稿和组稿之外，由图书馆馆员所撰写的导读性书评应该成为阅读推广类导刊导报的基本稿源，但由于馆员读写水平参差不齐，在导读性书评的撰写上往往存在一些问题。湘潭市图书馆文鸣先生曾在20世纪90年代探讨馆员与书评之间存在的问题。他认为，在专业教学、业务工作规范、专业理论研究方面，"馆员书评"都未受到应有的重视；同时，书评的质量和检索体系还不完善。② 至今近20年过去，这些问题依然在图书馆界存在。

从整体上看，出自馆员之手的书评文章存在一些通病，如未掌握书评文体的基本写作要领，因而一篇字数不算少的书评文章写成后，却没有将所评书籍的基本信息传递给读者；大量作者只是就书评书，浮于"泛阅读"和"浅理解"的状态，不能将自己的"读后感"和"深思考"合乎逻辑地诉诸笔端；有的停留在复述故事框架，堆砌引文材料，甚至搬迁网络评论拼凑成文，缺乏实质性的理解和个性化的解读，篇章结构不甚合理。

其实，"馆员书评"的独特之处在于，它是一种站在知识传播和文化传承的出发点，面向大众进行的公益性的阅读指导和读物推广文体，出自图书馆专业馆员之手的书评作品，体现的是"为书找人，为人找书"的图书馆存在价值和读者服务理念，其功能首先是发现和推广佳作好书，引导"读好书，读书好，好读书"的良好文化风气。

---

① 止庵. 我的书评观. 中国编辑，2002（8）：82.
② 文鸣. 导向与交流：中国公共图书馆书评工作的现状与作用. 图书馆学刊，1996（4）：59.

二、 书话文章

先后结集出版了《秋禾书话》（书目文献出版社，1994 年版）和《秋禾话书》（三晋出版社，2009 年版）等多种读书随笔集的徐雁教授认为，"书评自有书评的威力，书话则有书话的魅力，两者的境界应是不相同的"，书话的魅力可以用"艺文情趣"一词加以概括。①

所谓"书话"，是借鉴了中国古代"诗话""词话""曲话"的样式，又吸收了中国藏书家传统题跋的章法发展而来的一种文章体裁。一般的观点认为，曹聚仁在 1931 年 8 月 15 日出版的《涛声》半月刊创刊号上所写《书话二节》，阿英在 1937 年 10 月 19 日发行的《救亡日报》上所写的《鲁迅书话》，为最早使用"书话"一词的两例。

1945 年春，唐弢在上海以"晦庵"笔名为《万象》所写的十二则"书话"，则开启了"晦庵体书话"的范式，他也因此被后人尊称为"书话主人"乃至"书话之父"，其代表作为《书话》（北京出版社，1962 年版）和《晦庵书话》（三联书店，1980 年版）。他在《书话》的序言中说："中国古代有以评论为主的诗话、词话、曲话，也有以文献为主，专谈藏家与版本的《书林清话》。《书话》综合了上面这些特点，本来可以海阔天空，无所不谈。不过我目前还是着眼在'书'的本身上，偏重知识，因此材料的记录多于内容的评论，掌故的追忆多于作品的介绍……至于文章的写法，我倒有过一些考虑。我曾竭力想把每段书话写成一篇独立的散文：有时是札记，有时又带着一点絮语式的抒情。通过《书话》，我曾尝试过怎样将头绪纷繁的事实用简练的几笔表达出来。"又在《晦庵书话》的序言中说："书话的散文因素需要包括一点事实，一点掌故，一点观点，一点抒情的气息；它给人以知识，也给人以艺术的享受。这样，我以为书话虽然含有资料的作用，光有资料却不等于书话。"

自曹聚仁、阿英、唐弢之后，周作人、郑振铎、周越然、叶灵凤、黄俊东、姜德明等作家、学者也在书话领域笔耕有成，卓然成家。

那么，什么样的图书才值得被写成书话呢？中国现代文学研究者、藏书家倪墨炎认为，一种是"鲜为人知"的书；一种是其内容或形式"有点意思"，或介绍出来会令读者有所启迪，或在性情上引起人的共鸣，或能引发一

---

① 徐雁．艺文情趣——我所认识的"书话"境界．中国图书评论，1989（1）．

段史实或一种知识，或很有趣可供人解颐。

三、推荐（导读）书目、影响书目和畅销书目

馆编阅读推广类导刊、导报，应积极搜集并报道各种推荐（导读）书目、影响书目、畅销书目的信息，以充分发挥引导阅读、推广读物的知识传播和文化传承作用。

影响书目是遴选对人类历史生活的产生影响的图书书目。影响书目的产生，是因为图书是人类文明的见证。[①] 曾兼职台湾大学图书馆学系教授的著名作家彭歌（姚朋）指出："书籍绝不是无声无息的东西，而常常是具有'动力'的，足以转变历史进行的方向——有时候是往好处变，有时候是朝坏处变"，"书籍里蕴藏着人类思想与感情的精华，因而可以发生影响世界、改变历史的宏伟力量"。

曾任美国多个图书馆馆长并当选过美国全国图书馆学会会长的著名图书馆学家的唐斯博士，也曾凭借他渊博的学识和睿智的判断，从千万种名著佳作中，选出了16本书作为自文艺复兴时期以来"改变历史的书"。

受欧美人士"影响书目"的影响，中国文化学术界人士针对中外人类文明史所推选的影响书目诞生了，但缺乏应有的影响。如苏浙生编著的《影响历史进程的100本书》（文汇出版社，1992年版），台湾学者龚鹏程等人编著《国史镜原》（台北时报出版公司，1986年版），公布了自上古迄民国年间选出的包含139种单篇的"改变中国的划时代图书"。

在这方面的代表性著作还有王余光主编的《影响中国历史的三十本书》（武汉大学出版社，1991年版）、《塑造中国文明的200本书》（武汉大学出版社，1990年版）、张秀平、王晓明主编的《影响中国历史的100本书》（广西人民出版社，1993年版）、王文湛著的《一生难忘的47本书》（华文出版社，2004年版）、张玉斌、王晶著的《一生必读的60本书》（北京工业大学出版社，2003年版）等，都标志着中国学者对"影响书目"的积极关注。

此外，还有一种具有个体性推荐色彩的影响书目，如《开卷有益——给我影响最大的一本书》（上海教育出版社，1990年版）等。

畅销书是指在特定时间内以书店或书市等图书销售市场上的销售记录为依

---

① 秋禾.读书之乐//王余光，徐雁.中国读书大辞典.南京：南京大学出版社，1993：7-8.

据，进行量化统计后公布的行销数量最多的图书。"畅销书榜"源出于美国。

"畅销书排行榜"与"影响书目"相比，虽然同样具有对图书的选择性和排比性，但两者的本质依据却是极不相同的。前者依据的只是市场"销售量"，犹如人们常说的红极一时的"俏书"。如美国曾排列出的近80年来"10本最畅销书"，即是销售超过1000万本的《袖珍育婴常识》等10本书。而后者所关注的，则是一种图书的思想内涵及其"影响度"，也就是人们日常所说的是否属于历代读者都推崇的名著。

在当今信息网络化时代，学海浩瀚，书林莽苍，信息泛滥，知识爆炸，读者亟需获得有效的检索手段和指导工具，以便在信息海洋和知识山林中寻找到阅读方向。而上述各种书目，常常因时、因地、因对象、因需求的不同而发生着各种不同的功用。一般说来，有内容解题（即"内容提要"）的书目，对读者和用户的阅读指导和参考性最大，因为它能够提供多种必要的有用信息，如作者信息、出版社发行信息、图书馆馆藏信息等，更有可能为读者和用户指明该书内容是否具有可读性、其业内外舆论评价倾向如何，以及读者影响力和市场销量如何，等等。

四、序跋文章

前有序言，后有跋文，分别附在书首、卷末，构成了一部书在体例上的完整性。一般说来，富有才华学识的作家、学者，都十分重视这两种附文。

如周作人非常看重序跋文章对于读书的导引作用，他自己也十分重视自己所写的序跋文章。他为俞平伯的《燕知草》所写的跋中说："小时候读书不知有序，每部书总从目录后面第一页看起。后来年纪稍长，读外国书，知道索引之必要与导言之有益，对中国的序跋也感到兴趣……因为我喜欢读序，所以也就有点喜欢写序；不过，序实在不好做……做序是批评的工作，他须得切要地抓住了这书和人的特点，在不过分的夸扬里明显地表现出来，这才算是成功。"《看云集》自序中说："我向来总是自己做序的，我不曾请人家去做过……做序之一法是从书名去生发，这就是赋得五言六韵法……这个我想似乎不大合式。其次是来发挥书里边——或书外边的意思。书里边的意思已经在书里边了，我觉得不必再来重复他说，书外边的或者还有些意思罢。"

萧乾在《关于新书审读问题》一文中说过："有些书的的'序言'并不重

要，有的却很重要。我看到过一部斯诺的《大河彼岸》的中译本，把序文删略了。后来我读了原文，感到那篇序文的重要性不亚于正文。序文很长，可以看出斯诺对中、苏分歧的观点。掌握了他这一观点，再看他重访我国后所写的其他几部著作——特别是1972年增订的《西行漫记》，就不难理解了。"

可见一部书的前言后语或前序后跋，往往能够展现作者的著述意图、写作背景和内容特点，对影响读者的阅读接受意向有着重要的作用，因而理应成为阅读推广类导刊导报编者按需选载的重要内容之一。

五、 读者的读评文字

所谓"互联网思维"的一个重要特点，是要特别重视用户体验。这对阅读推广类导刊导报的编者是一个重大启发——要充分重视来自读者和作者的各种正、负面意见的反馈，并予以及时披载。以下选载的是一些导刊所曾获得的评语：

浓郁的书卷气息、进取的人文精神和怀旧的乡土情怀，是《尔雅》区别于其他民间刊物与公开出版物的独擅之处，同时也正是《尔雅》的生命力及影响力之所在。悦读《尔雅》，让我对异地太仓这块风雅之地无限神往……《尔雅》乃以文会友的闲逸空间，倡导真正意义上的"阅读"，本人便是《尔雅》传播的书香的最大受益者之一。

——合肥读者　李文蕾

第一次看到东莞图书馆的内刊《易读》，惊讶与喜欢之余便开始思考一个问题：一个图书馆，本来就是书的世界、书的海洋，还有必要办一个推介书的内刊吗？端详它细长的开本、典雅的设计、环保的纸张，更重要的是其中的内容，无疑，每一个部分、每一个环节都经得起细品，令人敬佩……《易读》是东莞图书馆办馆整体水平的浓缩，阅读《易读》，走近"东图"，没错。《易读》是季刊，2011年创刊，到12年底共出7本。我手头已有6本，希望有机会能够集全。

——东莞读者　邢小兰

薄薄的《阅微》，给人第一个印象是朴素、简单、纯然，不是那种时髦的流行大开本，也不着意打扮、花枝招展，从封面到内页，乃至插图全是传统的黑白色。唯有封底的"金陵图书馆"一方篆字铃章是套红的；唯有那流泻在内页中的文字,让读者领略五彩世界的文学阳光。"万绿丛中一点红,动人春色不须多。"我以为简洁是一种美。

——江苏省作家协会会员　徐廷华

《读读书》作为一本读书杂志连接起读者、作者与书,展现给读者一个丰富、充盈的有关书的精彩世界,杂志里不仅有新书、好书推荐,有关于读书精神的讨论,有主编云昭与作家面对面的访谈,还有作者们在这个读书社区里,坦诚交出的读书心情……

——《今日阅读》执行编辑　江少莉

上述读者意见,编者一经发现,即应及时刊登,以广而告知。

六、讲稿精华、阅读类论坛研讨会报道或综述、馆务日志等

被邀请到图书馆讲坛做讲座的专家或学者的言论精华、有关"全民阅读论坛""华夏阅读论坛"和阅读类主题研讨会的报道、综述类文章,以及阅读推广活动的报道等,也是馆编阅读推广导刊导报所需刊载的重要文稿。

馆务活动目录,如《水仙阁》之"馆情动态"、《锡图广角》之"一季一汇"、《问红》之"大事记"、《书林驿》之"驿缘文化站"等专栏,都是将来有关图书馆编纂本馆馆志、馆史的重要史料依据。如《籀园》不仅有"活动长廊"记录当下的馆务活动,而且还以"籀园特稿"的形式,组约文化老人回忆以往的馆人、馆事,非常值得称道。因此,追述馆史,记录当下馆事,也应是阅读推广导刊导报的一个固定"自留地"。

第四节　图书馆界阅读推广类报刊的传播与交流

随着馆编阅读推广类报刊种类的不断增加,为进一步扩大此类刊物在全民阅读中的作用,图书馆可以多种方式进行多方位、多层面和多角度的立体化传播与交流。

一、传统的纸本刊物赠阅交流方式

馆编阅读推广类报刊在性质上属于非正式出版物,不能如正式出版物那

样通过邮局征订或自办发行的方式在书刊市场上销售，由于其印数有限，故只能在有限的范围内进行流通。最普通的传播交流方式，即是传统上的赠阅方式，一方面报刊编印单位会主动将每期刊物寄赠给图书馆界、书业界等相关单位或个人，予以主动推介；另一方面，通过网络、学术会议、专家推介、读者交流等方式将各自报刊的基本情况、索取方式予以宣传，感兴趣的读者会按照指定方式进行索取，继而成为其每期寄赠对象。

如苏州图书馆的《今日阅读》主要面向中国图书馆学会阅读推广委员会会员、县市级以上公共图书馆及部分高校图书馆的馆长、馆员，以及一些民间读书刊物的爱好者寄赠。太仓图书馆的《尔雅》每期印 1500 册，主要面向太仓市民读者、各机关单位干部、全市中小学生、全国各地太仓籍人士、文学写作爱好者和阅读爱好者赠阅，其受众从太仓市辐射到全国 20 多个省市、130 多个图书馆、30 多个同类的民间读书刊物编辑部。国内 37 家、国外 30 家公共图书馆及高校图书馆将《尔雅》纳入馆藏。南京邮电大学图书馆《书林驿》在面向本校读者之余，与全省本科高校图书馆、全国通信电子类高校图书馆、大学生阅读委员会成员馆等数百家单位建立了交换和赠阅关系。

二、 一体多媒的纸质版与网上在线推广方式相结合

随着网络的普及、新媒体的出现，人们的阅读方式发生了极大改变。馆编阅读推广类报刊因经费有限，印行的纸版有限，因此，网络成为其予以传播的一个主要渠道，很多刊物伴随着纸质版而产生的还有电子版、网络版、手机版等。

如东南大学的《书乐园》，每期纸质刊物印数有限，其团队耗费大量精力为刊物制作专门的网站，以及图、文、声并茂的电子刊；再如南京邮电大学图书馆的《书林驿》，每期印行 1000 册，主要用作对外交流、展览，因此其面向校内读者，开通了电子版，读者可以在南京邮电大学图书馆官网主页下载，或通过超星移动图书馆和图书馆相关阅读器进行在线阅读。同时，南京邮电大学图书馆还开通了导读性微信平台——"南邮书林驿"，精选刊物中的若干文章通过微信向粉丝进行推送。金陵图书馆在其官方微信中向粉丝推送以馆刊《阅微》为中心的导读性书评，并且随时发布《阅微》的最新编印动态。

三、加强编者与读者之间的互动，增加刊物的"地气"

馆编阅读推广类刊物其主要目的是向读者传播阅读文化，引导读者多读书、读好书，提高读者的阅读素养。因此，为扩大稿源，增加刊物的传播力度，很多刊物都会举办如知识问答、有奖刊评（推广+读者调查问卷）、主题征文和微书评（推广+扩展稿源作用）等编读互动活动，吸引读者的阅读兴趣。

如《今日阅读》从 2009 年第 3 期起，推出"影响我心智成长的 N 本书"主题征文，面向社会各界人士征稿，请大家回忆对各自心理成长和精神养成过程中产生影响的书目；南京邮电大学图书馆的《书林驿》自试刊号起，便面向读者发起"离电脑远点，找本书看看……"的主题征文，意在呼吁读者回归纸质阅读；嘉兴图书馆自 2014 年 4 月起，在全市开展"好书有约"活动，经过 8 个月的征集，共收到 1200 多份来稿。2015 年 1 月，嘉兴图书馆特编"好书有约"专辑，其中精选了 51 篇来稿。太仓市图书馆官方网站还提供《尔雅》的电子版，官方微博上也专为《尔雅》设置了话题板块"尔言尔雅"，发动和吸引读者对该刊的编辑进行评说。

四、建立专题数据库、专题收藏陈列和交换漂流机制

长期以来，馆编阅读推广类报刊都局限在各馆的读者群中进行传播，受地域、经费等客观条件的限制，未能集中进行展示。2013 年 11 月，由中国图书馆学会阅读推广委员会组织的"全民阅读报刊展"在 2013 年中国图书馆年会中展出，首次集中展示了来自全国各地图书馆的数十种图书馆自行编印、供图书馆行业内互相赠阅流传的阅读推广类报刊。

自苏州图书馆举办此阅读推广类内刊内报专题座谈会之后，馆编阅读推广类刊物受到业界人士的更多重视。由苏州图书馆发起建立了"图书馆内刊内报编辑 QQ 群"，各馆阅推报刊编辑可以随时在网络上交流编刊的心得和体会，发布各自刊物的最新动态。随后，深圳图书馆、南京邮电大学图书馆、常熟图书馆、灵川县图书馆等先后面向全国各图书馆征集阅读推广类报刊，建立起了阅读推广报刊专架，将其纳入各自馆藏，并面向读者开放阅览，促进了阅读推广类报刊的传播和保存。

五、 借助活动最大化地扩大读者群

馆编阅读推广类报刊已成为各馆阅读推广活动的有力平台，很多图书馆都选择让此类刊物成为阅读推广活动的一个助推手。如太仓图书馆在2015年4月为庆祝太仓市第十届阅读节，特意为读者准备了1000份"喜阅福袋"，以作为该年的第一份阅读大礼，福袋中即包含有该馆馆刊《尔雅》；成都图书馆《喜阅》在其编印三周年之际，于成都图书馆官方微博发起活动，关注成都图书馆，转发活动微博，即可参与抽奖，活动期间抽取25位幸运读者，赠送成都图书馆馆刊《喜阅》三周年合订本一册。该活动共吸引332位粉丝的转发，115位粉丝进行了评论，随后通过系列活动的宣传，《喜阅》三周年合订本在热心读者手中风行一时，被奉为阅读和收藏佳品。

六、依据所刊发的文章资源精心编选专题性新读物

如今，图书馆据所设讲坛、讲堂的专家、学者讲座资源选编成书的做法，蔚然成风。如浙江台州市路桥区图书馆分年度编选了《南官人文大讲堂》年度选多卷本，在中央文献出版社出版；台州市图书馆则先后编选了《台州市民讲堂》（两辑）和《台州科普大讲堂》（一辑），在国家图书馆出版社出版；苏州图书馆在2010年、2013年先后编选了《苏州大讲坛》（两辑），在上海文汇出版社出版等。其实，馆编阅读推广类导报导刊所发表的文章，也是一个积累性强而内容丰富的资源宝库，如果选材眼光得当，则据此精编为专题性与知识性、学术性相结合的新读物，则不失为从深度和广度两方面弘扬馆编阅读推广类导报导刊的好做法。

如《温州读书报》编辑室先后编选了该报文萃本——《瓯歌：〈温州读书报〉文选》（上海远东出版社，2011年版）和《瓯歌二集：〈温州读书报〉文选》（上海远东出版社，2014年版）。2014年3月，朱正在为《瓯歌二集》所写的序言中说，该报"格调高，时有可读的文章。"《瓯歌二集：〈温州读书报〉文选》分为"专栏集萃""追念师友""辑佚考订""书里书外""籀园书声"五辑，其中"籀园书声"一辑，选收黄鸿森、谷林、王建国、萧金鉴等人为该报一百期、一百五十期、两百期所写的贺文，以及"我与温州读

书报"专题征文等。

再如上海市虹口区图书馆负有为全区 90 余万人提供书刊借阅、读书活动组织、课题咨询等公共服务的文化责任。自 1996 年起由馆长陈金发先生创编馆报——《绿土》，八开两版，起初以"发掘文坛史料，记录名人旧踪"为宗旨，努力在灯红酒绿中拓展一方"精神绿地"。自 1996 年开始编发"文史专刊"，为发掘和揭示图书馆所藏书刊文献的价值，拓展知识传播和文化传承的业务空间，提供了一个卓有成效的读写园地，在所积文稿达到数百万字的基础上，先后以"绿土文丛"书系的名义，编选出版了《海上文苑散忆》（李果主编，上海人民出版社，2006 年版）、《海上艺文散记》（李果主编，上海人民出版社，2008 年版）和《海上文坛掠影》（李果、潘潮主编，上海科学技术文献出版社）三册，其中《海上文坛掠影》分为"书文漫话""贤达事迹""文苑拾杂"三辑，共计收录文章 65 篇，为 2008 年以后《绿土》上所发表的部分文章。2006 年 6 月，陈青生先生在《海上文苑散忆》的序言中指出："《绿土》是一份'内部交流'刊物，每期印数不多，在社会上流传不广，《绿土》'文史专刊'亦然，为弥补这一缺憾，在《绿土》读者和文史界同仁的呼吁下，虹口区文化局和虹口区图书馆划拨专款，使得专刊上的一部分佳作得以汇编成书，公开出版，'以便在为社会读者和学术研究服务方面，发挥更大的作用'。公开出版物问世后，各界反响良好，被认为为从事日常文献借阅服务的基层公共图书馆添加了些许文化亮色。编者认识到："编辑出版'绿土文丛'的初衷，本是为将由上海虹口区图书馆编辑并做'内部交流'之用的"《绿土》文史专刊"推向社会，以便这些具有一定文献价值的文史材料发挥出更大的作用。在图书馆业内看来，于做好普通读者服务工作之外，再做些专题资料整理、主题文献集纳，编辑一些小报小刊，提供（给读者）一些研究参考，为社会的文明进程贡献一点哪怕是零碎而轻薄（微）的文化积累，也都是可资鼓励的题中之义了。尤其在前些年'文化'贬值、'文史'已难入众多媒体'法眼'的生态险恶之时，《绿土》这方小天地亦显现出了一些可贵的坚持和执着的坚守了……"

诚哉此言。这一番话几乎道出了公共乃至院校图书馆的有识之士，何以立志编印阅读推广类导报导刊的苦苦隐衷和拳拳心意了。而《今日阅读》《悦读时代》《水仙阁》《尔雅》和《读读书》等图书馆自编自印的阅读推广类导刊，都该由此获得启迪，着手选编有关的专题文丛。

　　除了以上传播和交流方式之外，各编印单位应该根据各自读者群的阅读习惯及单位环境，开辟可持续性的传播和交流平台。大学校园是一个相对集中的人文空间，因此，如《书林驿》《文华书潮》《中原书廊》《吴风书韵》《健雄导读》《图文资讯》等高校图书馆编印的刊物，不妨在校园内每个宿舍发送一册，起到一定的漂流作用。公共图书馆则可以在城市社区开辟一些定向发放点，让城市居民便于获取各馆刊物。

附　文

图书馆编印阅读推广导刊导报需申办《准印证》

　　图书馆在创办一份阅读推广导刊导报时，需清晰地认识到，我国的出版物管理制度实行的是严格的行政"审批制"，而不是社会"登记制"。因此，图书馆需切实执行国家新闻出版广电总局的部门规章《内部资料性出版物管理办法》（以下简称《办法》）。据该部门规章的有关规定，中国内地任何单位、个人编印连续性内部资料性出版物，都必须及时申领《准印证》，并在特定的流通范围内传播。

　　据该《办法》，仅有广告印刷品、介绍推广本单位基本情况的宣传资料，或仅含有历法信息及广告内容的挂历、台历、年历等一般印刷品，无需申领《准印证》，而中小学教科书及教学辅助材料、地图、个人画册和文集等，均不予核发《准印证》，应交由出版单位正式出版。

　　该《办法》详细规定了"内部资料性出版物"在内容、版本记录及发送范围、经营管理、人员机构、印刷等方面的规范要求。如规定其必须"按照批准的名称、开本（开版）、周期印制，不得用《准印证》印制其他内容"；"不得将服务对象及社会公众作为发送对象，也不得以提供信息为名，将无隶属关系和指导关系的行业、企事业单位作为发送对象"等。

　　该《办法》还明确了"内部资料性出版物"的样本缴送制度、审读制度、培训制度、监督检查制度。针对以往规定的"半年一换证"要求太过频繁的老问题，新《办法》做出改革，规定延期换证时间调整为"每年一次"。

　　针对可能出现的问题，该《办法》细化了相关法律责任。对于未经批准，擅自编印"内部资料性出版物"等行为，由县级以上地方人民政府新闻出版行政部门责令改正、停止违法行为，根据情节轻重，给予警告，并处 1000 元以下的罚款；以营利为目的的，并处 3 万元以下罚款。对于印刷企业未按新《办法》办理承印手续的，也规定了具体的处罚条款。此外，《准印证》复印件须保存两年，"以备查验"等。

参考文献

[1] 金涛. 非正式出版物等于非法出版物吗？. 中国艺术报，2012 – 12 – 06.

[2] 章红雨. 新《内部资料性出版物管理办法》发布. 中国新闻出版报，2015 – 03 – 18.

[3] 孟昭晋、王波. 萧乾书评理论与实践. 石家庄：河北教育出版社，1999.

[4] 孟昭晋. 书评概论. 南京：南京大学出版社，1994.

[5] 吴道弘. 书评例话. 北京：中国书籍出版社，1991.

[6] 徐雁. "书评是爱书的人理想的职业". 悦读时代，2014（4）.

[7] 徐雁，江少莉，陈亮. 全民阅读推广手册. 深圳：海天出版社，2011.

[8] 甘其勋. 期待涌现更多的阅读推广导刊. 悦读时代，2014（2）.

[9] 徐雁. 阅读的人文与人文的阅读. 北京：科学出版社，2014.

[10] 王余光，徐雁. 中国阅读大辞典. 南京：南京大学出版社，2015.

[11] 陈亮. 图书馆书评工作与阅读推广研究. 高校图书馆工作，2015（3）：92 – 94.

思考题

1. 试述图书馆编印的阅读推广类报刊与全民阅读推广活动之间的关系。
2. 为什么说"馆员书评"是一种公益性文体？请以"本馆第一读者"的身份，在馆藏图书中自选一部精读后为之撰写一篇书评文章。
3. 试为你所供职的公共图书馆或院校图书馆撰写一份阅读推广类杂志（或报纸）的策划文案。

第八讲

阅读推广工作管理

邱冠华*

第一节 阅读推广工作管理概述

管理是在一定的环境条件下，对组织所拥有的资源（人力、物力和财力等）进行计划、组织、领导、控制和协调，以有效地实现组织目标的过程。

阅读推广工作是图书馆服务的重要内容，因此，阅读推广工作管理是图书馆管理的有机组成部分。大多数人可能会认为企业管理要比公共图书馆管理难得多，这可能是因为企业管理的结果直接决定了企业的生存，但实际上，要管理好公共图书馆并不比企业管理容易，有时甚至更难，这是因为几乎所有的管理原理、方法、技术等都是因企业发展的需要而产生并不断发展的，企业管理的目标简单、明了而又直接，但公共图书馆是为了顺应社会发展本身需要建立的制度。作为向人民群众提供公共文化服务的机构，其服务的购买者（政府）和消费者（人民群众）分离，虽然可以认为是一种政府购买，但并不完全符合市场规律；同时，公共图书馆管理既需要符合管理的普遍原则——以最小的成本（公共支出）实现尽可能高的经济效益（服务效益），又同时符合公共图书馆服务理念——提供平等、免费、无区别的服务，实现社会信息公平，两者之间必须寻找到结合点或者平衡点，因而既不能不顾理念只讲效益，又不能只顾理念不讲效益。

所以，阅读推广工作管理必须以现代图书馆理念为指导，以提供均等、专业的服务为出发点，以提高服务效能为落脚点，实现阅读推广工作在相同成本下效益最高或在相同效益下成本最低的目标。

---

* 邱冠华，苏州图书馆研究员，国家公共文化服务体系建设专家库成员，中国图书馆学会理事、阅读推广委员会副主任，江苏省图书馆学会副理事长，兼任《图书馆建设》《图书馆报》《公共图书馆》等杂志编委，荣获"全国文化系统先进工作者"称号。

事实上，如同衡量公共图书馆的服务效益一样，衡量阅读推广工作的效益并不是一件容易的事。企业效益的核算可以通过一系列的费用和成本的归集，用一连串的数字来表达，同时，企业生产一般是周期性的重复。产品成本的比较，纵向可以用前后不同批次的产品来实现，横向则可以通过其他生产厂商的同类产品来比较，还可以通过市场供求关系来确认，从而逐步优化设计和流程，降低成本，提高效益。而阅读推广活动特别是大型阅读推广、活动办得是否成功、成功的程度、使用的经费，许多都是一次性的，缺少过程控制、成本控制的经验，且图书馆的经费使用自主权远不如企业，因而一旦出现问题，难以善后，这也是一些图书馆策划了很好的阅读推广活动，但最后虎头蛇尾、难以持续的重要原因。

因此，制定长期规划，确定远期目标，对工作（活动）事先计划和预算，对资源充分优化，对过程精细控制，事后总结考核，不仅可以保证阅读推广工作的效益，而且可以保障其安全、顺利地进行。而这些，正是阅读推广工作管理能够发挥的作用，也是管理的目的，还形成了阅读推广工作管理的特点，这些特点与公共图书馆管理的特点基本相同，主要有这样几点。[①]

一、理念与实践有机结合

阅读推广工作管理主要是一种实践活动，其过程自始至终都必须有管理理论指导，其管理行为符合管理基本原理，并通过管理实现降低成本、提高效益的目标。从本质上说，这一点与企业管理是一致的，可以说是管理的普遍规律。但阅读推广是公共图书馆的职能之一，同时需要符合自身固有的服务理念，需要把服务理念贯彻始终，保持正确的方向，否则，背离理念的管理，效率越高，离目标越远。

二、公平与效率有机结合

公共图书馆的使命之一是实现社会信息公平，这也是阅读推广工作管理的前提。图书馆希望能有足够的资源开展阅读推广，使阅读推广工作的受众

[①] 邱冠华，陈萍. 公共图书馆管理实务. 北京：北京师范大学出版社，2013.

最大化，但公共图书馆所拥有的资源相对于需求而言总是稀缺的，这就决定了阅读推广工作必须讲求效率，资源的稀缺性决定了缺乏效率就实现不了公平。同时，公平和效率永远是一个相对的概念，没有绝对的公平，也没有最高的效率。阅读推广工作的管理，就是在公平与效率之间寻找平衡点，因此，必须使公平与效率有机结合。

三、传统与现代有机结合

在数字化时代，阅读的载体、方式、技巧已经多元化，阅读的需求也呈现多样性，关于与阅读相关问题的讨论和观点众说纷纭，阅读推广当然需要适应这种变化。图书馆对读者阅读什么，在什么地方、什么时间、用什么载体和方法阅读，怎么阅读等，没有干预的权利，而应该从发现读者的需求出发，根据需求提供相应的阅读环境和阅读资源。所以在阅读推广上，图书馆需要全方位地精心策划和组织，既针对纸本阅读又兼顾数字阅读，既针对研究型阅读又针对碎片化阅读，既不干涉阅读自由又针对性地开展阅读指导。

四、宏观与微观有机结合

阅读推广工作的目的是让人民群众享有平等的阅读权利，并养成阅读习惯，从而建立书香社会，这其实是公共图书馆使命的组成部分。要实现阅读权利的平等，阅读条件、阅读资源、阅读服务的均等化就成为首要问题。因此，阅读推广工作的管理，宏观上涉及公共图书馆服务体系的建设，微观上可以针对一项阅读活动的开展。这些使得阅读推广工作的管理较为复杂，管理中涉及到的问题也会比较多。

第二节 阅读推广工作战略规划

战略规划也称战略管理，是根据组织的使命、内外环境，对全局和长远发展目标制定、落实、修正、实施的动态过程，是制定、实施及评价多功能决策的一门艺术和科学，这些决策可以保证一个组织实现其目标。[①]

制订阅读推广工作战略规划的主要目的是使用科学、系统、合理的方法帮助公共图书馆明确在阅读推广工作上的方向，设置科学、先进、合理的远期发展目标，把握阅读推广工作的正确方向，保持合理的发展速度，并使阅读推广工作体系化、专业化、有创意、接地气，通过周期性的开展工作，逐步成为图书馆的服务品牌，有利于公共图书馆通过阅读推广工作践行图书馆服务理念，保障人民群众享有平等的基本阅读权利，帮助大众提高阅读兴趣和品鉴水平，提升阅读技巧，养成读书习惯，推动全民阅读。因此，从公共图书馆管理的角度来说，制订战略规划是阅读推广工作的第一步，也是公共图书馆管理者的首要任务。

一、阅读推广工作战略规划的意义

（一）促使公共图书馆重视阅读推广的环境

通过分析和审视环境，可以发现环境的变化究竟给图书馆的阅读推广工作带来了机遇还是带来了威胁。读者的需求、政策的导向、行业的发展、馆员的素质、经费的来源，都可能对阅读推广工作的广度和深度产生影响。制订规划，就事先掌握了目标，既有利于控制过程，又营造了重视阅读推广的内部环境。

（二）有利于调动馆员的积极性

通过参与编制战略规划，发挥馆员的主人翁意识，激发馆员的紧迫感和挑战欲，如果战略规划中还涉及组织文化、薪酬分配、奖励机制等与馆员个人利益挂钩的措施，将更有利于馆员积极性的提高。

（三）有利于提高服务效益

通过编制和实施战略规划，图书馆一方面会越来越了解市民的需求，使活动更加贴近市民；另一方面通过分析环境，能扬长避短，整合资源，使阅读推广工作不断降低成本，提高效率。

[①]〔美〕弗雷德·R·大卫. 战略管理（第11版）北京：清华大学出版社，2008.

二、阅读推广工作战略规划的编制

编制阅读推广工作战略规划，是一项非常专业的工作。所谓专业，既有战略规划编制本身的专业，又有图书馆自身的专业，具体来说有这样一些步骤。

（一）需求分析

用户对阅读的需求相对于公共图书馆阅读推广的能力而言是无限的。公共图书馆开展用户需求分析，首先是看用户需求是否在公共图书馆使命范畴之内；其次是按照需求的受众面、重要性、持续性，厘清满足需求的次序；最后是发现已有资源情况与满足这些需求所需资源之间存在的差距，寻找对策。

随着时代的进步，用户需求会发生变化。在建国初期，文盲大量存在，公共图书馆大量开展扫盲培训，帮助读者提高读写能力。现今，虽然不识字的人已经很少了，但随着数字技术的发展，许多老年读者缺乏利用计算机的技能，成为计算机"文盲"。苏州图书馆通过需求分析发现这种用户需求的面广量大，从 2009 年开始，便持之以恒，不仅在总馆，还利用几十个遍布社区的分馆开展"扶老上网"培训活动，每年帮助数千名老年读者从不会使用计算机到可以进行数字阅读、输入汉字、发邮件、QQ 交流，受到了老年读者的好评和社会的肯定，成为苏州图书馆阅读推广的品牌活动。[1]

（二）环境分析

开展环境分析的目的是确定外部和内部环境对图书馆阅读推广工作的影响，判断环境能起促进作用还是会带来威胁。

公共图书馆存在于社会中，经济发展是否良好、社会文明程度的高低、当地文化是否昌明、历史积淀是否深厚，等等，都影响着公共图书馆的阅读推广工作。同时，公共图书馆阅读推广工作的数量多少、质量优劣、效益高低，又影响着当地市民的科学文化素质，进而影响着当地经济和社会的发展。这种相互影响，是一个动态的过程，对公共图书馆阅读推广工作来说，有的是机遇，有的是挑战，有的是威胁。多种因素的综合，有时还会产生不同的影响。所

---

[1] 邱冠华，陈萍. 公共图书馆管理实务. 北京：北京师范大学出版社，2013.

以，对于战略规划而言，环境分析是一个重要环节，分析得正确与否，决定战略规划编制的质量，也决定了以后阅读推广工作的成败。例如，2015年两会上继续把"全民阅读"作为《政府工作报告》的内容之一，在新闻发布会上，李克强总理专门谈了"全民阅读"的重要性，这必然会引导各地政府进一步重视全民阅读工作，公共图书馆阅读推广工作的外部环境将会更加优化，在战略规划的制订或维护中，应该规划一些能形成社会影响或强化自身品牌的阅读推广活动，在相关指标上也应该做适当调升，并策划与之相适应的方案和措施。

环境分析可用SWOT分析法。具体可参见《公共图书馆管理实务》的第二章《公共图书馆战略规划的制定》。

（三）设定战略目标

设定战略目标要注重科学性、先进性、合理性、可操作性的有机结合。所谓科学性，是指战略目标符合公共图书馆的使命和理念，符合用户需求；所谓先进性是指完成战略目标要花一定的力气；所谓合理性是指完成战略目标所需的资源有所保障，使战略目标的实施可持续；所谓可操作性是战略目标的实施有相应的方法和措施。

彼得·德鲁克在1990年出版的《非营利组织的管理》中这样论述："非营利组织没有所谓的'损益'，它们往往会认为所做的每件事都是公正、合乎道义并服务于美好理想的，因此，即使没有达到预想的结果，也不愿意考虑是否应该把资源用到其他更合理的地方。非营利组织可能比企业更需要在运作方面进行合理的取舍，需要大胆面对重要抉择"。[1] 这种认识和情况确实大量存在，也是我们设定战略目标需要注意的问题——战略目标的设定，必须有所取舍。不能简单地认为公共图书馆的阅读推广工作是政府的责任，所有能够想到的活动都应该开展，政府要提供开展这些活动的所有条件。其实，公共财政可能难以满足所需经费。一个图书馆的资源也极其有限，支撑不了这些目标任务，甚至即使对战略目标做了筛选，但面对目标和任务，资源仍是严重的制约因素。

---

① 〔美〕彼得·德鲁克. 非营利组织的管理. 北京：机械工业出版社，2009.

所以，战略目标的设定应该注意四个方面。一是战略目标设定要符合公共图书馆的使命。公共图书馆开展什么样的活动，应该在公共图书馆使命的范畴之中，否则就会分散公共图书馆阅读推广工作的资源。二是战略目标的设定需要符合理念，使阅读推广工作成为公共图书馆服务的有机组成部分，受众面要宽，能使大多数读者平等地享受阅读推广工作的成果。三是战略目标的设定要符合公共图书馆的整体战略，有利于公共图书馆的发展和使命的完成。四是战略目标的设定要顾及公共图书馆的自身资源的实际，实现战略目标往往需若干年之久，所以这些资源要足以支撑到战略目标的实现，而不能半途枯竭。

表8-1是苏州图书馆2010年下半年制订的《苏州图书馆"十二五"规划》中的主要指标，2005年数据是实绩，2010年数据是预测，2015年数据是规划指标，2014年数据也是实绩。这些战略规划指标，并不是简单的数学演算，而是分析了十六大、十七大后党和政府对公共文化服务的重视程度——"全覆盖""普遍均等"等政策的提出，《公共图书馆法》立法进程，《公共图书馆建设用地指标》《公共图书馆建设标准》已经颁布，结合全国公共图书馆行业面临的发展机遇，未来五年苏州市的人口状况、经济发展、财政实力、文化繁荣的预测，以及考虑到苏州图书馆近年来做出的贡献和发挥的作用，苏州市委市政府可能对苏州图书馆的重视程度及提供的支持等因素综合制定而成。

表8-1 苏州图书馆"十二五"规划主要指标

指标	单位	2005年	2010年	2015年	2014年实绩
总馆面积	平方米	24481	24481	39000	24481
分馆数量	所	1	26	100	67
员工数	人	139	223	400	323
总藏量	万册（件）	120	196	400	342
持证读者	万人	8	18.3	40	30.8
到馆读者	万人次	142	531	1200	800
外借图书	万册次	46	201	400	414
活动现场人次	万人次	5	10	20	15
活动数量	场次	128	1000	1500	1603
其中：讲座	场	12	70	100	105
服务品牌	个	5	13	18	18
…	…	…	…	…	…

这些指标能否完成，一方面取决于苏州图书馆的服务理念、硬件条件、专业能力、管理水平（这从表中可以清楚地看出来，大多数已经完成的指标都是依靠自身努力完成的），但有些指标的完成并不完全取决于苏州图书馆。如总馆面积的预测依据的是2015年苏州市常住人口为400万时，达到《公共图书馆建设标准》的馆舍面积。苏州图书馆可以通过发挥自身作用等一系列的手段来争取，但建造新馆的决策权在市政府。从规划的实施结果来看，预测至2015年底，苏州图书馆总馆面积无法达到3.9万平方米，但苏州市政府已经批准建设4.2万平方米的苏州图书馆文献集散中心，2015年会基本完成建设的前期准备工作。

（四）战略规划实施方案的专业设计

所谓提出实施措施，是指制订战略规划的具体实施方案。虽然战略目标是在分析需求、分析环境的基础上提出来的，但完成这些目标是一个长期、艰苦的过程，需要策略、方法和措施，特别是针对一些超常规发展的目标，没有特别的方法和创新的措施是不可能完成的。

制订战略规划的最后阶段，是策划和制订具体实施方案。方案针对每一个战略目标而定，即每个战略目标都需要有具体的方案。方案的制订，可以让具体的实施人员一起参与，创新思路，群策群力，便于今后的实施。

在实施方案的制订中，最关键的工作是专业设计。阅读推广是专业性很强的工作，特别是公共图书馆开展的阅读推广活动，一定要遵循公共图书馆的理念，体现公共图书馆的专业性，否则就无法成为公共图书馆的阅读推广工作。如表8-1中的"服务品牌"指标（所谓服务品牌是指长期性、周期性，并有较好的服务效益和社会赞誉度的服务或活动），2005年时，苏州图书馆已经有5项品牌：苏州大讲坛、《决策信息》、"让花香书香陪伴您""雏鹰管理员"和"四季音乐会"；2010年有13项，增加了"总分馆体系""未成年人流动图书大篷车""故事姐姐""欢乐大本营""童话剧比赛""课本剧比赛""让我的声音陪伴您"和"爱影人俱乐部"；计划在2015年增加到18项，增加的5项为"掌上苏图""扶老上网""悦读宝贝计划""七彩夏日"和"网上借阅、社区投递"。在做规划时，就进行了专业设计，制订了实施方案。2014年底，这些指标已经全部完成，服务品牌也获得了许多奖项，其中"总分馆体系""掌上苏图"分别获得文化部群星奖。

从表面看，任何机构、任何单位都可以开展阅读推广工作，但站在专业化的角度，公共图书馆的阅读推广工作从设计时就体现了专业性。这种专业性，行业外可能并没有太大的感觉，但正像一台专业化程度很高的机器，其组成的构件、螺丝钉等并没有什么专业性，关键是用什么专业进行设计安装。于良芝教授在论述公共图书馆服务的专业性时这样说："公共图书馆业务对专业知识的依赖主要发生在其产品和服务的'设计'过程、复杂服务（如参考咨询）的实施过程以及整个图书馆活动的管理过程中，这类业务可以称为公共图书馆的'智力型业务'。与其他专业机构不同的是，公共图书馆中的'设计'过程大部分在幕后实现。"[1]

三、战略规划的动态维护

由于战略规划是对未来的设计，而外部环境和内部环境的各种因素又一直处于变化之中，战略规划的实施及实施的程度又影响着内外环境，所以，战略规划一般需要每年进行维护，以适应未来的不确定性。

所谓维护，实际上是对需求、外部环境、内部环境、实施结果等进行调查、分析和评价，并在此基础上对战略规划进行修正，同时调整分年度计划和实施方案。这种调整使战略规划符合环境变化，引导公共图书馆阅读推广工作有序、健康推进。如苏州图书馆的总分馆建设，规划指标是至2015年建成市区统一的总分馆，分馆数量为100所。2011年底，苏州市政府颁布了《苏州市公共图书馆总分馆体系建设实施意见》，规定由各区政府为建设主体建设总分馆，缺乏专业能力的可委托苏州图书馆。最终，五个区愿意委托苏州图书馆，两个区愿意自行建设总分馆。因此，苏州图书馆总分馆的服务人口与当初规划相比少了两个区，70所分馆即可覆盖5个区，规划指标在2012年时也相应调整到70所（表8-1中的指标是规划原始指标），至2014年已经建成67所，已经基本完成规划指标。

---

[1] 于良芝等. 公共图书馆基本原理. 北京：北京师范大学出版社，2012：53-54.

第三节 阅读推广工作资源准备

阅读推广工作往往以活动形式展现，但所有阅读推广活动的开展都需要相应的资源支撑，所以，阅读推广工作在完成规划和方案后的第一项工作就是资源准备。

一、场馆

阅读推广工作不同于广场文化，大多数活动在室内举办，不仅有相应的专业特性，而且需要根据主题营造环境。因而在图书馆场馆建设时，需要设计和建造适合阅读推广活动的场所，如讲座需要报告厅，展览需要有展厅，亲子阅读需要专门的活动室等。

场馆条件准备还包括阅读环境的营造。由于阅读环境一般需要依附于建筑和空间，因此我们把阅读环境营造也纳入场馆条件。如深圳图书馆的"南书房"，是一个用于开展经典阅读、品鉴、交流的场所，虽然没有装修成中国古典书房的形式，但利用了中国书房的元素和线装图书陈列，营造出经典阅读的氛围。苏州图书馆的"悦读园"是专门为开展"悦读宝贝计划"而设计装修的，利用玩具式的家具、明亮多变的色彩、卡通童话图案等，为幼婴儿的阅读活动营造了可爱、欢乐的阅读场景，使孩子因喜欢这样的环境而增加参加图书馆阅读活动的意愿。

公共图书馆服务已经进入普遍均等时代，作为公共图书馆服务内容之一的阅读推广工作，也必须把普及均等理念贯彻始终。前面说过，阅读推广活动大多数需要借助公共图书馆的场馆，因而作为阅读推广工作条件的场馆，也需要按照均等化的要求科学布局。这要求一方面公共图书馆场馆建设必须要实现网络化、体系化、全覆盖；另一方面阅读推广工作必须深入社区、深入分馆，让读者能够就近便捷地参与阅读推广活动。

二、文献

阅读推广活动的最大特点是围绕阅读，而阅读离不开文献。阅读推广工作的目的是推动阅读，而且在活动过程中，往往需要相应的文献配合，如"一城一书"、阅读品鉴、亲子阅读等活动。

在数字时代，阅读推广也需要有数字化文献的准备。如"一城一书"活动，如果人手一本纸本图书，则需要的复本量是相当巨大的，但如果结合电子图书借阅，大家可以利用计算机、平板电脑、手机等载体来阅读就方便多了。

文献的组织往往涉及到资金，在资金不足的情况下，提供满足读者阅读需求的文献尽管有"巧妇"之嫌，但并不是完全没有办法。佛山禅城区图书馆是最早与书商合作开设新书借阅的图书馆。他们开设一个新书借阅处，借阅处的所有图书全部由书商提供，读者要借走其中某本新书时，禅城区图书馆的工作人员为借出图书做一个简单著录后办理外借手续，凡借出的图书由禅城区图书馆向书商付款采购，没有借出的图书由书商收回再换新书。这样，禅城区图书馆不仅在花费很少的前提下拥有了大量新书，而且凡购进的图书都是读者已经借出的图书，有效地提高了购书经费的利用效率。

三、人才

在阅读推广工作中，最重要的资源是专业人才。许多图书馆的阅读推广活动之所以有自己的特色，是因为有相应的特殊人才。如上海图书馆、佛山图书馆的讲座，苏州图书馆的推荐书目和亲子阅读，中山市图书馆的少儿阅读活动等都是由相应的专业人才来完成的。在阅读推广工作的策划、方案制订中，就应考虑到这样的策划是否具备相应的专业人才来支撑。在资源的准备过程中，根据方案和活动预期寻找和确定专业人才是阅读推广工作十分重要的工作，将决定阅读推广工作的成败。

如同场馆建设，阅读推广工作的专业人才需要进社区、进分馆。实现这一目标，最简单的办法是社区分馆的馆员具有阅读推广的专业素养，既能承担图书馆服务工作，又能按照总馆阅读推广工作计划承担阅读推广任务。但限于现有体制，这又是最不容易实现的目标。只有很少地区的总分馆是紧密型结构，分馆工作人员由总馆派出，总分馆完全处于同一个管理单元之中。如果分馆不是总馆真正的派出机构，分馆的馆员不是总馆派出，则分馆和社区就会缺乏专业馆员，从而制约阅读推广的专业化程度，使阅读推广的专业化和均等化大打折扣。解决这个问题的措施是总分馆实行紧密型管理而不仅仅是文献资源的通借通还。

四、资金

虽然说为人民群众提供普及均等的公共图书馆服务是政府的责任，但大多数公共图书馆缺乏阅读推广的专项资金，资金不足成为许多公共图书馆阅读推广工作的制约因素，甚至是最主要的因素。在资金上这两种倾向都不正确：一是既然是政府的责任，所以政府不给钱就不做事；二是既然是政府的责任，所以花多少钱都是应该的，而不考虑节约成本。

根据阅读推广工作目标和活动方案，编制好阅读推广工作的预算，组织好相应的资金，成为公共图书馆阅读推广工作中的重要任务，也是公共图书馆管理者的重要工作。

（一）编制预算

预算在不同的场合有不同的概念：首先，预算是一种法律，我国法律体系中有《中华人民共和国预算法》《中华人民共和国预算法实施条例》，各级人民政府的财政预算和财政决算，都必须遵循上述法律。其次，预算是一种工具，预算最早就是作为一种管理工具被发明的。再次，预算是一种方法，编制预算和决算都有专门的方法，如"零基预算法"。最后，预算是资金，对于预算单位而言，收到预算即是收到资金，拨出预算即是付出资金。

公共图书馆阅读推广工作的预算编制，是按照一定的方法（新项目一般采用零基预算法、老项目可采用基础法），根据需要完成的年度阅读推广工作任务和方案，综合各种因素，评估需要耗费的资源，并通过询价、分析、费用归集等手段，计算出各项阅读推广活动所需要耗费的资金数额，并将其纳入公共图书馆部门预算上报，或作为内部经费使用控制的活动。因此，编制阅读推广工作预算不能是"毛估"，而要尽可能做到精确，只有这样，才有利于争取财政拨款、争取企业资助、寻找合作伙伴、开展过程控制。所以，有几个需要特别注意的地方。

一是评估阅读推广工作的质量和参与读者的数量。如果公共图书馆在某一项阅读推广活动上的效率不变，那么活动质量的高低和参与的读者数量多少，与所要耗费的资金数额成正相关。

二是评估阅读推广工作所需要的硬件和设备情况。阅读推广活动方案中可能只有原则性的意见，但预算编制则需要比较精确的数据，如一项活动需要做一个背景，方案一般只是"有"背景，但预算需要有多少平方米、用什么材料、背景内容、制作方式等精确、具体的预测，才有可能计算出所需要的资金数额。

三是了解阅读推广新技术运用的发展趋势。在数字时代，许多阅读推广活动会利用数字技术，而且阅读推广中也应该介绍新的阅读载体、阅读方式，让读者体验新技术下的阅读，把阅读的选择权交给读者。可能大多数人都会认为新技术的运用会降低成本，但事实恰恰相反，新技术的运用主要是提高效率，但总成本会增加。所以在编制预算时，既要反映运用新技术后效率的提高，也要注意预算的总额会增加。

（二）预算的执行

阅读推广工作预算是对公共图书馆一个预算年度内在阅读推广工作上经费收支安排的预测和计划。阅读推广工作预算是由一个个阅读推广活动预算汇总而成，对于每个分项预算来说，都与一个个阅读推广工作方案相对应，如果预算准确，预算支出的多少就会反映事业任务完成的多少，预算执行的进度会反映工作计划完成的进度。因此，预算管理既是通过预算编制和预算执行来节省经费支出，又是通过资金管理来控制阅读推广工作计划的进度。

一般而言，预算资金使用程度反映了阅读推广工作完成的程度。因此，阅读推广工作计划的完成情况，就可以通过两个方面来控制和对照：工作计划的完成程度和预算经费的支付进度。这样，一旦两者之间发生脱节，可以及时发现问题，进行分析，立即应对。如果是工作进度脱节，则要么是预算不足，要么是预算超支，这必须及时设法纠正，或者寻找资金弥补缺口；如果是工作进度快于预算支付进度，则要么预算虚增，要么工作漏项，这必须调整资金投向，或者弥补漏项。

（三）寻找资金

在阅读推广工作中，公共图书馆馆长的重要任务是寻找资金以保障阅读推广工作计划的完成。

阅读推广工作的资金无非有这样几个来源。

1. 正常预算

将阅读推广工作的经费纳入公共图书馆正常预算，由财政拨款。一般而言，财政预算资金不可能保障公共图书馆阅读推广的全部工作所需。

2. 上级拨款

上级拨款从本质上说也是财政拨款，仅仅是没有进入公共图书馆正常的预算，而是由其他上级机构委托（或者下达）公共图书馆开展阅读推广活动的专项经费。如中共苏州市委组织部委托苏州图书馆承办"先锋讲坛"，由市委组织部直接拨付一笔专款，对市委组织部来说是一种业务外包，对苏州图书馆来说是上级拨款。在接受委托时，苏州图书馆必须向市委组织部递交一个预算，预算的准确性决定了这个委托项目的持续性：预算做大了可能导致市委组织部不愿意委托，预算做小了会使苏州图书馆完不成委托任务。

3. 项目收入

项目收入是指阅读推广工作产生的收益再用于阅读推广工作中去。如共享工程的上传资源收益。项目收入还有一块就是非基本服务收入。对公共图书馆而言，如何界定基本服务和非基本服务是一个重大的问题，如阅读推广中的读者培训，什么培训属于基本服务需要免费，什么培训属于非基本服务可以收费，需要准确把握。关于这个问题，请见延伸阅读《公共图书馆的非基本服务》。

4. 企业赞助

这个是企业为履行企业社会责任、支持公益事业的发展而提供的资金。如苏州苏明装饰股份有限公司每年赞助苏州图书馆10万元，用于"悦读宝贝计划"的实施。企业赞助一般需要公共图书馆提供一定的回报，如活动冠名，在活动宣传品上印制企业名称或商标。因此，公共图书馆有时需要对阅读推广活动进行细分，多制造出一些冠名权。

5. 合作收入

合作收入的形式比较多样，可以是收到合作单位的资金，也可以是合作单位承担一部分阅读推广活动的成本，还可以是免除一些原来需要公共图书馆支付的款项。如苏州大讲坛中的"名家大讲堂"，与《姑苏晚报》合作，《姑苏晚报》作为活动的主办方之一，并不出资，但免除了苏州图书馆原来在讲座上需要支付的预告版面费用，还在讲座后用整版刊登讲座的深度采访和报道。苏州图书馆在节省广告支出的同时，扩大了"名家大讲堂"的影响力。

▲苏州市"悦读宝贝"项目向婴幼儿家庭赠送的悦读大礼包。

▲苏州图书馆"悦读园"

公共图书馆有时为了开展一项符合使命、弥补目前缺失的服务或活动，但这项服务或活动又一时难以进入正常经费预算，需要做出成绩进行示范时，寻找资金就成为关键。如前面已经简单介绍过的苏州图书馆的"悦读宝贝计划"，是针对图书馆在婴幼儿阅读服务上的空白，从而使阅读推广在年龄上实现全覆盖的活动战略，目的是让苏州人从一出生就开始阅读，成为图书馆读者，培养婴幼儿的阅读习惯，并借此开展家庭阅读。为了能够取得正常预算，必须向政府展示这项活动的成效，所以需要开展示范。为此，苏州图书馆积极寻找资金。经过努力，市文明办同意拨款 10 万元试水，2011 年向 1000 名婴幼儿赠送了"悦读大礼包"，并布置开设了"悦读园"，专门用于"悦读宝贝"的活动，社会反响很好。2012 年，不仅市文明办同意继续拨款 10 万，苏明装饰公司也为此每年赞助 10 万，活动影响不断扩大。至 2013 年，市政府同意在 2014 年起为"悦读宝贝"安排预算。目前，市区新生婴幼儿接受"悦读大礼包"的覆盖面已经达到 40%，计划在 2017 年实现每个新生婴儿都能免费享受"悦读宝贝计划"的礼包和服务。

第四节 阅读推广工作过程管理

一、阅读推广活动的部门

阅读推广工作是公共图书馆服务的内容之一，是一项经常性的工作，涉及图书馆的馆舍、资源、服务等，如果设立专门的阅读推广工作部门，有专人策划、组织、宣传、总结最好，但这需要公共图书馆有相对比较充裕的人员编制，而原来在定编时，还没有阅读推广这一说，所以大多数图书馆做不到。另外，现在的阅读推广已经渗透到公共图书馆工作的方方面面，因而，在公共图书馆管理中，让各个部门承担相应的阅读推广工作是常见的做法。

为了保证阅读推广工作的专业化，苏州图书馆的做法是由辅导部牵头全馆阅读推广工作，会展部负责讲座、展览、培训，借阅部负责针对成年人的读者活动，少儿部负责少儿的读者活动，情报部负责科技读者活动及科普活动,古籍部负责地方文化阅读推广工作,技术部负责利用计算机技术的阅读推广工作,分馆工作部负责各个分馆的阅读推广工作。在制订工作计划时,各部门先提出下一年度本部门阅读推广的工作计划和预算,由辅导部负责汇总、把关、修订,递交馆长室;馆长室对计划和预算进行审核,几上几下后,确定下一年度的阅读推广工作计划和预算。

其实,还有一种方法,就是在公共图书馆内部建立阅读推广工作的学习型团队,让大家在学习中工作,在工作中学习。限于篇幅,学习型团队建设不在这里做详细介绍。

二、专业人才管理

人力资源管理是一门专门的学科,人力资源管理中的原理和方法,在这里大都适用。这里的篇幅只能针对阅读推广专业人才管理的特点讲述。

与其他工作一样,阅读推广工作的成败关键在人,即要有合格的阅读推广专业人才。阅读推广工作涉及面广,活动的形式和内容多,既有讲座、展览,又有推荐书目、阅读品鉴,还有读者培训;不管是从年龄区分,还是从职业划分,受众层面都很多,特别是针对特殊人群的阅读推广工作,专业性更强,需要特殊的专业人才。另外,前面说过,阅读推广工作涉及公共图书馆的理念,在活动的专业中还要融合公共图书馆专业,即所有阅读推广工作的规划、策划、组织都是既要体现公共图书馆的专业性,又要体现相应活动的专业性。

由于复合型人才的稀缺,要搞好阅读推广工作,公共图书馆一般需要对多方面的专业人才进行有机组合,从而形成专业化的团队。所以,公共图书馆一方面需要培养自己的专业人才,另一方面需要在馆员招聘时留意阅读推广工作人才,同时,还要注意与社会合作,充分利用社会上的专业人才为我所用。如苏州图书馆的亲子阅读系列中,"故事姐姐讲故事""欢乐大本营""七彩夏日""缤纷冬日""家长沙龙"等活动,都有苏州市的儿童作家、苏州高等幼儿师范学校的老师和学生、新苏师范附小的老师等志愿者参与。聋哑读者活动与聋哑学校的师生合作。这些专业人才帮助苏州图书馆克服了原来这方面专业人才匮乏的困难,使苏州图书馆的少儿阅读活动不管是数量还是质量都上了一个大的台阶。

三、阅读推广工作的成本管理

按照预算会计制度，公共图书馆不进行成本核算，因而绝大多数公共图书馆都缺乏成本管理的概念，总认为公共图书馆没有私利，所做的一切都是为了提高民众素质、促进社会进步、实现信息公平，其支出理所当然地应该由公共财政无条件的承担，而从来没有想过这些目标的实现需要多少资金，当地政府是否有相应的财力。其实，成本管理是决策、项目管理、绩效管理中的重要工具。不开展成本管理，其结果往往忽视资源的有效配置、使用效益，甚至造成公共图书馆无法讲清楚效益的高低，以及自己为社会提供了多少价值。

阅读推广工作的成本管理，至少有这样几点意义。

一是有利于完成工作目标。成本核算会将工作目标细化，及时发现目标完成过程中的问题，并针对这些问题在管理上寻找解决方案，从而有利于工作目标的完成。

二是有利于控制预算支出。成本核算可以严格控制预算支出，防止发生寅吃卯粮、完不成年度工作目标的情况，以及因其他突发原因（如任务增加、物价上涨等）造成预算超额和失控。

三是有利于争取经费追加。成本核算及核算结果，可以从一个角度说明图书馆年度预算的科学性和合理性，为可能发生的经费追加提供依据。

四是有利于确定收费标准。成本核算可以计算出公共图书馆非基本服务收入的盈亏平衡点，便于申报收费许可，且不出现项目亏损。

五是有利于彰显服务效益。成本核算可以计算出阅读推广工作的效益，便于宣传工作的开展。

六是有利于进行项目决策。在资源有限、需要对阅读推广活动项目进行取舍时，在开展非基本服务项目决策时，通过成本核算可以帮助项目决策。

成本核算有专门的方法，主要有完全成本法、变动成本法、本量利分析法等。在开展阅读推广工作的成本管理时，可能几种方法都需要用到。但限于篇幅，这里不再展开。

四、 阅读推广活动的宣传管理

（一）阅读推广活动的延伸产品

阅读推广工作往往以活动形式出现。由于活动都有时效，现场能够容纳的人数也有限，有时成本很高。如邀请一位名家讲座，成本往往几千元，现场听众数百人，人均成本超过 10 元。一方面平均成本很大，另一方面可能还有听众因报告厅座位有限进不了场。因此，可以将讲座录制成视频让更多读者享用，如果能够符合共享工程国家中心的要求，还可以取得经费补助；或者把讲座整理成书，让更多人阅读，这些都是扩大阅读推广工作效益的好方法，也是活动的延伸产品。

除了视频和讲座汇编外，还有一些有意义的阅读推广活动的延伸产品，如将征文比赛的优秀作品汇编成册，可以增加读者的成就感，提高他们参加阅读活动的兴趣，特别是针对少儿开展的征文比赛，这样的做法有时可能会改变少儿的人生轨迹，使他们爱上阅读。

比如阅读刊物的编印，一方面需要借助读者，另一方面又要帮助读者，如《今日阅读》《易读》《尔雅》《读读书》等阅读内刊，不仅广受读者和阅读推广工作者的欢迎，还成为图书馆的名片。

（二）宣传与活动相结合

公共图书馆的阅读推广工作，既要彰显阅读推广的共性——推动全民阅读，又要保持公共图书馆的个性——培养更多的读者，夯实图书馆的基础。因而，对公共图书馆来说，阅读推广活动本身就是图书馆宣传。但同时，搞好阅读推广工作，扩大阅读推广工作的影响，又需要宣传，既要借助社会媒体，也要通过自身宣传，借助网站、微博、微信、海报等多种宣传方式。这种宣传，既是活动预告、报道、活动宣传，又是公共图书馆本身的形象宣传，有时活动和宣传本身是一体，如读者手册、新书通报、阅读品鉴资料、阅读内刊等。

需要注意的是，在阅读推广工作中，要注重活动与宣传的统一，把宣传融入活动中，把活动当成宣传。2015 年苏州阅读节海报所公布的相关活动，有主题活动 10 项、重点活动 51 项、系列活动 1041 项。

第10届苏州阅读节

阅 读 让 苏 州 更 美 丽

主办单位：
中共苏州市委宣传部　　　苏州日报报业集团
苏州市文明办　　　　　　苏州广播电视总台
苏州市委市级机关工委　　苏州市总工会
苏州市教育局(市语委办)　共青团苏州市委
苏州市财政局　　　　　　苏州市妇联
苏州市文化广电新闻出版局　苏州市文联

2015年3月28日——10月28日

主题活动(10项)

1. "书香中国万里行·苏州站" 新闻采访活动　责任单位：中国全民阅读媒体联盟、苏州阅读节组委会
2. 第十届苏州阅读节启动日 "悦读嘉年华" 活动　责任单位：苏州阅读节组委会办公室
3. 地方优秀精品出版物评选活动　责任单位：苏州阅读节组委会办公室
4. 2015苏州晒书会　责任单位：苏州阅读节组委会办公室、姑苏区人民政府、苏州科技学院、苏州独墅湖高教区管理办公室、凤凰苏州书城
5. 善书院"少儿国学经典传习活动"　责任单位：德善书院、苏州碑刻博物馆
6. 第六届"苏州职工读书月"　责任单位：苏州市总工会
7. "微阅读、微感想，成就大人生"——苏州市第五届流动儿童阳光艺术家园学校阅读节活动　责任单位：市妇联、市妇幼中心、流动儿童学校
8. "你停好书，我赠新书" 阅读推广活动　责任单位：苏州新华书店有限公司、苏州市全民阅读促进会
9. "名家大讲堂" 系列公益讲座　责任单位：苏州图书馆
10. "美丽乡村"文学读写活动　责任单位：苏州市文联、苏州市作协少儿阅读指导站、苏州市职业大学

重点活动(51项)

1. 苏州市"优秀阅读推广组织"、"优秀阅读推广活动"及"优秀阅读推广人" 评选活动　责任单位：苏州阅读节组委会办公室、苏州市全民阅读促进会
2. 2014年度"苏州阅读之星（公共图书馆读者）"评选活动　责任单位：苏州阅读节组委会办公室、苏州市全民阅读促进会、苏州市图书馆学会
3. "阅百种报刊、读百家文献" 读书文化选展活动　责任单位：各档案机关
4. 市级机关 "法治开讲" 活动　责任单位：市级机关工委、慈县党组织
5. "首届苏州市中小学最美校园图书馆馆长" 评比活动　责任单位：苏州市教育局、苏州市教育装备与勤工俭学管理办公室
6. 财政大讲堂　责任单位：苏州市财政局
7. "旅游大讲堂" 系列公益讲座　责任单位：苏州旅游局、苏州图书馆
8. 苏州地税局 "读书·思辨·实践" 主题读书活动　责任单位：苏州地税局
9. 品味经典，启迪智慧——"书香国检，好书课堂" 主题系列活动　责任单位：苏州出入境检验检疫局
10. "苏州城门城墙故事送到家" 阅读活动　责任单位：农工党苏州市委、市文旅集团、海迪传媒出版机构
11. 商旅读书会名家讲座　责任单位：城市商报、有关市级民间阅读组织
12. "开卷有益 书香扬子"之行长券书活动　责任单位：中国银行苏州分行
13. "品书香、做新人" 主题阅读活动　责任单位：苏州蓝缨
14. "你选书、我买单"——读者荐书活动　责任单位：苏州图书馆、苏州新华书店有限公司
15. 苏州大学出版社吴文化经典活动
　　　责任单位：苏州大学出版社有限、凤凰苏州书城、观前书城、古旧书店
16. "我与当代阅读、触摸传统文化" 系列活动　责任单位：苏州评话学校、中国孔子研究院、相关社区
17. 2015年第十届校园阅读节　责任单位：苏州市城北职业技术学院
18. "阅读，让苏农更加美丽" 系列活动　责任单位：苏州农业职业技术学院
19. 中华经典诵读会　责任单位：硅湖职业技术学院
20. 经典诵读欣赏会　责任单位：沙洲职业工学院
21. 第九届登云读书节　责任单位：登云科技职业学院
22. 张家港 "全民读书月"　责任单位：张家港市委宣传部、张家港市文广新局
23. 2015年度 "我是阅读大民星"擂台争霸赛
　　　责任单位：张家港市组织部、张家港市委宣传部、张家港市文广新局
24. "书香亲子能致远 共同阅读共成长" 亲子阅读　责任单位：张家港市妇联、东渡凌子俱乐部
25. 全市中小学 "友善、孝敬、节俭、诚信" 主题经典诵读活动　责任单位：张家港市教育局、常熟市教育局
26. "书香滋养文明风 阅读成就中国梦" 常熟市 "书香宝贝" 阅读家庭活动　责任单位：常熟市妇女联合会、常熟市图书馆
27. "扬起生命的风帆" 常熟市残疾人系列阅读活动　责任单位：常熟市委宣传部、常熟市民政局、常熟市残联、常熟市文广新局、常熟市图书馆
28. "书香溢娄城" 全民阅读百行行　责任单位：太仓市文明办、太仓图书馆、太仓日报、春橡区
29. "家在太仓，书香娄东" 主题阅读活动　责任单位：太仓市文广新局、太仓市图书馆
30. "阅读经典立德修身" 中小学生阅读代言　责任单位：太仓市教育局、太仓市关工委、太仓市文广新局、太仓书香读点
31. "寻找故事达人"——家庭亲子阅读习惯培养行动　责任单位：昆山市妇联、昆山交通广播电台
32. "悦读365 共给读书梦" ——2015年昆山开发区阅读系列活动　责任单位：昆山开发区社会事业管理局、文体站、各街道办事处
33. "围韵醇香，书行宗城"——昆山市图书馆阅读系列活动　责任单位：昆山市文广新局、昆山市图书馆
34. "你阅读，我买单" 阅读推广活动　责任单位：吴江图书馆、吴江新华书店
35. "阅读经典、铸就伟信仰、凝聚力量" 吴江区第七届青年读书节　责任单位：吴江区团委、各直属团组织
36. 吴江枣渭市民阅读推广　责任单位：吴江区委宣传部、亨通集团、吴江新华书店
37. "阳光百苗" 少儿品牌系列活动　责任单位：吴中区团委、吴中区各中心
38. "太湖大讲堂" 系列公益讲座品牌活动　责任单位：吴中区委宣传部、吴中区文化体育局
39. 2015年木渎镇全民学习节　责任单位：吴中区木渎镇人民政府、木渎镇社区教育中心
40. "书香滋润童年，阅读引领成长" 阅读推广活动　责任单位：吴中区盛口实验小学
41. "书香润泽人生，阅读滋生文明" 主题读书活动　责任单位：相城区法院
42. 阅读点亮心灯——溧阳小学第七届"柳笛之声"阅读节　责任单位：相城区溧阳小学
43. "给生活"2015年首届姑苏区原创微绘本大赛　责任单位：苏州国家历史文化名城保护区文化商旅发展局、姑苏区文体局、姑苏区图书馆、姑苏区历史街区保护整治有限公司
44. 2015平江晒书节　责任单位：姑苏区委宣传部、保护区历史街区景区管理局、保护区文化商旅发展局、平江街道、姑苏区文化馆、姑苏区图书馆、王小慧艺术馆、平江历史街区保护整治有限责任公司
45. "书香漫润成长" 系列读书活动　责任单位：姑苏区图委、蝴蝶妈妈德书会
46. 2015苏州工业园区第五届全民阅读学　责任单位：苏州工业园区宣传（精神文明）办公室、苏州工业园区事业发展局、独墅湖科教创新区管委会、苏州工业园区团委、苏州工业园区工会联合会
47. 全民共抗腹东 "悦读地图"　责任单位：苏州工业园区湖东服务工作委员会
48. "阅读点亮童年" 　责任单位：苏州工业园区星渥学校、湖南社区
49. "阅读开启智慧，智慧点亮人生" 系列阅读活动　责任单位：苏州高新区星湖实验小学
50. "浸润书香 儒雅人生"——苏州外国语学校第十二届读书节　责任单位：苏州外国语学校
51. "书香伴成长，阅读圆我梦"校园读书活动　责任单位：苏州高新区新升实验小学

系列活动(1041项)

1. 市级机关（市属单位）：64项　2. 大专院校：14项　3. 张家港市：98项　4. 常熟市：272项　5. 太仓市：85项　6. 昆山市：34项　7. 吴江区：111项　8. 吴中区：99项　9. 相城区：46项　10. 姑苏区：134项　11. 苏州工业园区：59项　12. 苏州高新区：25项

第五节 阅读推广活动的安全管理

举办阅读推广活动,在希望参与者多多益善的同时,又担心安全事故的发生。确实,安全是一切工作的前提。阅读推广活动策划、组织、实施的全过程,都不能忽视安全管理,要有专门的安全管理机构、安全管理制度、事故防范措施,以及应付突发事件的应急预案。

与公共图书馆正常的安全管理不同,阅读推广活动时,参与读者多,且都在活动过程中,不可控因素较多,特别是大型阅读推广活动,参与人员都是临时到来,对活动地点的环境、安全措施、逃生路线等不熟,一有风吹草动,可能都会惊慌失措。所以,公安部门要求 500 人以上的大型活动事先报批,并派员维护治安,公共图书馆在举办大型活动时,一定要遵照执行。

随着图书馆阅读推广活动呈现分众化、个性化的发展趋势,小型阅读活动越来越多。尽管对于某一个活动来说,参与人数少了,但事实上活动场次多了,特别是少儿阅读推广活动,参与者年龄小、需要监护人陪同,在频繁的进出中,容易产生混乱,小读者离开监护人的视野而走丢等事故时有发生。

在阅读推广活动现场禁烟,既是文明的需求,也是安全的需求。乱丢的烟头极其危险,即使不发生火灾,只要出现活动现场有不明浓烟,甚至只有烟味,就可能引发骚乱,继而发生挤伤、踩踏等恶性事故。

安全管理,既不能因噎废食,为了安全不办或减少阅读推广活动,也不盲目乐观,存在侥幸心理,忽视安全管理。因此,公共图书馆应在大型阅读活动举办前,制订一个安全管理预案,通过这个预案,落实活动的安全管理责任,明确安全管理工作内容,堵塞安全漏洞,防止出现安全死角。如果再制订一个应急预案,则更能防止或及时控制突发事件造成的安全事故。

参考文献

[1] 于良芝等. 公共图书馆基本原理. 北京:北京师范大学出版社,2012.

［2］邱冠华，陈萍．公共图书馆管理实务．北京：北京师范大学出版社，2013．

［3］〔美〕弗雷德·R·大卫．战略管理（第11版）．北京：清华大学出版社，2008．

［4］〔美〕彼得·德鲁克．非营利组织的管理．北京：机械工业出版社，2009．

思考题

1. 制订阅读推广工作战略规划有什么意义？
2. 在财政拨款不足的前提下，如何筹措阅读推广工作的经费？
3. 如何做到让读者享受到均等、专业的阅读推广服务？

小贴士：

更多内容请参考延伸阅读《图书馆举办大型阅读活动的安全管理预案》和《公共图书馆的非基本服务》。

延伸阅读

国际阅读推广特点和趋势

一、阅读推广主体分析

通过对国际范围内阅读推广主体的分析，发现推广主体呈现以下特点。

（一）推广主体多元化

从国际范围看，推广主体多样，国际组织、各国政府、图书馆界、出版界、非营利机构、教育机构、医疗领域、大众传媒等均推出了相应的阅读推广项目。

1. 国际组织的阅读推广

联合国教科文组织倡导了多项包含阅读推广的活动，如1972年提出的"国际图书十年"，对世界上各个国家和地区的阅读、出版状况进行了大范围的调查和研究，1982年提出的"走向阅读社会——八十年的目标"，1992年提出的"全民阅读"。

国际图联一直致力于提升民众的阅读素养，成立了阅读和素养分委员会，专门致力于素养和阅读方面的研究和实践的推广，制定了《基于图书馆的素养项目指南》《易读材料指南》等多项指南，为开展阅读推广的机构提供大量实用性建议。

国际阅读协会有100多个国家参与，10万多来自世界各地会员，其宗旨是藉由研究阅读过程及教学方法来提升全民阅读质量，使每个人都拥有阅读的能力，并鼓励终身阅读。国际阅读协会主要通过进行阅读方面的研究、召开学术会议、出版学术刊物、组织评奖等多种方式推动阅读推广。

国际儿童读物联盟设立"IBBY-朝日阅读促进奖"，该奖由日本朝日新闻报社提供赞助,每两年评选一次,每次评出一至两个在阅读推广中做出突出贡献的阅读推广项目,"朝日阅读促进奖"设置以来,共有25个阅读推广项目获奖。

2. 各国政府

阅读推广需要政府部门的大力倡导和有效组织,各国政府通过制定相关法律、开展全国范围内的阅读活动等推动阅读推广的发展。

2001年,日本公布和实施了《儿童阅读推进法》,该法的目的是确定儿童阅读推进法的基本理念,在明确国家、地方公共团体责任的同时,确定推进儿童阅读相关的必要事项,全面而有计划地推进与儿童阅读有关的政策。2005年7月,日本国会通过了《文字、活字和文化振兴法》,并于同月29日开始实施。该法的主要内容之一是推进国语教育和阅读推广,同时在该法中将读书周的第一天10月27日设立为"文字、活字文化日"。

韩国于1994年制定了《图书馆与读书振兴法》。2006年12月29日通过的《阅读文化振兴法》规定:文化体育观光部为国民阅读推广的官方机构,每五年需制订一份读书文化振兴基本规划;成立读书振兴委员会,指导和推动国民阅读的开展;规定中央和地方政府必须为全体公民提供均等的阅读教育的机会;明确社区、学校、公司企业等各非营利和营利机构在推行全民阅读中的责任。

俄罗斯联邦出版、广播电视和公众媒体传播部在2006年11月联合俄罗斯图书联盟,共同制定推出了《国家支持与发展阅读纲要》,并在具体实施上由政府给予财力和政策上的大力支持。

除了制定相关法律和规划,很多政府部门还开展了声势浩大的阅读活动,这些阅读活动一般都有国家政要的强力支持。2006年,英国首相布莱尔发起"快速阅读"倡议,鼓励畅销书作家为成年人编写简略本图书,以鼓励繁忙的成年人读书。美国每位总统上任后,几乎都大力提倡阅读,克林顿曾倡导"美国阅读挑战"活动,布什曾总体提出"阅读优先"方案,现任美国总统奥巴马刚上任不久,便与妻子米歇尔到首都华盛顿一所小学,一起为孩子们朗读介绍美国登月宇航员阿姆斯特朗的儿童读物片断。

3. 图书馆界

图书馆是履行公共服务职能的文化教育机构,是国民继续教育和国民阅读的重要基地。它的社会职能主要有：保存人类的文化遗产、开展社会教育、传递科学情报和开发智力资源。其中，倡导阅读是图书馆开展社会教育的一个重要方面。图书馆是倡导和推进全民阅读最主要、最有力的组织者、实施者，是推进全民阅读的重要力量。

图书馆开展了丰富多样的阅读推广活动，公共图书馆尤其引人关注。公共图书馆因其服务人群的多样性决定了其阅读推广活动的多样性，有面向婴儿、幼儿、青少年、成年人、老年人不同群体的阅读活动。同时图书馆界作为一个整体，致力于整个社会阅读意识和能力的培养。美国图书馆界在美国国会图书馆的领导下以著名的卡通形象为代表，拍摄了一系列宣传阅读的公益视频。这些活动极大地推动了全面阅读的开展。

4. 社会组织

除了图书馆界，在阅读推广领域还活跃着大量的社会组织和个人，这些机构规模不一，形式多样。在英国，英国素养信托基金和英国图书基金是非常重要的阅读推广的机构，他们开展了大量的影响深远的阅读推广项目。在美国，有"每方都是赢家"这种遍及美国十几个州的大型志愿阅读推广机构，也有社区的读书会。近年来，我国也出现了很多从事阅读推广的民间机构，比如公益小书房，采用加盟的方式推进加盟地区儿童阅读活动的开展。

5. 大众传媒和出版等机构

大众传媒机构泛指传递新闻信息的载体，是报纸、通讯社、广播、电视、新闻纪录影片和新闻性期刊的总称。大众传媒机构中对阅读推广做的最突出的案例是"奥普拉图书俱乐部"。"奥普拉图书俱乐部"自开播以来，已经连续促成了几十本畅销书，共销售小说数千万册。我国也有很多关于阅读的电视节目，比如中央电视台10套的《子午书简》、河北卫视的《读书》、凤凰卫视的《开卷八分钟》等栏目。除了电视栏目，还有很多阅读类报纸和刊物，如《中国图书评论》《文汇读书周报》《博览群书》《中国图书商报》《图书馆报》等，这些报纸和刊物或推荐读物，或展示阅读心得，从不同侧面推动阅读。

6. 医疗领域

几乎每个孩子的成长过程中都会接触医疗机构，因此医疗机构结合自身的特点推出了各种阅读推广项目，其中比较典型的是美国医疗领域的"触手可读"：孩子到医院进行体检时，医生向父母介绍如何促进孩子阅读，并送给孩子一本书，并且在候诊室设立阅读区供儿童候诊时阅读。加拿大新斯科省的"读给我听"项目联合全省 11 家医院在婴儿出生 24 小时内为每个新生儿送去一本书。

（二）推广主体合作化

通常而言，图书馆、作家、出版商和图书销售商是阅读推广活动的重要参与者。但开展阅读推广活动的合作者并不局限于这些。政府机构、商业企业、银行、医院、咖啡馆，甚至篮球协会这样的非营利组织，都可以成为阅读推广活动的参与者。

（三）推广主体角色层次化

一个阅读推广项目需要各种不同的角色，包括阅读推广项目的组织和实施。阅读项目的组织主要包括对项目进行规划，对资源进行整合，对相关机构进行指导。实施方可以是同一个机构，也可以是不同的机构。从目前国际趋势来看，组织方和实施方不是同一个机构的偏多。比如英国的"夏季阅读挑战"，该活动由英国阅读社组织策划，发布活动方案，对图书馆员进行培训，设计奖牌、奖励证书、悠悠球等活动产品。但是该机构并不组织具体的读书活动，具体活动由各个图书馆组织，各个图书馆要到学校、社区进行宣传，招募志愿者，组织相应的阅读活动。国内阅读推广机构往往将阅读推广的组织和实施这两个角色合一，国内阅读推广机构的主要方式是举办各种各样的读书活动，如故事姐姐、征文比赛等，这些读书活动为阅读的推广起到了很重要的作用，但是由于每次读书活动的人数有限，其影响的范围也有限，因此需要阅读推广机构突破"阅读推广就是举办阅读活动"这种认识，专业阅读推广机构不仅仅是阅读活动的举办者，还应该成为阅读活动的指导者和组织者。

二、阅读推广对象分析

（一）阅读推广对象定位明确

微观个体的阅读推广项目存在一个共同的特点，那就是目标群体明确。比如信箱俱乐部项目面向寄养家庭儿童；挪威有专门面向16~19岁高中生的阅读推广项目和面向运动员的阅读推广项目——运动和阅读，等等。

（二）以儿童和青少年为主，兼顾其他人群

从各国阅读推广开展情况来看，儿童和青少年是阅读推广的重点人群，包括面向新生儿的"阅读起跑线"，面向要进入小学阶段的幼儿园大班学生，面向初中低年级学生的Booked Up，面向4~13岁儿童的英超俱乐部"阅读之星"，等等。这里要强调的是，尽管儿童和青少年是阅读推广的重点，但是面向成人的阅读推广活动也开展得有声有色。比如美国很多公共图书馆的暑期阅读不仅有面向青少年的，同时还有面向成人的暑期阅读。芝加哥公共图书馆面向成人的暑期阅读在每年的7~9月举行，每年主题会有所区别，包括环保、音乐、电影、林肯等。芝加哥公共图书馆每年根据主题安排不同的阅读推广活动，包括作家讲座、演唱会、读书讨论等。英国阅读社专门面向成人的阅读挑战，通过让读写素养比较低的成人群体阅读六本书完成挑战，从而提升他们的阅读素养。反观我国面向成人的阅读推广，尽管笔者没有进行深入的定量研究，但是可以说我国对成人的阅读推广是比较薄弱的，希望国内的相关机构特别是公共图书馆能够在这方面有所加强。

（三）关注弱势群体

弱势群体，又称弱势社群，指的是社会中的弱者群体，在财富、社会地位上处于不利地位，是无权、无势、无人脉关系、无投票权的人，在社会被标签化及歧视的社群。阅读推广中对弱势群体的关注主要体现在两个方面：一是阅读推广对象明确是弱势群体，比如有面向寄养家庭儿童的"信箱俱乐部"，面向低收入家庭的"力量午餐"；二是在整体的阅读推广项目中加入关注弱势群体的元素。比如英国的暑期阅读挑战，该挑战面向英国所有4~13

岁的儿童和青少年，为了让视力有障碍的孩子也能参加，在该挑战中，增加了面向视弱儿童的单元。美国的"触手可读"项目推出了面向视觉障碍儿童、听觉障碍儿童、自闭症儿童、智力低下儿童的阅读指导指南，包括给父母的建议、阅读书目等。

三、推广方式策略分析

（一）推广方式立体整合化

指同一个阅读推广项目，采用多种方式进行。大型阅读推广项目这方面表现得尤其明显，比如澳大利亚国家阅读年采用作家讲座、竞赛、加入图书馆等多种方式进行。即使是小型的阅读推广项目也注重推广方式的综合使用，比如英超俱乐部的"阅读之星"，将名人推荐、在线阅读竞赛和阅读活动有机融合到一起，起到了很好的推广效果。

（二）注重使用交互工具

笔者通过对经典阅读推广案例的考察，发现几乎每个阅读推广案例都充分使用交互工具，"读遍美国"的网站上，开通了 Blog、Twitter、Flicker、Youtube 等交互工具，进行阅读推广的机构和阅读爱好者利用这些工具进行交流，扩大了阅读推广的影响力。"夏季阅读挑战"的网站上也提供了 Blog 等工具。阅读推广方案的设计也要充分考虑使用新技术，比如在传统的征文比赛的基础上，可以通过让学生制作并上传视频来推荐一本书，这样不仅能够结合学生喜欢新技术的特点，还能够推动学生向别人推荐图书。

（三）品牌建设

阅读推广是一项长期的活动，而在长期阅读服务的过程中，应该注意塑造阅读推广项目的品牌。关于这方面，国外众多的阅读推广项目有很好的经验。比如说"读遍美国"项目，项目组织方设计了项目的标识——带帽子的猫，制作了统一的主题歌、主题曲、获奖证书等。有市场营销咨询公司和"触手可读"合作，为其提供免费的服务，帮助"触手可读"进行品牌定位，以及扩大影响力。除了一系列的宣传活动之外，还邀请国会成员到"触手可读"成员医疗机构给孩子们阅读,让这些国会成员能够近距离地了解"触手可读",从而争取更多的政府资助。"夏季阅读挑战"活动与多家网络媒体都有密切的合作。例如英国广播公司(BBC)第四、第七电台会定时对"夏季阅读挑战"活动中的图书及图书的相关事宜进行宣传,2012年更是与Facebook、Twitter、Google等多家网络媒体合作宣传此项活动。

(四)注重评估

不管是哪类机构开展的面向哪类群体的阅读推广项目,都应该对阅读推广的效果进行评估,这样才能保证阅读推广的科学发展。如美国"一城一书"活动,其中很多项目的评估包括事前评估和事后评估。以英国阅读社的"阅读六本书挑战赛"为例,在挑战之前,要求参加人员填写一个网络问卷,包括对阅读的看法、喜欢看什么方面的书等,挑战赛结束之后,同样要求参加人员填写问卷,包括对自己阅读能力的评估、未来的阅读计划等。由于采用的评估方法不同,评估结果可能会有差别,因此"触手可读"项目正在着手研制一个标准的质量评估和提升工具包,使各个阅读推广成员机构能够使用统一的评估标准评估该机构的表现从而提升阅读推广的效果。

(五)规范的志愿者队伍建设和管理

志愿者是阅读推广项目中一道亮丽的风景线,几乎所有的阅读推广项目中都有志愿者的身影。如英国的"夏季阅读挑战"于2011年通过各公共图书馆一共招聘了3891名志愿者。各阅读推广项目非常注重志愿者队伍的建设,一方面,培训图书馆如何对阅读推广志愿者进行科学管理,包括志愿者的招募、培训、评估等;另一方面,各个图书馆鼓励志愿者设计富有创造力的阅读活动。目前在国内也有不少图书馆进行阅读推广时借助志愿者的力量,如故事妈妈、故事姐姐等,也出现了一些专门由志愿者开展的阅读推广项目,如公益小书房。希望国内相关组织加强志愿者队伍管理规范化方面的培训,促进志愿者更好的发挥作用。

——摘自《阅读推广:理论·方法·案例》,赵俊玲、郭腊梅、杨绍志主编,国家图书馆出版社,2013年版,本文略有删改。

国外部分阅读推广案例摘编

一、赠读书人玫瑰

西班牙的加泰隆尼亚有一个传统，每到 4 月 23 日"世界读书日"期间，由当地政府部门联合各大出版社及书店，举办许多大大小小的书展，展出的图书通常为当月、当年畅销书，读者每购买一本书，都可获得一支玫瑰花，通过赠送玫瑰花的方式吸引读者购买图书。这种方式在当地已成为读书节的传统。

二、一人一本书

英国的读书日为每年的 3 月 6 日，国家读书发展委员会举行形式多样的阅读活动，例如家庭故事人物模仿大赛、午间故事时间、各类型的书展等。每年读书日到来时官方网站会在网上举办作家讲座、交流会，以及播放与读书有关的节目。当地有关机构发给市民面值 1 镑的读书日代用券，让他们到读书日会员书店换购一本图书。主办单位不仅向市民推荐精彩的读物，还会提一系列活动建议，供家庭阅读活动参考。

三、全民阅读 10 分钟

香港市民一同参与"全民阅读 10 分钟"活动——在 4 月 10 日至 4 月 30 日期间，每天或于任何一天至少抽出 10 分钟阅读课外书（杂志、报纸、漫画书及娱乐周刊不包括在内）。

四、华盛顿-森特维尔图书馆设立读书奖

该图书馆通过丰富的夏季阅读活动吸引了大量的读者。图书馆鼓励读者通过读书参加阅读比赛，即依据读者从图书馆的借阅量来进行评比。另外，读者在还书的同时要对每本书做出简要的评价及阅读心得。评委参考读者的

借阅量及阅读深度，每 8 周评选出阅读冠军。冠军的奖品包括免费的餐券、高尔夫票及电影票等。之后，图书馆将参赛者的资格从阅读 10～20 本书修改为阅读本书即有资格参与评选（只要读了，不管多少本，都有评奖资格），这更是大大激发了成年读者的积极性，鼓励更多的人去阅读。作为派发奖品的饭店、高尔夫球场及电影院，都与图书馆有着密切的合作，图书馆在比赛宣传及广告语中，除了对奖品的必要宣传，还加入了赞助商的名称，这在一定程度上为赞助商做了广告，双方达到一种共赢。

五、 夏季阅读活动

芝加哥公共图书馆夏季阅读活动从 6 月 1 日—8 月 4 日进行，庆祝的主题包括：健康和财富、音乐、艺术、历史、环境，以及亚伯拉罕·林肯诞辰 200 周年纪念。活动的形式多种多样，如讲座、讨论及表演。本市市民持有图书证到图书馆参加活动即可。图书馆为读者推荐精彩的阅读书目，一些畅销作家的图书通常在书目列表范围之内，讨论的主题通常是与当下环境与人类生存相关的主题，如健康、地球、环保等。

六、 为老年读者讲童话故事

老年人经常面临心理健康和孤独问题。澳大利亚的某档案馆设计出一个项目——为老年读者讲童话故事，目的是为了在讲故事的同时为老年人带来精神激励，自我反思和回忆，从而提高社会互动和个人幸福。在一年的时间里，项目发起人为独立生活的老年人提供了 18 个专题的故事时间。例如，一个叫"阅读和回忆：最喜欢的故事书"的项目，其目就是为了触发记忆。就像爱丽丝梦游仙境一般，让老年人把那些记忆中的事情与童年联系起来。另一个专题使用了澳大利亚儿童图书作家柯林·泰勒的故事——《暴风少年》，通过他与家人朋友在灌木丛中的露营，寻问我们是从哪里来。这些活动起到了比较好的效果。

七、 德国阅读基金会的 "阅读童子军" 项目

这个项目充分运用了同龄互染的优势。他们会对一些表达出阅读意愿且

热爱阅读的学生进行培训，组建阅读童子军，然后依靠同龄人来激发和传递青少年对阅读的兴趣。因为同其他人相比，同龄人具有更强的说服力和感染力，而且沟通交流也没有隔阂。"阅读童子军"开展了很多有趣的活动来号召大家阅读，比如：建立阅读小组、对那些他们曾提供过推荐书单的班级小组进行回访、开办图书集会、组织阅读之夜和阅读派对等。另外，他们还通过学校图书馆组织阅读之旅和阅读露营。

八、男生读吧

这是作家乔恩·查斯卡于2001年创办的一个基于网络、面向男孩的文化素养培养计划。它的使命是：帮助男孩自我激励，养成终生阅读的习惯。关于究竟如何激励男孩阅读，查斯卡说："我认为最好的方式是提供他们感兴趣的东西。"网站上有各种男孩子感兴趣的书，包括漫画、科幻、汽车、体育、动物等，可以按照书名检索，也可以按照你感兴趣的作者进行检索。这些书不仅由男孩子推荐，也包括老师、图书馆员等推荐的图书，在网站上每个月会推出一本书——"每月之书"。网站上还有相关的链接，可以去上面去找自己喜欢的有声小说来听。另外，还提供网站LOGO的下载，可以把它做成书签或者印在衣服上。

九、意大利的图书分发项目

它是由意大利教育部和意大利出版者协会联合发起的一个全国性的阅读推广项目。该项始于1994年，主要面向10~14岁的儿童，通过在意大利所有小镇建立小型学校图书馆来促进阅读。该项目的一个突出特点是该项目给孩子们的书不是和学校及学习相关的，而是愉悦身心的书。从1994年到现在，该项目已经为2500个学校配发了35万册图书。除了配发图书，该项目还在网站上提供推荐书目，包括面向7~10岁、11~14岁、15~17岁的书单。同时还举办了一些其他的活动，比如，让这些青少年读者就他们喜欢的小说撰写一份报告。该项目获得2011年意大利最佳阅读推广项目奖。

十、华盛顿大学面向大一学生的共读项目

为了让学生更好地适应大学阶段的学习，华盛顿大学每年面向大一新生

举办阅读项目。该项目选定一本比较适合高中毕业要进入大学学习的学生的书，然后设计出相应的思考题目，在开学之前将题目发给学生，要求学生提交读书报告。学生入学后，还要进行一系列的相关活动，如读书分享交流会，邀请作者来校和学校交流，对学生的读书报告或书评进行评奖，并举办颁奖活动等。其目的在于培养学生的批判性思维能力。

十一、"每方都是赢家"和"力量午餐"

"每方都是赢家"是美国的一个非营利组织，该组织致力于通过让孩子与一个有责任心的志愿者分享阅读经历来提高他们的读写能力和阅读兴趣。"力量午餐"主要通过一个志愿者利用午餐时间到附近的小学，给一个来自低收入家庭的小学生进行一个小时的志愿阅读，激发孩子对书籍和阅读的热情，帮助孩子克服阅读的困难和恐惧，提高孩子的听说能力、理解能力，并扩展孩子的词汇量。简单说就是在同一时间同一个志愿者和同一个学生的共同阅读。和许多阅读推广项目不同，"力量午餐"项目提供的是一对一的志愿服务，这种一对一的方式有利于阅读志愿引导者和学生进行深入交流，从而加深对阅读的理解。

十二、"完成故事比赛"

有许多的儿童曾经幻想过自己能成为一个写故事的人，他们喜欢读书，同样喜欢写故事，他们认为写故事可以使他们获得同样多的乐趣，英国的"夏季阅读挑战"中设计了"完成故事比赛"活动。比如，邀请杰奎琳·威尔逊、安迪·斯坦顿、朱莉娅·唐纳森、玛洛丽尔·卢布莱克曼、米歇尔和马库斯·塞奇威克六位著名的儿童作家先写一个简短的故事开头，剩下的部分交由孩子们完成。孩子们可以先阅读每个故事的开头部分，选择一个喜欢的故事完成自己的故事。字数不超过500字（除去开头的100字），在网站提交自己的故事，截止时间为9月1号，专家小组将做出评判，并于9月14号宣布获奖者。

十三、青少年阅读周

近几年，在电视、电影、电脑、手机等新媒体的冲击下，北美青少年对

219

阅读的热度日渐下降，美国图书馆协会欲改变这种趋势，因此在1998年推出青少年阅读周活动，由美国图书馆协会的分支机构青少年图书馆服务协会主办。青少年阅读周的举行时间为每年10月的第三周。美国数千个图书馆开展多项旨在鼓励青少年愉悦阅读的活动，以提升青少年的阅读兴趣。每年的青少年阅读周的主题都会由参与者共同投票选出，具体活动则根据主题、学校、图书馆等自行决定，许多组织都为青少年设计出许多与阅读、书籍的相关活动。美国加利福尼亚州的切洛基中学为2012年阅读周设计的活动流程，包括在阅读周活动的这四天内，邀请孩子进图书馆一起享用午餐，观看电影、图片展，自制书籍等活动。

十四、"直击阅读"

"直击阅读"是美国出版商协会推出的面向全美的阅读推广活动，主要通过让人们发现自己身边正在阅读的身影，使人们注意到阅读活动每时每刻都在发生，阅读是生活的组成部分。同时，"直击阅读"的组织者也向社会各领域的成功者、受大众喜爱的明星发出邀请，邀请他们为本活动拍摄主题宣传图片，鼓励青少年向自己喜欢的榜样学习，热爱阅读。每年5月是"直击阅读"的活动月，学校、图书馆开展的比较典型的"直击阅读"主题活动有：向"直击阅读"工作组申请获得活动的主题宣传海报，将这些印有社会名人正在阅读的海报张贴在社区公告栏，为活动的开展营造氛围。将社区中遇到的成年人和儿童阅读的场景拍下来，贴在公告栏上。在学校和图书馆张贴"直击阅读"主题海报，设定每天一个特定的时间开展阅读活动，并将这个活动命名为"直击阅读"时间。学校的负责人对学生进行随机家访，遇到那些正在家中阅读的孩子给予奖励。向小学生发放一次性照相机，让他们发现并拍摄下那些正在阅读的同学。

十五、Story Tubes

这是美国盖尔波恩公共图书馆发起的一个在线视频竞赛项目。该项目自2008年起开始实施，一年举行一次。该项目充分利用青少年对信息技术的兴趣，参赛选手自己动手制作一个两分钟的视频，讲述自己最喜爱的图书。参赛者将视频上传至网上，通过网络将视频传播并进行评选。Story Tubes 和学校以及公共图书馆进行密切合作。学校负责获得参赛选手家长的同意，给学生提供必要的技术支持。公共图书馆负责对竞赛进行管理。Story Tubes 把参赛选手分为五类，其中设计了四个年龄组，分别是 5~7 岁、8~10 岁、11~13 岁、14~18 岁；还有一类是不区分年龄的，只为好玩，成人也可以参加。针对不同年龄组的竞赛单元设立两种奖项，一是评委会奖，包括评委会大奖和评委会荣誉奖，由所有参加该年度活动的公共图书馆一起组建专门的评委会进行评审；二是网上投票，网上投票环节由具体参加活动的图书馆来负责，合作图书馆选择部分高质量参赛视频进行网上投票，如某一个县图书馆负责从该县选手中选择部分作品发表在网上，由网民投票选出获奖作品。

十六 "我们到了吗"

《我们到了吗》是屡获殊荣的澳大利亚作家和插画家艾莉森·莱斯特的一本书，这本书描写的是一家人驾驶大篷车环游澳大利亚的故事。"我们到了吗"这项活动面向 12 岁以下的孩子，主办方组织了一个专为 2~12 岁孩子的全国范围内的竞赛，要求他们描述自己家乡或者澳大利亚某个让他们印象深刻的地方。参赛的孩子把自己的故事或者图片寄给主办方，主办方按年龄段将孩子的作品分组，获奖的孩子有机会分享价值 4 万美元的奖品，还可以拜访作者、参加更多的活动等。这个竞赛在全国各地举办，于 2012 年 2 月 12 日从北领地开始，结束于维多利亚。这个活动的另一个部分就是展出《我们到了吗》这本书的一些背后故事，包括所有最原始的插图和旅行日记。整个展览于 2 月 1 日从达尔文市开始，12 月结束于维多利亚。

——摘自《阅读推广：理论·方法·案例》，赵俊玲、郭腊梅、杨绍志主编，国家图书馆出版社，2013 年版，本文略有删改。

中外优秀推荐书目介绍

一、学者、作家开列的推荐书目

(一) 胡适、梁启超开列的"最低限度"的"国学书目"

1923年2月,清华学校《清华周刊》的记者邀请胡适和梁启超两位学界泰斗分别为将要去国外留学的清华学生开列一份"最低限度的国学书目"。胡适先"交卷",他开列了"一个最低限度的国学书目",收录图书约190种,分工具、思想史、文学史三大类。随后,梁启超也开出了自己的"最低限度的国学书目",收录图书约170种,分五类:修养应用及思想史关系书类、政治史及其他文献学书类、韵文书类、小学书及文法类书、随意涉览书类。不仅如此,梁启超还对胡适的书目进行了批评。

梁启超批评说:"胡君这书目,我是不赞成的,因为他文不对题。胡君说:'并不为国学有根柢的人着想,只为普通青年人想得一点系统的国学知识的人设想。'依我看,这个书目,为'国学已略有根柢而知识绝无系统'的人说法,或者还有一部分适用。"还说:"我最诧异的:胡君为什么把史部书一概屏绝?一张书目名字叫做'国学最低限度',里头有什么《三侠五义》《九命奇冤》,却没有《史记》《汉书》《资治通鉴》,岂非笑话?若说《史》《汉》《通鉴》是要'为国学有根柢的人设想'才列举,恐无此理。若说不读《三侠五义》《九命奇冤》,便够不上国学最低限度,不瞒胡君说,艾区区小子便是没有读过这两部书的人。我虽自知学问浅陋,说我连国学最低限度都没有,我却不服。"

梁启超开出了自己的《国学最低限度之必读书目》,后来收入其《国学入门书要目及其读法》(1923年)。该书目收录图书约170种。后来他又为"校课既繁、所治专门"的青年学生精简此书目,开列出包含20多种书的"真正之最低限度"。

(二) 顾颉刚为有志研究中国史的青年开列的书目

20世纪20年代初兴起的推荐书目的热潮,在1925年达到了一个顶峰。

这一年，《京报副刊》的记者孙伏园发起了一个征求"青年人十部必读书"书目的活动。这之前胡适和梁启超的国学书目已颇引人注目，而许多名家在填写这个书单的时候也多倾向于国学书，社会上对青年是否应该读国学书一时之间各种评价如潮。在这种背景下，顾颉刚开出的这个《有志研究中国史的青年可备闲览书目》避开了"必读"二字，缩小了范围，放宽了种数，是要引导青年认准自己读书努力的方向，不要读死书和死读书。

（三）鲁迅为友人之子开列的学习中国文学的书目

1930 年，鲁迅为许世瑛开列了学习中国文学的书目，列书 12 种。许世瑛（1910—1972），字诗英，浙江绍兴人，许寿裳的长子。1930 年秋考入清华大学化学系，随即改入中国文学系读书，鲁迅的书单即开于此时。许寿裳是鲁迅的幼年同学和好友。鲁迅给好友之子开出的这张学习中国文学的书单体现了推荐者的阅读体会。书单中每种书后都有简单的书解，举其二：

吴荣光《历代名人年谱》（可知名人一生中之社会大事，因其书为表格之式也。可惜的是作者所认为历史上的大事者，未必真是"大事"，最好是参考日本三省堂出版之《模范最新世界年表》。）

《四库全书简明目录》（其实是现有的较好的书籍之批评，但须注意其批评是"钦定"的。）

（四）钱穆开列的"中国人所人人必读的书"

1978 年，香港中文大学新亚书院设立"钱宾四先生学术文化讲座"，请钱穆做了"从中国历史来看中国民族性及中国文化"系列讲座。在讲演中，钱穆指出有 7 部书是"中国人所人人必读的书"：《论语》《孟子》《老子》《庄子》《六祖坛经》《近思录》《传习录》。

（五）影响列夫·托尔斯泰的书

列夫·托尔斯泰，俄国作家，《战争与和平》《安娜·卡列尼娜》的作者。1891 年，托尔斯泰应俄国圣彼得堡一家出版社之邀，按其成长历程开出了这份书单，他在评价这些书对自己的影响时，都写下了"影响极大""影响巨大""非常巨大""巨大"和"极大"之类的赞语。

（六）海明威开列的文学书目

海明威，美国作家，1954 年获诺贝尔文学奖，《老人与海》《永别了，武器》的作者。在 20 世纪 50 年代初，海明威为青年女作家丽莲·洛斯开列了旨在"提高艺术水平"的书目，包括莫泊桑的《羊脂球》《戴家楼》，司汤达的《红与黑》等。

（七）毛姆推荐的文学名著

毛姆，英国小说家、剧作家，著有《人性的枷锁》《月亮和六便士》等。在《书与你》这本小册子中，毛姆为"你"（指那些业余有闲暇的成年人）介绍了他认为是真正的杰作的文学书，包括英国文学、欧洲大陆文学和美国文学三个部分。（《书与你》，载《阅读的艺术》第 68～110 页，上海翻译出版公司，1988 年 6 月。）

二、大学推荐书目

（一）北京大学学生应读选读书目

该书目是 1998 年为北大百年校庆而作。包括推荐应读书目 30 种（《周易》《诗经》等），推荐选读书目 30 种（《礼记》等）。这个书目由北京大学校内外五十多位著名教授推荐。

（二）清华大学学生应读书目

《清华大学学生应读书目（人文部分）》，张岂之、徐葆耕主编，清华大学教务处、人文社会科学学院编印，1997 年版。本书参考清华大学校内外专家的意见，提出供清华大学本科生试用的 80 种书目，其中含中国文化、外国文化、中国文学和外国文学四类，每类 20 种。

清华大学从 1995 年开始提倡学生阅读经典，除开列推荐书目以外，还开办"导读课程"，举办经典讲座，在图书馆设立"清华大学学生应读书目"专架，使阅读"大学生应读书目"有关书籍的活动得以持续开展下去。

（三）日本广岛大学的新生推荐书目

日本广岛大学为文理新生制作了一份推荐阅读书目，共有 101 种图书。该推荐书目以《向大学新生推荐的 101 册图书》为书名，由日本著名的出版社岩波书店于 2005 年出版。该推荐书目由四个部分组成，一是超越时代的基本教养，二是人类的记录，三是跨学科的知识，四是现代的重要问题。

（四）哈佛大学教授推荐最有影响的书

《哈佛大学 113 位教授推荐最有影响的书》，〔美〕C·莫里·迪瓦恩等编；唐润华译，北京：华夏出版社，1990 年 10 月。

本书由美国哈泼—罗出版社于 1986 年出版，原名为《哈佛大学有影响的书籍指南》（*The Harvard Guide to Influential Books*）。在这本书中，世界著名学府——哈佛大学的 113 名教授现身说法，介绍了对他们的思想、事业和生活产生过重大影响的书。这些教授来自社会科学和自然科学领域的各个专业，在美国及国际上均有一定的声誉。他们的推荐和介绍具有广泛的代表性，对各行各业的读者均有一定的启发和帮助。

三、针对家庭的推荐书目

（一）家庭最低限度书目

亮轩（马国光）编，见于 1976 年 1 月台湾《书评书目》的《大家一起来读书》一文。

编者希望这个书目可以作为家庭读书与藏书的参考，并能够"冷却一部分的电视机跟麻将牌"。编者称，这不是一张标准书单，只有每个人自己为自己定，而且随时修正，才可能有所谓的"标准书单"，并希望读者"能为自己开出一张家庭书目，作为读书与藏书的参考"。该书目收录了 94 种图书，包括《史记》、四大文学名著、《安徒生童话》等。这 94 种图书我们就不详列了。

这个书目最大的价值在于为家庭推荐基本藏书。但是每个家庭有自己的喜好，但愿这个想法能得到广泛的响应，大家不妨想一想，自己来拟一下属于你自己的家庭最低限度的书目吧。

（二）女性生活各个阶段的书

《读书疗法：女性生活各阶段的读书指南》，〔美〕南希·派斯克、贝弗利·韦斯特著，王义国译，人民文学出版社，2006年7月版。

这是一部专为女性而撰的名著导读。作者在这本书里所做的工作非常有意思，旨在为处于生活各个阶段的女性提供图书"处方"，以解决她们面临的不同问题。全书13章，每章介绍有助于解决某个问题的图书，包括坏女孩的书、探索我们的性欲的书、倾听你内心声音的书、母亲问题的书、生存危机的书、处理工作的书、中年危机的书等。介绍了许多公认的名著，也介绍了当代的作品。大多数是文学作品，但像《如何赢得朋友和影响他人》（卡内基）这样的励志图书，像《斯波克育儿经》这样的实用图书也在介绍之列，这与女性的实际阅读需要是相符合的。

作者对每本书都撰写了导读文字，视野开阔，评论透彻。另外，这部名著导读在写作上也是富有创意的，不光是分类有新意，而且作者还辟出一个栏目，叫"须用力扔掉的书"，用来介绍那些不值得读、会把人引向死胡同的书，与作者前面介绍的该类重要图书形成鲜明的对比。每类除直接介绍与该类主题相关的重要图书以外，还列出若干子专题的书目。例如，在第九章推荐了《当你的生物闹钟响了而你找不到闹钟按钮时——中年危机的书》《永远也不会嫌迟……给已过壮年的女英雄们的书》等。

（三）让孩子们着迷的101本书

阿甲、萝卜探长所著的《让孩子们着迷的101本书》是一部儿童推荐书目，由时代文艺出版社于2003年12月出版。阿甲是红泥巴读书俱乐部的创始人之一，儿童阅读活动的积极推广者。

（四）一生的读书计划

《一生的读书计划》〔美〕费迪曼著，广州：花城出版社，1981年6月。2002年，又有海南出版社译本，乔西、王月瑞译。

费迪曼，美国著名节目主持人、专栏作家。他曾应《吉斯周刊》之邀，为18～80岁的读书人推荐了一份大规模的读书计划，从1959年4月12日起在该刊连载。后来作者对其进行了修改和增补，出版单行本。这是一本别开生面的、有趣而又有价值的阅读世界名著的工具书。费迪曼采取与读者对话的简单形式，介绍生动活泼，诱导读者自己去挖掘知识的宝藏。

（五）理想藏书

《理想藏书》，〔法〕贝·皮沃、皮·蓬塞纳编著，余中先译，光明日报出版社，1996年10月。

从1986年开始，法国《读书》杂志为帮助读者选择值得各人阅读的书，陆续推荐了一些专题的理想书目（即建议阅读的书目或称藏书书目）。该杂志的编辑与记者通过调查研究，在一定范围内征求专家、学者的意见后，拟定了以文学作品为主的49个专题，每一专题推出49种图书，并将49种图书分为三个等级，最重要的列入前10本，次等重要的列入前25本（含前10本），其余列入前49本（含前25本）。在这一基础上，1988年，负责编选工作的贝尔纳·皮沃和皮埃尔·蓬塞纳等人根据读者意见对这些书单做了适当补充、修改和调整，出版了《理想藏书》（阿尔班·米歇尔出版社）。

值得一提的是，编者向读者推出这些书单的同时，还有一个设想，49个专题，每个专题共49种图书，这其实为读者有意留出了余地，就是让读者参与进来，设计有个性化的每个专题下的第50种图书，以及第50个专题，这样读者就拥有了一个 $50 \times 50 = 2500$ 种图书的个人藏书室。

编者拟定的这49个专题可以分为两大类，一类是文学，另一类是泛文化，包括音乐、艺术史、连环画、历史、政治、美食等。

四、别样的书单

（一）20世纪最令人愉悦的书

牛津大学墨顿学院英国文学教授约翰·凯里是一位著名的评论家。在世纪之交，凯里根据书籍带给人的快乐这一简单原则，选出从柯南·道尔《巴斯克维尔庄园的猎犬》（1902）到格雷厄姆·斯威夫特《遗言》（1996）共50本"最令人愉悦的书"。评选范围是20世纪以英文出版或有英文译本的文学作品，包括小说、诗歌、散文等体裁。除英国作品以外，美国、法国、德国、俄国和捷克的图书，也在此目中有所反映。每个作家最多只选一本，基本上每十年选五部（19世纪40年代只选了一部）。凯里对入选的50部作品逐一点评，这些评论起初作为"约翰·凯里评选的'世纪之书'"系列专栏文章，发表在《星期天泰晤士报》，每周一次。后来这些书评汇集为《纯粹的快乐：20世纪最令人愉悦的书指南》一书，于2000年由伦敦费伯—费伯出版公司出版。这50本书包括柯南·道尔的《巴斯克维尔庄园的猎犬》等。

（二）十本值得在火灾逃生时抢救的书（如果一个人只能救出十本的话）

由作家、普利策奖获得者安娜·昆丁兰开列。包括简·奥斯汀的《傲慢与偏见》等。

——摘自《爱上阅读》，邓咏秋、李天英编，武汉大学出版社，2007年版，本文略有增删。

书香城市（县级）标准指标体系与书香社区标准指标体系

[编者按] 为了提升市民的文化素养和城市的文明品质，城市阅读指数理应纳入城市指标体系当中去。2012年两会期间，全国政协委员、中国出版集团公司原总裁聂震宁即联名13位委员，提出了《关于将城市阅读指数纳入文明城市指标体系的建议》，从鼓励阅读的文化思路，提出了一项实现理想的规划。同年11月，张家港发布《张家港市"书香城市"建设指标体系》，从阅读设施、阅读组织、阅读活动、阅读组织、阅读成效、保障条件等方面设定100多个指标，保障全民阅读活动的发展。2014年5月，苏州发布《"书香苏州"建设指标体系》，"充分借鉴发达国家的相关指标，并以苏州地方实际为基础，力求指标体系覆盖全民、标准适宜、与时俱进、国内领先、特色鲜明。"

2015年5月，中国图书馆学会发布《书香城市（县级）标准指标体系》《书香社区标准指标体系》。书香城市指标体系的制定和发布，是落实公共文化服务体系建设的重要成果，为各地开展书香城市（县级）、书香社区建设工作，推动全民阅读，提供了指导。

书香城市（县级）标准指标体系

一级指标	二级指标	三级指标	单位	东部地区	中部地区	西部地区	说明
阅读设施	公共图书馆	县级图书馆等级		部颁一级	部颁二级	部颁二级	
		图书馆总分馆制		以县级图书馆为中心，实行总分馆制			可以独立设置，也可以包含在乡镇综合文化站中
		乡镇图书馆设置率	%	100	80	80	
		千人人面积	m²	符合公共图书馆建设标准和乡镇综合文化站建设标准，并在本省处于领先地位			
	文化馆	阅读设施（包括数字阅读设施）		有	有	有	文化部文化馆评估标准
	流动服务车		辆	≥1	1	1	提供流动阅读服务
	农家书屋	设置率	%	100	100	100	乡村
	职工书屋	设置率	%	50	40	30	占区域内千人以上企业的百分比
	学校图书馆	设置率	%	100	100	100	包括区域内所有全日制学校
	公共阅报栏（屏）			提供时政、"三农"、科普、文化、生活等报纸，100%达到文化部规定的配置标准	提供时政、"三农"、科普、文化、生活等报两份，每天更新不少于两份		在车站、集贸市场、商场、广场等人流密集场所设置
	文化共享工程	县级支中心					
		基层服务点与公共电子阅览室设置率	%	100	100	100	
	出版物发行网点	县、乡镇实体书店、书报亭、代销点		基本健全			

229

续表

一级指标	二级指标	三级指标	单位	东部地区	中部地区	西部地区	说明
阅读资源	公共图书馆	人均藏书量	册/件	1.2	0.96	0.6	县级图书馆、乡镇综合文化站及纳入公共书目检索系统的农家书屋藏书(不包括电子图书)
		人均年新增藏书	册/件	0.06	0.04	0.03	同上
		乡镇图书馆报刊	种	70	50	30	
		可用数字资源	TB	4	3	2	包含电子图书、数字报刊、数据库等
	农家书屋	藏书	种/册	1200/2000			
		报刊	种	30	30	30	按农家书屋建设规定
		音像制品	种	100	100	100	按农家书屋建设规定
	职工书屋	图书	册	3000	3000	3000	参照《职工书屋实施意见》
	学校图书馆	生均拥有藏书		达到教育部对各级各类全日制学校学生人均藏书的规定指标			
阅读活动	阅读推广活动	讲座、展览、经典诵读、亲子阅读、读书沙龙等阅读推广活动		根据需求与特色,公共文化机构、学校、机关和企事业单位等广泛开展			
	阅读品牌活动			举办县域阅读节、阅读月活动;一乡镇(街道)一品牌			

230

延伸阅读 书香城市（县级）标准指标体系与书香社区标准指标体系

续表

一级指标	二级指标	三级指标	单位	东部地区	中部地区	西部地区	说明
阅读资源	公共阅读设施免费开放时间	县级公共阅读设施	小时/周		56		
		乡镇图书馆	小时/周		48		
		农家书屋	小时/周		40		按农家书屋相关文件
		职工书屋	小时/周		18		按南宁市实施意见
		共享工程基层服务点、公共电子阅览室	小时/周	40	40	40	设置在公共阅读机构中的应与该机构免费服务开放时间相同
	编制导读推荐书目			每月2次	每月1次	每月1次	导读推荐书目包括面向中小学生优秀出版物推荐书目、新书推荐书目、专题导读书目、图书馆外借排行榜等
	编发阅读品鉴资料		种	3	2	2	图书馆、文化馆、新华书店、学校、社会阅读组织等编发经批准的导读性、品鉴性资料性出版物
	数字阅读服务	建有县域公共阅读服务平台		县级公共阅读服务设施提供			具有文献检索、阅读、咨询等功能的统一平台，并能直接使用公共文化机构的数字资源
		免费WiFi		所有公共阅读服务设施内提供			考核时现场测试
		提供数字资源阅览和下载服务					
	特殊人群阅读服务	少儿阅读促进			有		重点开展婴幼儿亲子阅读指导、学龄前儿童基础阅读促进、中小学生分级阅读服务、留守儿童阅读关爱等

231

续表

一级指标	二级指标	三级指标	单位	东部地区	中部地区	西部地区	说明
阅读资源	特殊人群阅读服务	视障读者服务		有盲文阅览室、有视障读者专用设备、有适合其阅读的服务			
		外来务工人员服务		有就业信息、工地借阅服务			
		老龄读者阅读服务		交流、品鉴、计算机使用技能培训			
	大众传媒	新闻媒设全民阅读专题节目 网络媒设全民阅读频道	期/年	48	48	48	包括报纸、电视、电台
				有	有	有	政府网站有阅读平台的链接
		新闻媒体投放全民阅读公益广告		100%的新闻媒体投放全民阅读公益广告			新闻媒体主要指当地的报纸、电视台、电台和网络媒体
阅读环境	公益广告	主要公共场所广告屏投放全民阅读公益广告		100%的广告屏每天投放全民阅读公益广告			主要公共场所指城市和乡镇车站、集贸市场、商场、广场等人流密集地点
	场所指引			在道路指引系统、地图中加入阅读场所标识			
	市民综合阅读率		%	≥80			考核时随机调查
	市民阅读活动参与率		%	全省先进			
	市民满意率		%	≥85			考核时随机调查
阅读成效	公共图书馆	人均外借册次	册次	1	0.6	0.4	全市公共图书馆服务体系外借总册次/常住人口
		人均到馆次数	次	1	0.6	0.4	全市公共图书馆服务体系到馆总人次/常住人口
		人均数字资源点击次数	次	1	0.3	0.2	县图书馆网站点击次数/常住人口

续表

一级指标	二级指标	三级指标	单位	东部地区	中部地区	西部地区	说明
阅读成效	社会阅读组织		家	60	40	20	每个组织每年活动不少于4次
	阅读消费	人均书刊消费	元	100	80	60	常住人口
	组织保障	党委政府设立全民阅读活动领导小组		机构健全			
		成立全民阅读专家指导委员会		机构健全、活动正常			
	经费保障	全民阅读经费		纳入政府财政预算			按照指标要求加以测算，落实保障当地常住人口享有公共阅读服务所需资金
		阅读推广人	‰	2	2	2	阅读推广人是指参与全民阅读工作的个人
	队伍建设	业务培训	天/年	县级公共文化机构从业人员每年参加脱产培训不少于15天，乡镇（街道）、村（社区）专兼职人员每年参加集中培训时间不少于5天			
		制定全民阅读规划		有			
	政策保障	制定绩效考核制度		有制度，执行良好			
		制定引导和鼓励社会力量参与阅读的政策		有政策，执行良好			
阅读成效	激励机制	开展评奖评优活动		有			结合实际、因地制宜，有制度、创新、重效果、可持续促

233

书香社区标准指标体系

一级指标	二级指标	三级指标	单位	东部地区	中部地区	西部地区	说明
阅读设施	包含公共阅读功能的社区文化活动设施	面积	平方米	200	200	200	示范区标准
		阅读坐席	席	10	10	10	
		免费WiFi		有	有	有	现场检查测试
		数字阅读终端	台数	10	10	10	包括电脑、Pad、手持阅读器等
		数字阅读一体机		有	有	有	
		阅读设施指引		有	有	有	能够引导居民前往公共阅读设施
阅读资源	图书馆	图书总量	册/件	5000	5000	5000	
		年更新图书率	%	30	30	30	包括周转文献调配
		报纸期刊	种	30	30	30	
		音像制品	种	100	100	100	农家书屋标准
		数字资源		能通过联网计算机利用数字资源			
阅读活动	针对少儿的阅读活动		次/年	12			
	针对老年人的活动		次/年	12			
	有社区特色品牌阅读活动		项	1			
阅读服务	开放时间		小时/周	48	48	48	双休日应开放
	新书推荐		期	12	6	4	
	特殊人群服务			有	有	有	
	阅读需求反馈			有	有	有	
阅读成效	社区居民满意率		%	≥80			公众满意率是指公众对阅读环境、阅读设施、阅读资源、阅读服务、阅读活动、阅读成效及保障条件的满意程度
	外借册次		册/年	5000	4000	3000	
	人均到馆次数		次/年	1	0.5	0.5	占社区常住人口的比例
	阅读组织		家	2	1	1	每年至少开展4次活动

——摘自中国图书馆学会关于发布书香城市（县级）、书香社区标准指标体系的通知［EB/OL］．［2015－06－29］．http：//www．lsc．org．cn/c/cn/news/2015－05/05/news_ 7973．html．

读书会讨论带领秘诀

一、带领人的定位

好的带领人是读书会成功的重要因素。不必一定是受过训练或具有经验的，但要热忱友善，且是好的聆听者，能为人设想，最重要的是，了解读书会的概念，知道自己的角色，审慎地准备每一次的单元。带领人不必是每个主题的专家，但应有足够的了解，以便在讨论时引导，另外，要开创一种友善的氛围，让会员在合作、信任的环境下分享意见及观点。你不是老师，不必要回答每一个问题，而是协助会员自己找出答案。

二、准备

带领人应充分准备，了解读书会目标，熟悉主题，事先思考讨论如何进行，并准备讨论问题，以协助成员从各个层面考虑讨论主题。充足的准备将使带领人可以将全部注意力放在成员的互动上及了解每位成员说些什么。

三、开场

以轻松、愉悦、开朗的语调欢迎每个人，并创造一种让参与者自由表达观点及回应他人的氛围；帮助参与者放松；适度的幽默能协助参与者将焦点放在观点的差异上，而非对某人的攻击。

四、建立明确的运作及讨论规则

刚开始时，请参与者协助你设计运作及讨论规则，并经全体同意后实施。鼓励每个人以自己舒适的程度参与。让每个人都有被倾听的机会，不要让任何人独占讨论环节，设法让每个人加入讨论。所有观点都应被尊重。不允许轻蔑的言语，指名道姓，贴标签或个人攻击。

五、 协助团体集中讨论内容

依照既定规则引导读书会进行，且维持中立。促使读书会参与者集中于讨论内容，并注意参与者彼此沟通情形——谁说了，谁尚未说，谁的的观点未得到倾听等。不要在每一个评论后再加意见，也不必回答每一个问题，让每个参与者直接回应别人。最成功的带领人是说得少，但总是想到如何让读书会朝向目标运作。不要害怕沉默，有些人对你提出的问题，可以思考后回答，人们需要时间思考。记住读书会不是辩论会，而是一种团体的对话，如果参与者忘记这点，不要犹豫，要求参与者重新建立基本运作规则。

六、 保留足够的时间做结论

利用最后 20 分钟作正面总结。要求参与者分享任何新的观点或想法。提醒下一次聚会时间。阅读书籍及讨论主题。感谢每位参与者的贡献。

——摘自《读书会专业手册》，邱天助著，张老师文化事业公司，1997年版，本文略有删改。

图书馆举办大型阅读活动的安全管理预案

图书馆的应急预案是指为降低公共图书馆可能面对的突发事件而造成的人身、财产损失，维持正常秩序，假设事故发生而应当采取的行动步骤和纲领、控制事态发展的方法和程序而预先制订的科学而有效的计划和安排。

大型活动的安全管理要遵循安全第一、预防为主的方针，坚持举办者负责、政府及其他上级部门监管的原则。

一、 明确大型活动领导小组名单及联系方式

……

二、 明确安全责任

大型活动举办者应对其举办活动的安全负责，因此，大型活动举办者的主要负责人就是安全责任人。如果大型活动由两个以上举办者共同举办，承办者

应当签订举办安全协议，明确各自的安全责任，并确定主要安全责任人。

1. 举办者安全责任

（1）制订并落实大型活动安全工作方案和突发事件应急预案，开展大型活动安全宣传教育；

（2）建立并落实安全责任制度，确定安全责任人，明确安全措施、安全工作人员岗位职责；

（3）配备与大型活动安全工作需要相适应的安保人员；

（4）按照负责许可的公安机关的要求，配备必要的安全检查设备；

（5）组织实施现场安全检查，保障活动场所内临时搭建的设施的安全，发现安全隐患及时消除；

（6）落实医疗救护、灭火、应急疏散等应急措施并组织演练；

（7）及时劝阻和制止妨碍大型活动安全的行为，发现违法犯罪行为及时向公安机关报告；

（8）为大型活动的安全工作提供物资、经费等必要的保障；

（9）接受公安机关和上级主管单位等有关部门的指导、监督和检查，及时消除安全隐患。

2. 现场管理者安全责任

（1）保障活动场所、设施符合国家安全标准和安全规定；

（2）保障疏散通道、安全出口、应急照明、疏散指示标志等符合相关的规定；

（3）保障监控设备和消防设施、器材配置齐全，完好有效；

（4）提供必要的停车场地，并维护安全秩序；

（5）保证场地的安全防范设施与大型活动安全要求相适应。

3. 安全工作人员安全责任

（1）实施安全工作方案和突发事件应急预案；

（2）启动应急照明、广播和指挥系统；

（3）熟知安全出口和疏散通道位置，熟练使用消防器材。

三、大型活动安全工作内容

1. 明确活动的时间、地点、人数、规模、内容及组织方式；

2. 落实安全工作人员情况、数量、任务分配、岗位职责和识别标志；

3. 保障活动场所建筑安全和消防安全措施；

237

4. 确定活动场所可容纳的人员数量及活动预计参加人数；
5. 负责治安缓冲区域的设定及其标识；
6. 布置入场人员的安全检查措施；
7. 实施车辆停放、疏导措施；
8. 落实现场秩序维护、人员疏导措施；
9. 进行安全工作经费预算；
10. 制订突发事件应急预案。

——摘自《公共图书馆管理实务》，邱冠华、陈萍编著，北京师范大学出版社，2013年版，本文略有修改。

公共图书馆的非基本服务

公共图书馆的基本服务，仅仅是在目前国情下做出的界定，并非一成不变，相信会随着经济和社会的发展，逐步扩大免费的范围。就眼下而言，根据公共图书馆的使命，公共图书馆还有许多服务是公共图书馆应该甚至必须提供而又超出了基本服务的范畴。为了明确划分两种服务，我们将基本服务以外根据公共图书馆使命还应该提供的服务称为非基本服务。

一、 非基本服务的提供

公共图书馆提供的非基本服务并非可有可无，而是公共图书馆完成使命、满足用户需求的一种必要工作。从公共图书馆具备的专业能力、掌握的信息资源以及用户的需求等，公共图书馆可以在提供基本服务的同时，开展非基本服务，并且把两种服务都做得很好，满足不同层面用户对图书馆服务的需求，完成使命，彰显价值。

公共图书馆提供的非基本服务内容，必须框定在公共图书馆应该发挥的社会功能范畴中，个性化信息服务应该是首先考虑的内容。在开展个性化信息服务上，公共图书馆有着独到的优势。

1. 需求优势

企业对公共图书馆的信息资源和专业服务具有潜在的需求。在计划经济年代，每个企业都有上级主管部门，对于企业来说，这些主管部门既是捆绑手脚的"婆婆"，又是信息来源的渠道。对于现在大量的民营企业，在解除

"婆婆"的捆绑后，同时失去了上级主管部门这个信息源泉。对于大部分既无信息来源、又无检索和分析专业能力的民营企业，公共图书馆掌握的大量的信息资源，特别是非公开信息中有他们所需的信息资源。因此，公共图书馆手中的信息资源有着潜在的社会需求。

2. 专业优势

信息的检索、获取、整合和开发加工等正是公共图书馆的专业优势。对社会机构和企业而言，即使有信息来源，专门聘请信息检索和分析人员的支出，可能远比委托公共图书馆获取信息的成本要高，因而，有信息需求的机构和企业，应该愿意支付从公共图书馆获得他们所需要的信息的费用。

3. 公共图书馆具有良好的口碑和品牌

公共图书馆是公益性机构，为社会提供免费的基本服务，在社会上的良好的服务品牌，容易取得企业的信任和委托。

4. 公共图书馆具有庞大的用户资源

庞大的用户是公共图书馆的另一种资源，虽然并非所有的企业和机构都需要从公共图书馆获取信息，但由于基数庞大，即使是用户中的百分之一愿意，对公共图书馆也是一个较大的服务群。在个人读者的信息服务上，虽然目前我国公共图书馆的持证读者只有 2020 万[1]，但随着免费开放政策的持续实施，公共图书馆服务体系覆盖范围的稳步扩大，公共图书馆的持证读者数量会不断攀升，个性化信息的获取需要会随之增加。

5. 公共图书馆的信息服务有价格优势

公共图书馆提供的非基本服务，都以收回成本为原则，与社会上的信息机构服务相比，价格中没有利润，因而定价可能会比较低，从而在价格上会形成竞争优势。

二、 非基本服务收费的原则

公共图书馆为社会提供非基本服务，目的并非为了收费，而是履行公共图书馆的使命、发挥功能和行使职责。对非基本服务收费，仅仅是为了体现公平和效率原则，或收回服务成本，或实现有效管理，或兼而有之。因此，公共图

---

[1] 中国图书馆学会. 中国图书馆年鉴（2010）. 北京：国家图书馆出版社，2011.

书馆并非可以滥用收费这两个字，而需要对非基本服务收费掌握相应的原则。

1. 严格界定两种服务

公共图书馆的基本服务应该严格按照文化部、财政部的文件精神提供，不打折扣。在基本服务之外的服务，可以收费，并且通过申报，获取收费许可。但其中如在文件中没有提及，而服务内容实质上是基本服务的延伸，也应该纳入免费范围。如手机图书馆服务，是基本信息服务的延伸，为绝大部分读者可以接受的服务形式，仅仅是信息载体变化而已，虽然在项目开发上可能会有成本，但应该属于基本服务而免费提供。

2. 严格界定业务范围

公共图书馆向社会提供的非基本服务，必须符合公共图书馆的使命，不超出公共图书馆的社会功能，其服务内容应该有这样的特征：为了方便用户利用图书馆，如读者餐厅，文具和图书馆纪念品销售，在保护知识产权前提下的打印、扫描、复印服务，个性化信息获取委托，利用图书馆知识和阅读推广活动以外的培训等。

3. 严格控制收费尺度

一方面非基本服务仍然是公共图书馆履行社会职责的行为，另一方面财政已经安排了公共图书馆的固定支出（如场所、人员、水电等基本开支），所以对非基本服务的收费，应该控制收费标准，以收回成本为度，不能以盈利为目的。

4. 严格控制使用范围

财政对公共图书馆非基本服务的收入，一般采用集中30%～50%，其余部分在公共图书馆预算不足的前提下返回，由公共图书馆弥补预算不足。由于属于其他收入，财政控制一般不如预算资金那么严格。但公共图书馆对于这部分收入的使用，应该严格加以控制，不能作为额外的奖金、补贴等发放，而须用于事业发展，或弥补经常性项目预算的缺口。

——摘自《公共图书馆管理实务》，邱冠华、陈萍编著，北京师范大学出版社，2013年版，本文略有修改。